LEIBNIZ
in der Schule

• • • • • • • • •

BAND 1

**Philosophie, Ethik, Werte und Normen
Religion**

LEIBNIZ
in der Schule

Materialien für den Unterricht

BAND 1

Philosophie, Ethik, Werte und Normen
Religion

Herausgegeben von
Annette Antoine und
Annette von Boetticher
unter Mitarbeit von Mandy Dröscher-Teille

Georg Olms Verlag

Inhalt

Leibniz im Religions-Unterricht

Vorwort

Einsatz und Aufbau des Lehrwerks

„Leibniz in der Schule" will Lehrenden der Sekundarstufe I und II Anregungen und Hilfestellungen geben, Leben, Werk und Denkanstöße von Gottfried Wilhelm Leibniz in ihren jeweiligen Fachunterricht mit einzubinden und dabei die Ideen- und Gedankenvielfalt des Universalgelehrten in ihrer Epochen übergreifenden Aktualität für Schülerinnen und Schüler erfahrbar zu machen. Die Fächervielfalt in „Leibniz in der Schule" erlaubt sowohl einen fachbezogenen als auch fächerverbindenden Unterrichtseinsatz, beispielsweise im Rahmen von Projekttagen. Das Lehrwerk ist für die gymnasiale Schulform konzipiert, kann aber auch in anderen Schulen, beispielsweise in Gesamtschulen, verwendet werden.

Folgende Unterrichtsfächer finden in dem Lehrwerk Berücksichtigung: Band 1: Philosophie, Religion; Band 2: Geschichte, Deutsch, Latein, Französisch; Band 3: Mathematik, Musik.

Jeder Band wird zunächst mit einem allgemeinen Rahmenteil eingeleitet, der über Leibniz, sein Werk und seine Zeit informiert. Die Informationen werden in verschiedener Form aufbereitet (tabellarisch, in Stichworten von A-Z usw.) und dienen ebenso wie das Glossar je nach Bedarf als Einstieg für die Lehrperson oder auch als erste Kopiervorlage für die Schülerinnen und Schüler. Es empfiehlt sich, in jedem Fach auf diese Weise der eigentlichen Auseinandersetzung mit den Unterrichtsvorschlägen eine kurze einführende Beschäftigung mit Leibniz vorauszuschicken. Außerdem enthält dieser Teil Wissenswertes und Karten für die Planung einer Exkursion in die beiden Leibniz-Städte Hannover und Leipzig.

Anschließend beginnt jede Fach-Einheit mit einer inhaltlichen Einführung, unter Berücksichtigung der didaktisch-methodischen Herangehensweise und mit weiterführender Literatur versehen. Die Einführung erschließt außerdem die Einsatzfähigkeit für das jeweilige Fach in Bezug auf stichprobenartig ausgewählte Kerncurricula und Lehrpläne, nimmt die Zuordnung zu Jahrgangsstufen vor und benennt Anknüpfungspunkte zu anderen Fächern für einen möglichen fächerverbindenden Einsatz. Unterrichtsthemen werden erläutert und teilweise mit konkreten Umsetzungsvorschlägen versehen. Diese verstehen sich lediglich als Angebot oder als Bausteine; oftmals wird die Zeit angesichts enger Stundenpläne nicht zur vollständigen Realisierung ausreichen. Gleiches gilt für die darauf folgenden Arbeitsmaterialien mit integrierten Aufgabenstellungen in Form von Texten, Folien und Kopiervorlagen.

„Leibniz in der Schule" wurde erstellt von einer Projektgruppe an der Leibniz Universität Hannover unter Mitwirkung zahlreicher Experten und Fachlehrkräfte aus der schulischen Praxis.

Den Auslöser für das Lehrwerk bildete das Buch „Leibniz für Kinder" der beiden Herausgeberinnen, erschienen 2008 im Georg Olms Verlag Hildesheim, das den vielfach geäußerten Wunsch entstehen ließ, Leibniz konkret für die Schule einsetzbar zu machen.

„Einheit in der Vielheit" – dem berühmten Leibniz'schen Motto sah sich auch der inhaltliche und formale Aufbau dieses Werks verpflichtet. Jedes Fach folgt zwar in der Konzeption einem gemeinsamen roten Faden, strenge Normierungen, die die jeweilige Fachkultur zu sehr eingeengt hätten, konnten jedoch nicht das Ziel sein. Wir hoffen, dass unser Lehrwerk der Vielfalt der Leibniz'schen Disziplinen ebenso wie der Schulfächer einen für sich sprechenden Ausdruck verleiht – und dies immer unter Berücksichtigung auch der Querverbindungen zu einem großen Ganzen.

LEIBNIZ IN DER SCHULE

Warum Leibniz in der Schule?

Zur Aktualität eines Universalgenies

Ein Blick in heutige Schulen zeigt auch dem Außenstehenden rasch, welch enger Zeitplan die Unterrichtsvorgabe diktiert: Unter den Anforderungen verkürzter Lehrpläne, der Diskussion um G8 oder G9 sowie der weitgehenden Einführung des Zentralabiturs ist das Curriculum immer mehr auf das Unabdingbare verdichtet worden. Zeit für „abwegige" Projekte scheint nicht mehr gegeben zu sein. Das Gebot der Stunde heißt positive PISA-Werte.

Wieso kann es unter diesen Rahmenbedingungen sinnvoll sein, sich mit dem großen Universalgelehrten aus dem Barock im Rahmen eines Unterrichtsprojektes zu beschäftigen? Welche fachlichen Bezüge lassen sich herstellen? Und was sagt Gottfried Wilhelm Leibniz als Person heutigen Schülerinnen und Schülern[1], 300 Jahre nach seinem Tod – wofür steht er?

Zunächst fällt die ungeheure Breite seines Wissens auf. Leibniz verfügte tatsächlich in den meisten Gebieten seiner Zeit über einen hohen Sachverstand. Getrieben von einem unbändigen Lernwillen und noch in seinen späten Jahren neugierig wie ein Kind, eignete er sich von überall her Kenntnisse an, die er idealerweise auch praktisch umsetzen wollte – und das sein Leben lang.

Leibniz – Leben und Werk in Bezug gesetzt zu Unterrichtsfächern

Kurz vor Ende des Dreißigjährigen Krieges wird Gottfried Wilhelm Leibniz am 1. Juli 1646 in Leipzig geboren. Zwei Jahre später kommt es in Münster und Osnabrück zum Abschluss des Westfälischen Friedens. Der Glaubenskrieg der katholischen und protestantischen Kirche führte zu großen Verlusten in der Bevölkerung, verbunden nicht nur mit einer wirtschaftlichen, sondern auch geistig-kulturellen Verödung. Diese Umstände prägten

---

1   Im Folgenden wird die gängige Kurzform SchülerInnen verwendet.

Leibniz' Entwicklung zu einem der letzten europäischen Universalgelehrten maßgeblich. Geboren und aufgewachsen in Leipzig, studierte er dort bereits ab seinem fünfzehnten Lebensjahr Philosophie, Rechtswissenschaften und Mathematik. Zu jung, um sein Studium in Leipzig abzuschließen, promovierte er im Alter von 21 Jahren in Altdorf bei Nürnberg.

Eine ihm angebotene Lehrtätigkeit lehnte er ab, da er getreu seinem früh gewählten Motto „Theoria cum praxi" praktisch tätig im Dienst des Allgemeinwohls werden wollte.

Sein frühes Gespür für Politik, interessant auch für die Betrachtung im politikhistorisch orientierten *Geschichtsunterricht*, führte ihn als juristischen Berater an den Hof des Kurfürsten und Erzbischofs von Mainz, Johann Philipp von Schönborn. In dessen Auftrag reiste er 1672 nach Paris, um Ludwig XIV. mit einem Plan zur Eroberung Ägyptens von seinen europäischen Expansionsgelüsten abzulenken. Obwohl hierin erfolglos, verschaffte ihm der ausgedehnte Paris-Aufenthalt Zugang zur wissenschaftlichen Elite der Zeit. Im Austausch mit führenden Mathematikern wie Christiaan Huygens konstruierte er seine erste, trotz mehrfacher Verbesserungen nie gänzlich funktionierende Rechenmaschine und entwickelte, fast zeitgleich mit Isaac Newton, die Grundzüge der Infinitesimalrechnung, auch heute noch Oberstufenstoff im *Mathematikunterricht*. Auch mit den Zahlen des Dualsystems, die er als göttlich vollkommen empfand, und ihrer Anwendung beschäftigte er sich, sodass Leibniz zu Recht als einer der vielen Vordenker des Computers gelten kann.

Nach Aufenthalten in London, wo er 1673 Mitglied der Royal Society wurde, trat Leibniz 1676 nach dem Tod des Mainzer Kurfürsten als Hofrat und Bibliothekar in den Dienst von Herzog Johann Friedrich zu Braunschweig-Lüneburg-Calenberg in Hannover. Der tolerante und umfassend interessierte Fürst ermöglichte Leibniz die Beschäftigung mit vielen wissenschaftlichen Themen, aber auch mit der Verbesserung des Staats- und Versicherungswesens, des Ackerbaus oder der Manufakturen.

> „Beim Erwachen hatte ich schon so viele Einfälle,
> dass der Tag nicht ausreichte, um sie niederzuschreiben."

Der neue Dienstherr Ernst August, Nachfolger des 1679 verstorbenen Herzogs, drang dagegen auf eine gezieltere Tätigkeit zum Wohle des Hauses Hannover; Leibniz widmete sich fortan der Ertragssteigerung im Harzer Bergbau durch die Konstruktion neuartiger Wind- und Wassermühlen und arbeitete die Geschichte der Welfen auf, da Ernst August als Welfenfürst nach der Kurwürde strebte und seine Ansprüche historisch untermauern

LEIBNIZ IN DER SCHULE

wollte. Leibniz' quellengestützte Geschichtsschreibung, die ihn bis an sein Lebensende beschäftigen sollte, setzte Maßstäbe für die moderne Geschichtswissenschaft und bietet deshalb weiteren Stoff für den *Geschichtsunterricht*.

Die ungeliebte und langwierige Arbeit führte Leibniz 1687 bis 1690 immerhin bis nach Süditalien und verschaffte ihm zahlreiche Kontakte in ganz Europa. Er konnte die Verwandtschaft der Welfen mit dem Haus D'Este nachweisen und sicherte damit unter anderem seinem Herzog den Kurfürstentitel. Durch seine Kontakte zur römisch-katholischen Kirche wurde der Protestant Leibniz zum – letztlich erfolglosen – Mittelsmann einer angestrebten Reunion zwischen den christlichen Konfessionen und kann hier, auch in der Betrachtung des ihm von einem engen Vertrauten übermittelten vollkommenen Gebets für Juden, Muslime und Christen, Aufschlüsse zu den Themen Toleranz und Ökumene im *Religionsunterricht* geben.

Trotz seiner wachsenden Bekanntheit blieb Leibniz' Stellung am Hannoverschen Hof durch die langen Abwesenheiten und den schleppenden Fortgang der Welfengeschichte unbefriedigend. Lediglich mit der Kurfürstin Sophie und ihrer Tochter Sophie Charlotte, die sich als seine Schülerin bezeichnete, konnte er sich über philosophische Fragen austauschen. Berühmt sind, auf der Grundlage der Monadenlehre, wonach das gesamte Universum aus kleinsten unsichtbaren und unteilbaren Teilchen besteht, die Gespräche über die Theodizee, also der Rechtfertigung Gottes angesichts des Bösen in der für Leibniz besten aller möglichen Welten – ein auch heute noch relevantes Thema für den *Religions-* und *Philosophieunterricht*. Die Erkenntnis, dass allem Geschehen trotz oder gerade auch wegen auftretender Dissonanzen eine universale, prästabilierte Harmonie zugrundeliegt, ergibt zudem interessante Impulse für den *Musikunterricht*.

Als Sophie Charlotte 1701 Königin in Preußen wurde, erfüllte sich für Leibniz mit der Gründung der ersten deutschen Akademie der Wissenschaften in Berlin und seiner Berufung zum Präsidenten ein Lebensziel. Gemäß des Wahlspruchs „Theoria cum praxi" sollte sich die Akademie der Erforschung und Anwendung von Kenntnissen zum Wohle der Allgemeinheit widmen. Der Ausbau des deutschen Wortschatzes lag Leibniz, der auch dichterisch tätig war, besonders am Herzen – ein Aspekt, der vom ersten preußischen König Friedrich I. als Stifter der Akademie geteilt wurde. Seit den Forschungen für die Welfengeschichte beschäftigte Leibniz sich mit sprachlichen Phänomenen und der Herkunft von Sprachen. Dies, zusammen mit dem Entwurf einer mathematisch orientierten Universalsprache, die ebenfalls in der Akademie entwickelt werden sollte, lässt sich gut im *Deutschunterricht* thematisieren. Auch die literarische Rezeption der Theodizee insbesondere im 18. Jahrhundert kann hier Berücksichtigung finden.

> „Man ist mit seinem Talent Gott
> und dem Allgemeinwohl verpflichtet."

In seinen letzten Lebensjahren widmete Leibniz sich vor allem philosophischen und diplomatischen Fragestellungen, reiste mehrmals an den Kaiserhof in Wien und traf Zar Peter I., dem er eine Vielzahl juristischer, wissenschaftlicher und wirtschaftlicher Vorschläge unterbreitete. Enttäuscht durch den Prioritätsstreit mit Newton und vereinsamt nach dem Wegzug großer Teile des Hannoverschen Hofs nach London – Kurfürst Georg Ludwig war 1714 König von Großbritannien und Irland geworden – starb Leibniz am 14. November 1716 an einem langwierigen Steinleiden. Einen Monat später wurde er in der Neustädter Hof- und Stadtkirche in der Calenberger Neustadt von Hannover, ohne Beisein von Hofangehörigen, begraben.

Von seinen Werken hat Leibniz zu Lebzeiten fast nichts veröffentlicht; sein ungeheurer Nachlass wird bis heute ediert. Der Großteil der Schriften ist auf Latein oder Französisch geschrieben; trotz seiner Bemühungen um die deutsche Sprache bediente er sich überwiegend – wie damals üblich – der beiden Hauptsprachen der Wissenschaft und des Hofes, deren Zeugnisse wegen ihrer zeittypischen Besonderheiten von Interesse für den *Latein*- und *Französischunterricht* sein können.

Vierzig Jahre lang lebte Leibniz als Hofbeamter in Hannover, stand aber nicht zuletzt aufgrund seiner vielen Reisen mit nahezu allen bedeutenden Gelehrten Europas in Briefkontakt (überliefert sind ca. 15.000 Briefe an 1.100 Adressaten). Einen hohen Stellenwert hatten für ihn Nachrichten aus Russland und China, meist von jesuitischen Missionaren; ohne jemals dort gewesen zu sein, faszinierte ihn die unermessliche Größe dieser Länder. Insbesondere Chinas Kultur, in der er erstaunliche Parallelen zu den europäischen Leistungen sah, bot ihm den Anlass, einen intensiven und bereits im modernen Sinne partnerschaftlichen Kulturaustausch zu fordern.

> „Ein Stück des Lebens ist verloren,
> sobald eine Stunde vergeudet wird."
> *(Symbolum auf Leibniz' Sarg)*

Die Beschäftigung mit dem Universalgelehrten Leibniz zeigt:

- Die Tradition ist nichts Abgestandenes, wir können aus ihrer Erfahrung für die Zukunft lernen.
- Das bedeutet, Leibniz und die Vielfalt seines Wissens sind auch aktuell interessant und sowohl für Lehrende als auch insbesondere für SchülerInnen attraktiv.
- Durch die Bandbreite seines Wissens und seiner Tätigkeitsfelder demonstriert Leibniz die Bedeutung der Fächerverbindung, das heißt, die unterschiedlichen Themengebiete lassen sich unmittelbar auf die jeweiligen Fächer anwenden, aber auch in andere Fächer einbringen.
- Leibniz ging es nie um „totes Wissen", er fragte immer auch nach dem Anwendungsbezug.
- Als Optimist war Leibniz bereit, stets zunächst das Positive zu sehen, ohne dabei die Existenz und Notwendigkeit des Negativen in Abrede zu stellen – eine Sichtweise, die gerade für Heranwachsende vielfach diskutierbar sein dürfte.

Leibniz' Herangehensweise an vielfältige Problemstellungen ist motivierend, denn sie äußert sich in:
- der Freude an der Erkenntnis
- dem Denken in größeren Zusammenhängen
- seiner Vorurteilslosigkeit
- seinem Respekt vor anderen Meinungen und Kulturen
- der Absicht, für das Allgemeinwohl zu wirken
- der Fähigkeit, auch ein Scheitern in Kauf zu nehmen und einen erneuten Versuch zu wagen.

Diese universale Haltung, die die Welt als eine „Einheit in der Vielheit" begreift, kann heute im Zeitalter der Globalisierung vorbildhaft auf SchülerInnen wirken.
Durch die Wissensvermehrung und Spezialisierung ist es gerade für junge Menschen schwer, eine Orientierung zu erhalten, die sich auch mit dem Ganzen befasst. Sowohl für SchülerInnen als auch für Lehrkräfte dürfte es eine ganz neue Erfahrung sein, mehr von den oben genannten Leibniz'schen Eigenschaften an sich zu entdecken und im Schulalltag anwenden zu können – dazu soll „Leibniz in der Schule" über die notwendige Wissensvermittlung hinaus anregen.

Leibniz zur Einführung

Gottfried Wilhelm Leibniz (1646–1716) – einer der letzten europäischen Universalgelehrten und seiner Zeit weit voraus ● ● ● ● ●

Auf einen Blick

Jugendjahre und Studium

Geboren am 1. Juli 1646 in Leipzig. Brachte sich selbst das Lesen bei, ebenso die lateinische Sprache. Schulbildung an der Nikolaischule in Leipzig. Studium mit 15 Jahren der Philosophie, Rechtswissenschaften und Mathematik in Leipzig und Jena, Promotion 1667 in Altdorf/Nürnberg. Erste Anstellung 1667 als juristischer Berater am Hof des Mainzer Kurfürsten und Erzbischofs Johann Philipp von Schönborn.

Mathematik in Paris

1672 Reise in diplomatischer Mission nach Paris, Aufenthalt bis 1676. Ausbildung zum Mathematiker. Bau der Rechenmaschine. 1673 Fahrt nach London, Mitgliedschaft der Royal Society. 1675 Entwurf der Infinitesimalrechnung.

Leibniz und Hannover

Von 1676 40 Jahre lang Hofrat und Bibliothekar in Hannover – bis 1679 unter Herzog Johann Friedrich, anschließend bis 1698 unter Ernst August (ab 1692 Kurfürst), danach unter Georg Ludwig (ab 1714 König Georg I. von England). 1682–86 Entwicklung von Wasser- und Windmühlen zur Entwässerung im Harzer Bergbau. Ab 1685 Verfassung der Welfengeschichte. Dazu Reisen bis nach Süditalien (1687–1690). In Korrespondenz mit vielen Gelehrten der Zeit, u.a. mit italienischen Jesuiten zur „China-Mission". Vergebliche Bemühungen zur Wiedervereinigung der Kirchen. Geistiger Austausch mit der hannoverschen Kurfürstin Sophie und ihrer Tochter, Königin Sophie Charlotte in Preußen. Pumpen-

konstruktion für die Wasserfontäne in den Herrenhäuser Gärten. Ab 1791 zusätzlich Leiter der Herzog-August-Bibliothek in Wolfenbüttel.

„Theoria cum praxi". Wissenschaft zum Nutzen und Wohl der Menschen

1700 Gründung der ersten Akademie der Wissenschaften in Berlin unter Fürsprache von Sophie Charlotte mit Leibniz als Präsidenten. Große Disziplinenvielfalt unter Einbezug auch praktischer Wissenschaften (Berg- und Ackerbau, Ingenieurs- und Versicherungswesen). Vorschläge zum Ausbau der deutschen Sprache und zur Bildung einer mathematisch orientierten Universalsprache. Nach dem Tod Sophie Charlottes 1705 Entfremdung von Berlin.

Letzte Lebensjahre des Universalgelehrten

Ab den 1690er Jahren Fokus auf der Philosophie. Entwicklung der Monadologie als Grundlage. 1702–1705 „Neue Abhandlungen über den menschlichen Verstand" als Antwort auf John Locke. 1710 Veröffentlichung der „Theodizee", beeinflusst von den Gesprächen mit Sophie Charlotte. 1714 Monadologie und „Vernunftprinzipien der Natur und der Gnade". Prioritätsstreit mit Newton wegen der Infinitesimalrechnung. Reisen nach Wien an den Kaiserhof und Bekanntschaft mit Zar Peter I. Muss bei der Übersiedelung des Hofes 1714 nach London (Königswürde für Georg Ludwig) in Hannover bleiben und die Welfengeschichte weiterschreiben. Stirbt vereinsamt am 14. November 1716 an einem Steinleiden in Hannover.

Von A bis Z

Leibniz war also...

A am „Allgemeinen Wohl" interessiert

B berühmt, vor allem wegen seiner Rechenmaschine

C Computer-Vordenker, durch seine Anwendung der Dualzahlen auf die Rechenmaschine

D diplomatisch begabt

E ehrgeiziger Erfinder

F flexibel und fleißig; reiste viel im Dienst der Wissenschaft und Diplomatie

G Gesprächspartner vieler Gelehrten und Fürsten, korrespondierte mit ca. 1.100 Adressaten

H Hannover und Herrenhausen 40 Jahre lang verbunden

I interkulturell kompetent, Ireniker; wollte die christlichen Kirchen wiedervereinen

J Jurist und Hofbeamter

K kompromissfähig und immer bereit, auch der Gegenseite etwas abzugewinnen

L lutherisch-evangelisch, aber nicht orthodox

M Mathematiker; begründete die Infinitesimalrechnung

N nie zu entmutigen (schließlich gelang ihm nicht alles)

O Optimist; meinte, dass wir in der besten aller möglichen Welten leben

P Philosoph; verfasste die Monadologie und die Theodizee

Q quellenorientiert und dadurch Mitbegründer der modernen Geschichtswissenschaft

R rational in seinem Handeln und Denken

S selbstdiszipliniert und sprachkompetent; brachte sich selbst das Schreiben und Lesen bei und beherrschte neben Französisch und Latein auch noch Griechisch, Hebräisch, Englisch, Italienisch und Niederländisch sowie einige Wörter Chinesisch und Russisch.

T tolerant anderen Religionen und Kulturen gegenüber; wollte von China lernen

U Universalgelehrter

V vielseitig, vorurteilsfrei und verantwortungsbewusst, da die Theorie immer auch im Dienst der Praxis stehen müsse

W weltoffen und weltgewandt

X x-Achse (Abszissenachse im rechtwinkligen Koordinatensystem)

Y y-Achse (Ordinatenachse im rechtwinkligen Koordinatensystem)

Z zielorientiert

Leibniz in seiner Zeit

Jahr	Biografisches	Schriften/Veröffentlichungen	Historische Ereignisse
1. Juli 1646	Gottfried Wilhelm Leibniz wird in Leipzig geboren		Endphase des Dreißigjährigen Krieges
24. Oktober 1648			Westfälischer Frieden und Ende des Dreißigjährigen Krieges
1661–1666	Studium der Philosophie, Rechtswissenschaften und Mathematik in Leipzig und Jena	1666 *Dissertatio de arte combinatoria*	1662 Gründung der *Royal Society* in England
1667	Promotion zum Doktor beider Rechte in Altdorf (Nürnberg)		
Herbst 1667–März 1672	Erste Anstellung am Hofe des Kurfürsten und Erzbischofs von Mainz, Johann Philipp von Schönborn; 1669 auswärtiges Mitglied der Pariser *Académie des Sciences*		
1672–1676	Aufenthalte in Paris und London, Bekanntschaft mit Arnauld und Huygens; Besuch des niederländischen Philosophen Baruch de Spinoza	1672 *Consilium Aegyptiacum* für Ludwig XIV.	
1672	Entwicklung der Rechenmaschine		
1673	Leibniz wird Mitglied der *Royal Society* in London	*Confessio Philosophi*	
1675	Entwicklung der Infinitesimalrechnung		Zeitgleiche und unabhängige Entwicklung der Infinitesimarechnung durch Isaac Newton
1676–1680	Anstellung als Hofrat und Bibliothekar bei Herzog Johann Friedrich zu Braunschweig-Lüneburg-Calenberg, später unter Herzog Ernst August von Hannover; Beginn der Bemühungen um eine Reunion der Kirchen	1677 *Anfangsgründe einer allgemeinen Charakteristik*; 1679 *Elemente des Kalküls*; 1680 *Regeln zur Förderung der Wissenschaften*	1679 Tod des Herzogs Johann Friedrich

LEIBNIZ IN DER SCHULE

Jahr	Biografisches	Schriften/Ver-öffentlichungen	Historische Ereignisse
1682–1685	Aufenthalt in Clausthal-Zellerfeld; Beschäftigung mit technischen Problemen in den Harz-Bergwerken	1684 *Nova methodus pro maximis et minimis*	1683 Belagerung von Wien durch das osmanische Heer
1685	Leibniz erhält den Auftrag, eine Geschichte des Welfenhauses zu schreiben		Durch das Edikt von Potsdam des Kurfürsten von Brandenburg strömen Hugenotten nach Preußen
1686		*Discours de métaphysique*	
1687–1690	Reise über Österreich bis nach Süditalien wegen Nachforschungen zur Welfengeschichte; Bekanntschaft mit China-Missionaren	ca. 1689 *Über die Freiheit*	
1691	Leibniz wird zum Leiter der Herzog-August-Bibliothek in Wolfenbüttel ernannt	*Protogaea* (Urgeschichte der Erde)	
1692			Verleihung der Kurwürde an Herzog Ernst August, mitveranlasst durch Leibniz' Welfenforschungen
		Codex juris gentium diplomaticus	
1695		*Specimen dynamicum*; *Neues System der Natur und der Gemeinschaft der Substanzen*	
1696	Leibniz wird zum Geheimen Justizrat ernannt; Konstruktion der Wasserfontäne in den Herrenhäuser Gärten	*Vorschläge zur Prinzenerziehung*	
1697		*Novissima sinica*	
Ab 1698	Historische, diplomatische und wissenschaftliche Tätigkeiten unter Kurfürst Georg Ludwig von Hannover	*Unvorgreifliche Gedanken, betreffend die Ausübung und Verbesserung der deutschen Sprache*	1698 Tod des Kurfürsten Ernst August

Jahr	Biografisches	Schriften/Ver-öffentlichungen	Historische Ereignisse
1700	Leibniz wird erster Präsident der preußischen *Sozietät der Wissenschaften*; Mitglied der *Académie des sciences* in Paris		Gründung der *Sozietät (später: Akademie) der Wissenschaften* in Berlin; 1701 Krönung des brandenburgischen Kurfürsten Friedrich zum ersten König in Preußen; Spanischer Erbfolgekrieg
1702	Reise nach Wien	*Von dem, was jenseits der Sinne und der Materie liegt*	
1703–1705		1704 *Neue Abhandlungen über den menschlichen Verstand*; 1705 Trauergedicht auf den Tod der Königin Sophie Charlotte	1705 Tod von Königin Sophie Charlotte in Preußen, Leibniz' Gönnerin
1707–1711		*Scriptores rerum Brunsvicensium*, 3 Bde. (Quellensammlung zur welfischen und niedersächsischen Geschichte)	
1710		*Versuch der Theodizee über die Güte Gottes, die Freiheit der Menschen und den Ursprung des Übels*	
1711	Treffen mit Zar Peter I.; Ernennung zum wissenschaftlichen Berater sowie zum geheimen Justizrat		
1712–1714	Aufenthalt in Wien; 1713 Ernennung zum Reichshofrat; Bekanntschaft mit Prinz Eugen von Savoyen		
1714	Leibniz bleibt in Hannover zurück; Prioritätsstreit mit Newton; Briefwechsel mit Clarke	*Monadologie Die Vernunftprinzipien der Natur und der Gnade*	Tod von Kurfürstin Sophie; der welfische Kurfürst von Hannover kommt als Georg I. auf den verwaisten englischen Thron, mitveranlasst durch Leibniz' genealogische Forschungen
14. November 1716	Leibniz stirbt verlassen in Hannover		

Stichwort: Westfälischer Frieden nach dem Dreißigjährigen Krieg

Der Westfälische Frieden von Münster und Osnabrück im Jahr 1648 beendete den Dreißigjährigen Krieg, der neben machtpolitischen Konflikten vor allem ein Religionskrieg zwischen Katholiken und Protestanten war. Zu den wichtigsten Bestimmungen zählte neben anderem die Bestätigung des Augsburger Religionsfriedens von 1555 in den meisten Punkten. Zu den wenigen Ausnahmen, die nicht durch den Westfälischen Frieden übernommen wurden, gehörte die Klausel „cuius regio, eius religio" (wessen Gebiet, dessen Religion). Diese hatte zuvor zur Folge gehabt, dass die Bevölkerung ihren Glauben nach dem Machthaber richten musste und ganze Landstriche zwangskonvertiert waren. Nun wurden die konfessionellen Verhältnisse auf der Grundlage des Jahres 1624 festgeschrieben, weil bis dato die deutsche Bevölkerung zum größten Teil noch nicht vom Krieg betroffen war. Um konfessionelle Überhänge auszugleichen oder zu verhindern, wurden Reichsbehörden paritätisch besetzt und Reichsstädte wie Augsburg, Ravensburg, Biberach und Dinkelsbühl paritätisch regiert. Im Hochstift Osnabrück wurde die Regierung nunmehr wechselweise protestantisch und katholisch besetzt.

Auch territorial gab es Änderungen. Im Wesentlichen wurde der Vorkriegszustand von 1618 jedoch wiederhergestellt. Im Westfälischen Frieden schieden die Schweiz und die Niederlande endgültig aus dem Reich aus und wurden souveräne Staaten. Metz, Toul, Verdun und die habsburgischen Gebiete des Elsass fielen an Frankreich, ebenso die rechtsrheinischen Orte Breisach und Philippsburg. Vorpommern, Bremen und Verden gehörten nun zu Schweden. Die Oberpfalz verblieb bei Bayern, dafür wurde eine weitere Kurwürde eingerichtet.

Trotz der Beilegung konfessioneller Streitigkeiten konnte der Westfälische Frieden nicht über die Schwächung des Reiches hinwegtäuschen. Der seit dem Mittelalter bestehende Dualismus zwischen Zentralgewalt und Teilgewalten wurde endgültig zu Gunsten der Partikulargewalten entschieden, der Kaiser büßte weiter an Macht ein. In der Folge entwickelte sich das Heilige Römische Reich Deutscher Nation weiter zu einem „Flickenteppich", bestehend aus Klein- und Kleinststaaten. Doch blieb der Westfälische Frieden bis 1806 die verfassungsrechtliche Grundlage des Reiches.

Stichwort: Absolutismus

Der Begriff „Absolutismus" kommt vom lateinischen ‚absolvere' (loslösen). Absolutismus bezeichnet die in Europa vorherrschende Staats- und Regierungsform des 17. und 18. Jahrhunderts. Als Folge der unsicheren politischen und konfessionellen Situation seit der Reformation und aus den Erfahrungen des Dreißigjährigen Krieges heraus entstand eine Straffung des Staates unter Führung eines absoluten Herrschers. Markantes Beispiel eines absolutistischen Staates in schärfster Ausprägung ist Frankreich unter dem „Sonnenkönig" Ludwig XIV.

Die Konzentration der Macht auf eine Person vereinte die drei politischen Gewalten Legislative, Judikative und Exekutive. Die Verwaltung wurde an einem repräsentativen Ort, der Residenzstadt, angesiedelt. Die Stände (Klerus, Adel) verloren ihr Mitbestimmungsrecht, ebenso wie die Städte ihre autonome Verwaltung. Der Monarch betrachtete sich als losgelöst von den Gesetzen (lat. ‚legibus absolutus') und nur Gott verantwortlich. Dies prägte den Begriff „Gottesgnadentum". Adel und bürgerliche Beamte waren jedoch in die Verwaltung einbezogen. Es kam zur Bildung stehender Heere in den Staaten und somit zur Abschaffung des Söldnertums. Der Merkantilismus als erste staatlich gelenkte Wirtschaftsform (auch Kameralismus oder nach ihrem Begründer Jean-Baptiste Colbert Colbertismus genannt) stellte dem Staat Handel und Gewerbe unter rationalistischen Gesichtspunkten in den Dienst. Prunkvolle Darstellung und höfische Repräsentation sind weitere Merkmale des Absolutismus.

Im 18. Jahrhundert kam es zu einer Veränderung des Selbstverständnisses der Fürsten, die sich im so genannten „aufgeklärten Absolutismus" zeigte: Der Monarch sah sich nun als ersten Diener des Staates (vgl. im Gegensatz dazu Ludwig XIV.: „Der Staat bin ich"). Die Trennung der Staatsgewalten ging damit einher, Folter- und Hexenprozesse wurden eingestellt, die Leibeigenschaft aufgehoben. Die vernachlässigte Landwirtschaft wurde gefördert und mit ersten Bildungskonzepten die Schulpflicht eingeführt, erste öffentliche Einrichtungen entstanden. Eine Mitbestimmung wurde jedoch weiterhin nicht zugelassen. In Frankreich endete der Absolutismus mit der Französischen Revolution 1789. Auch in den anderen Staaten Europas kam es vielfach erst nach schwerwiegenden Kämpfen zur Abschaffung des Absolutismus, zuletzt 1905 in Russland.

LEIBNIZ IN DER SCHULE

Stichwort: Barock

Der Begriff „Barock" leitet sich vom französischen ‚baroque' (bizarr, grotesk) bzw. dem portugiesischen ‚barucca' ab, das zunächst eine unregelmäßig geformte Perle bezeichnet. Im übertragenen abwertenden Sinne meinte es zunächst verschroben, bizarr oder exzentrisch. Später wurde ‚barock' dann als Begriff für einen Kunststil eingeführt, der kennzeichnend für eine ganze Epoche wurde. Der (auch: das) Barock wird zeitlich unterteilt in Früh-, Hoch- und Spätbarock und datiert sich zwischen ca. 1600 und 1750. Dem Barock ging die Renaissance voraus, danach folgte die Zeit des Klassizismus.

Der Barock ist eng an den Absolutismus gebunden. In einer Zeit, geprägt von Reformation und Gegenreformation des 16. Jahrhunderts, Entwicklung erster moderner Staaten und Übergang zum (zunächst merkantilen) Kapitalismus, war es für die absolutistischen Herrscher und geistigen Oberhäupter umso wichtiger, möglichst prunkvoll ihren gottgegebenen Herrschaftsanspruch zu demonstrieren und einzufordern. Daher lässt sich der barocke Stil an erster Stelle in der Architektur wiederfinden. Schloss Versailles mit seinen prächtigen weitläufigen Gartenanlagen und Orangerien, Residenz und späterer Regierungssitz des "Sonnenkönigs" Ludwig XIV., diente ganz Europa zum Vorbild. Prunkvolle Klöster, die mehr Schlössern als Kirchengebäuden ähnelten, symbolisierten den Machtanspruch und die damals herrschaftliche Verbindung von Staat und Kirche. Ganze Städte wurden in ihrer Anlage neuorganisiert und auf den jeweiligen Herrschaftssitz ausgerichtet. Das Einzelne sollte sich in das Ganze fügen, so ein Leitsatz der Barockzeit.

Von Italien ausgehend, verbreitete sich der Barock in weiten Teilen Europas und umfasste alle Schichten der Gesellschaft und alle Kunstformen. Es wurde vor allem nach Ausdrucksstärke gestrebt. Stellvertretend für die Malerei lassen sich Rubens, Rembrandt oder Nicolas Poussin dem Barock zuordnen, ein bekannter Bildhauer und Architekt ist Gian Lorenzo Bernini. In der Musik traten Opern und andere Formen mit zum Teil gegensätzlichen Stilelementen in den Vordergrund. Georg Friedrich Händel und Johann Sebastian Bach gelten in Deutschland als bekannteste Musiker und Komponisten des Barock. Auch die Literatur ist von einer starken Antithetik beeinflusst, exemplarisch zu sehen in der Bauform des Sonetts. Stil, Form und Inhalt entsprechen sich und zeigen das typisch barocke Schwanken zwischen Lebensfreude (Carpe diem) und Empfinden der eigenen Vergänglichkeit (Vanitas), verbunden mit einer ausgeprägten Jenseits-Bezogenheit. Bedeutende Vertreter waren beispielsweise Andreas Gryphius, Martin Opitz oder Hans Jakob Christoffel von Grimmelshausen. Als Gegenbewegung zur Vorherrschaft des Lateinischen und Französischen im öffentlichen und kulturellen Leben widmeten sich Sprachgesellschaften dem Ausbau der deutschen Sprache.

Stichwort: Frühaufklärung

Als Frühaufklärung wird die im 17. Jahrhundert entstehende geistige Strömung verstanden, die die Vernunft als Ursprung der Erkenntnis und Richtschnur menschlichen Handelns setzt. Sie wird datiert auf die Jahre zwischen 1680 und 1740. In diesem Zeitraum hatte Europa, nicht zuletzt durch die Fortschritte in den Wissenschaften, Katastrophen und Krisen unterschiedlicher Art erfolgreich durchgestanden (Pest, Erdbeben, Belagerung von Wien durch die Osmanen) und überwand dadurch allmählich den Diesseits-Pessimismus des Barock. Als Folge erwuchs ein neues Selbstvertrauen in die menschlichen Möglichkeiten; unter der Maßgabe der Autonomie menschlicher Vernunft wurden nun zunehmend überkommene Traditionen einer kritischen Prüfung unterzogen. Hundert Jahre später wird Immanuel Kant Aufklärung als „Ausgang des Menschen aus seiner selbstverschuldeten Unmündigkeit" definieren.

Ein wichtiger Meilenstein auf dem Weg in eine aufgeklärte, der Vernunft und Gewissensfreiheit des einzelnen verpflichtete Zukunft war das Edikt von Potsdam 1685, das französischen Glaubensflüchtlingen nach der Aufhebung des Edikts von Nantes Zuflucht in Brandenburg-Preußen gewährte. Toleranz in Glaubensfragen, in den vom Dreißigjährigen Krieg noch immer gezeichneten deutschen Landen besonders virulent, war eine der Grundideen der frühen Aufklärungs-Vertreter.

In der Folge entwickelten sich erstmals konkrete Ideen von natürlichen Menschenrechten. Auch Religion und Gesellschaft wurden durch den natürlichen Vernunftgebrauch definiert. Unter dem Eindruck quellenkundlicher Bibelkritik entstanden neue religiöse Ausprägungen wie der Deismus oder Neologismus, die jedem Offenbarungsglauben kritisch gegenüberstanden. Vorreiter der Frühaufklärung waren in der rationalistisch geprägten Philosophie Baruch de Spinoza, René Descartes und Gottfried Wilhelm Leibniz, während in England John Locke und David Hume empiristische und sensualistische Ausprägungen vertraten und damit Erfahrung und Sinneseindrücke zentral sahen. Christian Wolff popularisierte im beginnenden 18. Jahrhundert in Deutschland eine Anwendung des rationalen Ansatzes auf alle Wissensbereiche. Um die Jahrhundertmitte setzt gemeinhin die Phase der Hochaufklärung an, oft in Verbindung gebracht mit dem Epochenereignis des Erdbebens von Lissabon 1755, das den Leibniz'schen Theodizee-Gedanken in Frage stellte und die Aufklärung durch Denker wie Voltaire und Jean-Jacques Rousseau radikalisierte. In der Philosophie mündete die deutsche Aufklärung Ende des 18. Jahrhunderts in den Idealismus. Politisch führte sie über den aufgeklärten Absolutismus schließlich zum Ende der absolutistischen Herrschaftsform und eines Machtanspruchs „von Gottes Gnaden".

LEIBNIZ IN DER SCHULE

Unterwegs mit Leibniz...

... in Leipzig

Leibniz hat in seiner Geburtsstadt Leipzig viele Spuren hinterlassen. Ähnlich wie den Hannoveranern fiel es auch den Leipzigern schwer, sich zu Leibniz zu bekennen. Auch Leibniz liebte Leipzig nach den Querelen um seine juristische Doktorarbeit daher allenfalls so, „wie es sich für die Heimat geziemt", wie er in einem Brief an Adam Rechenberg bemerkte. Einige Spuren des Gelehrten in der Stadt sollen auf dieser Seite vorgestellt werden. Wer alle besuchen möchte, kann den hier skizzierten Rundgang absolvieren. Er dauert gut eine Stunde und beginnt und endet am Hauptbahnhof. Mit Pausen und Verweildauer an den einzelnen Plätzen sollte entsprechend mehr Zeit eingeplant werden. Selbstverständlich können auch nur einzelne Punkte herausgegriffen werden. Es bietet sich an, eine solche Exkursion von und mit Schülern vorzubereiten. Die Infoboxen zu den einzelnen Punkten vermitteln ein Grundlagenwissen, das jedoch in vielfältiger Hinsicht ergänzt werden kann.

An und in der Nähe der Route liegen weitere interessante Plätze und Gebäude, wie beispielsweise Museen, das Schauspielhaus, die Thomaskirche und diverse gastronomische Einrichtungen in teils historischen Gebäuden, wie Auerbachs Keller oder das Alte Rathaus.

1. Leibniz' Geburtshaus, Rotes Kolleg, Ritterstraße 10
2. Nikolaischule, Nikolaikirchhof 2
3. Nikolaikirche, Nikolaikirchhof 3
4. Universität Leipzig, Ritterstr. 26
5. Rosental/Leibnizweg

Allgemeine Informationen über die Stadt gibt die Tourist-Information.
Tourist-Information
Katharinenstraße 8
04109 Leipzig
Tel. (0341) 7104-260 oder -265
www.leipzig.de

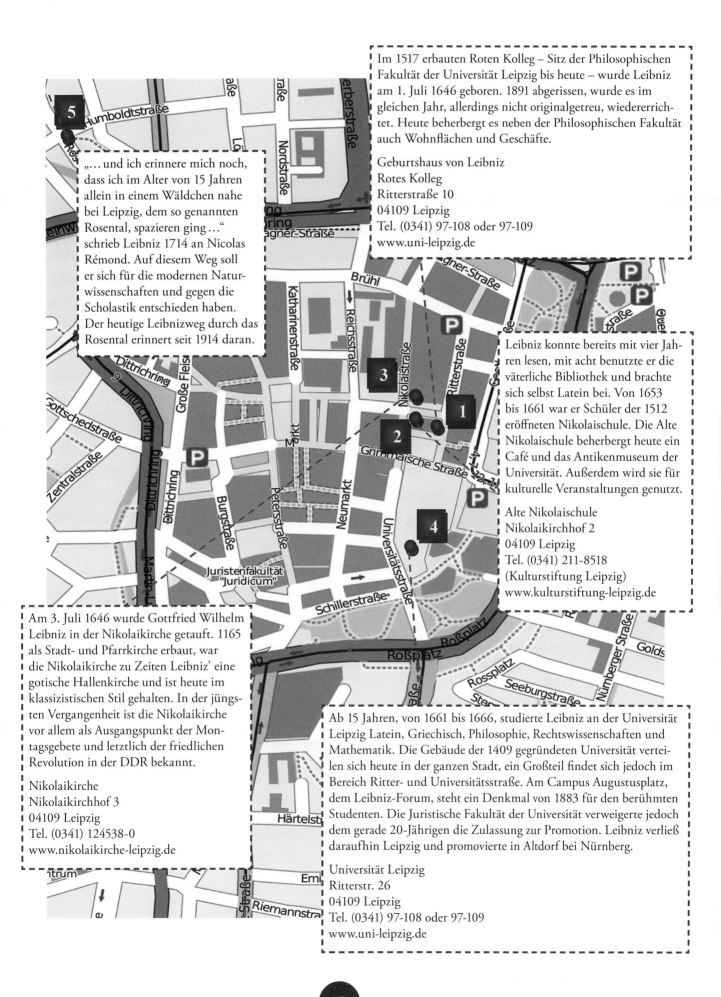

Im 1517 erbauten Roten Kolleg – Sitz der Philosophischen Fakultät der Universität Leipzig bis heute – wurde Leibniz am 1. Juli 1646 geboren. 1891 abgerissen, wurde es im gleichen Jahr, allerdings nicht originalgetreu, wiedererrichtet. Heute beherbergt es neben der Philosophischen Fakultät auch Wohnflächen und Geschäfte.

Geburtshaus von Leibniz
Rotes Kolleg
Ritterstraße 10
04109 Leipzig
Tel. (0341) 97-108 oder 97-109
www.uni-leipzig.de

„…und ich erinnere mich noch, dass ich im Alter von 15 Jahren allein in einem Wäldchen nahe bei Leipzig, dem so genannten Rosental, spazieren ging…" schrieb Leibniz 1714 an Nicolas Rémond. Auf diesem Weg soll er sich für die modernen Naturwissenschaften und gegen die Scholastik entschieden haben. Der heutige Leibnizweg durch das Rosental erinnert seit 1914 daran.

Leibniz konnte bereits mit vier Jahren lesen, mit acht benutzte er die väterliche Bibliothek und brachte sich selbst Latein bei. Von 1653 bis 1661 war er Schüler der 1512 eröffneten Nikolaischule. Die Alte Nikolaischule beherbergt heute ein Café und das Antikenmuseum der Universität. Außerdem wird sie für kulturelle Veranstaltungen genutzt.

Alte Nikolaischule
Nikolaikirchhof 2
04109 Leipzig
Tel. (0341) 211-8518
(Kulturstiftung Leipzig)
www.kulturstiftung-leipzig.de

Am 3. Juli 1646 wurde Gottfried Wilhelm Leibniz in der Nikolaikirche getauft. 1165 als Stadt- und Pfarrkirche erbaut, war die Nikolaikirche zu Zeiten Leibniz' eine gotische Hallenkirche und ist heute im klassizistischen Stil gehalten. In der jüngsten Vergangenheit ist die Nikolaikirche vor allem als Ausgangspunkt der Montagsgebete und letztlich der friedlichen Revolution in der DDR bekannt.

Nikolaikirche
Nikolaikirchhof 3
04109 Leipzig
Tel. (0341) 124538-0
www.nikolaikirche-leipzig.de

Ab 15 Jahren, von 1661 bis 1666, studierte Leibniz an der Universität Leipzig Latein, Griechisch, Philosophie, Rechtswissenschaften und Mathematik. Die Gebäude der 1409 gegründeten Universität verteilen sich heute in der ganzen Stadt, ein Großteil findet sich jedoch im Bereich Ritter- und Universitätsstraße. Am Campus Augustusplatz, dem Leibniz-Forum, steht ein Denkmal von 1883 für den berühmten Studenten. Die Juristische Fakultät der Universität verweigerte jedoch dem gerade 20-Jährigen die Zulassung zur Promotion. Leibniz verließ daraufhin Leipzig und promovierte in Altdorf bei Nürnberg.

Universität Leipzig
Ritterstr. 26
04109 Leipzig
Tel. (0341) 97-108 oder 97-109
www.uni-leipzig.de

Unterwegs mit Leibniz ...

... in Hannover

Insgesamt 40 Jahre seines Lebens verbrachte Leibniz in Hannover. Hier starb er auch 1716. Leibniz' Verhältnis zu Hannover war ambivalent. Einerseits war er als Hofbeamter abgesichert, andererseits war der Residenzort nicht Paris oder London, Großstädte, in denen Leibniz bei seinen früheren Besuchen mit den bedeutendsten Wissenschaftlern seiner Zeit zusammengekommen war. Das Drängen des hannoverschen Hofes, seiner Dienstverpflichtung mit der Abfassung der Welfengeschichte nachzukommen, engte ihn, der stets unzählige weitere Gedanken und Ideen im Kopf hatte, zusätzlich ein.

Wo lässt sich in Hannover auf Leibniz' Spuren wandeln?

Es bietet sich an, eine solche Exkursion von und mit Schülern vorzubereiten. Die Infoboxen zu den einzelnen Punkten vermitteln ein Grundlagenwissen, das jedoch in vielfältiger Hinsicht ergänzt werden kann.

An und in der Nähe der Route liegen weitere interessante Plätze und Gebäude, wie beispielsweise das Opernhaus, der Landtag im Leineschloss, die Nana-Skulpturen von Niki de Saint Phalle oder die Marktkirche und das Alte Rathaus.

Der hier skizzierte Spaziergang durch Hannover dauert zirka eine Stunde. Die außerhalb des Zentrums liegenden Sehenswürdigkeiten wie Universität, Herrenhäuser Gärten und Bibliothek lassen sich schnell mit der Stadtbahn erreichen.

1. Leineschloss, Hinrich-Wilhelm-Kopf-Platz 1
2. Leibnizhaus, Holzmarkt 4–6
3. Historisches Museum, Pferdestr. 6 (Eingang Burgstr.)
4. VGH, Schiffgraben 4
5. Gottfried Wilhelm Leibniz Bibliothek, Waterloostr. 8
6. Leibnizarchiv, Waterloostr. 8
7. Gottfried Wilhelm Leibniz Gesellschaft, Waterloostr. 8
8. Leibniz-Grabstätte, ev.-luth. Neustädter Hof- und Stadtkirche St. Johannis, Rote Reihe 8
9. Leibniz-Denkmal: Künstlerhaus, Sophienstr. 2
10. Leibniz-Denkmal: Neues Rathaus, Trammplatz 2
11. Leibniz-Denkmal: Südliche Spitze des Opernplatzes
12. Leibniz Universität Hannover, Welfengarten 1
13. Herrenhäuser Gärten und Gelände des Schlosses Herrenhausen mit Schlossneubau
14. Leibniztempel
15. Leibnizzimmer im Galeriegebäude
16. Große Fontäne
17. Ehemalige Maulbeerbaumplantage, Berggarten

Allgemeine Informationen über die Stadt gibt die Tourist-Information.
Tourist-Information
Ernst-August-Platz 8
30159 Hannover
Tel. (0511) 12345-111
www.hannover.de

Ende des 17. Jahrhunderts erbaut, diente die Neustädter Hof- und Stadtkirche als Grabstätte des Hannoverschen Hofes. Als Leibniz am 14. November 1716 starb, wurde er als Hofbeamter ebenfalls in der Kirche beigesetzt. Da er im Ruf des „Lövenix", eines Ungläubigen, stand, wurde sein zunächst namenloses Grab erst Ende des 18. Jahrhunderts mit der Aufschrift „Ossa Leibnitii" geehrt. Im September finden hier die Leibniz-Festtage statt.

Ev.- Luth. Neustädter Hof- und Stadtkirche
St. Johannis Hannover
Rote Reihe 8
30169 Hannover
Tel. (0511) 17139
www.hofundstadtkirche.de

Vom Leibniz-Ufer aus gesehen, leuchtet an der Fassade des Historischen Museums folgender Satz: „Es gibt nichts Ödes, nichts Unfruchtbares, nichts Totes in der Welt, kein Chaos, keine Verwirrung, außer einer scheinbaren, ungefähr wie sie in einem Teiche zu herrschen schiene, wenn man aus einiger Entfernung eine verworrene Bewegung und sozusagen ein Gewimmel von Fischen sähe, ohne die Fische selbst zu unterscheiden. G.W.L." Das Zitat stammt aus §71 der Monadologie und ist 2000 von Joseph Kosuth installiert worden.

Historisches Museum Hannover
Pferdestraße 6
30159 Hannover

An der Fassade des 1853–1855 gebauten Künstlerhauses befindet sich auf der linken Seite, auf einer Konsole unter einem Baldachin stehend, Leibniz, entworfen vom Bildhauer Carl Dopmeyer.

Künstlerhaus Hannover
Sophienstraße 2
30159 Hannover

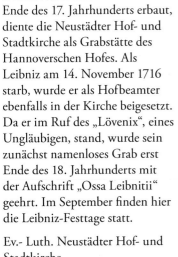

Das Leibnizhaus wurde im Jahre 1499 als Wohnhaus in der Schmiedestraße 10 erbaut. Leibniz bewohnte es von 1698 bis zu seinem Tod, zugleich diente es als Hofbibliothek. 1943 zerstört, wurde es 1981–1983 an der heutigen Stelle am Holzmarkt unter Rekonstruktion der frühbarocken Fassade von 1652 wieder aufgebaut. Heute beinhaltet es eine kleine Ausstellung über Leibniz, außerdem nutzen es die hannoverschen Hochschulen als Gästehaus sowie für Veranstaltungen.

Geschäftsstelle Leibnizhaus – Leibniz Universität Hannover
Holzmarkt 4–6
30159 Hannover
Tel. (0511) 762-4450
www.uni-hannover.de

Die 2005 in Gottfried Wilhelm Leibniz Bibliothek umbenannte Landesbibliothek entstand aus der ehemaligen Hofbibliothek. Sie beherbergt die Gottfried-Wilhelm-Leibniz-Gesellschaft und das Leibniz-Archiv. Rund 50.000 Schriften, Briefe und Notizen Leibniz', seit 2007 Weltdokumentenerbe, lagern hier, außerdem Abbildungen und Modelle.

Gottfried Wilhelm Leibniz Bibliothek
Niedersächsische Landesbibliothek
Waterloostraße 8
30169 Hannover
Tel. (0511) 1267-0
www.gwlb.de

Seit 2008 befindet sich ein 2,50 m hoher Bronzekopf im Stil eines Scherenschnitts am Opernplatz. Die eine Seite zeigt das von Leibniz entwickelte binäre Zahlensystem, auf der anderen Seite ist zu lesen: „Einheit in der Vielheit – unitas in multitudine".

Opernplatz
30159 Hannover

Auf dem Fries am Neuen Rathaus erhält Leibniz in Mantel und Degen einen Lorbeerkranz von Kurfürstin Sophie. In der Eingangshalle ist er auf einer der vier Kartuschen in der Kuppel zu sehen.

Neues Rathaus
Trammplatz 2
30159 Hannover

... und in Hannover-Herrenhausen

Zu Leibniz' Zeiten entstanden und typisch für die Zeit des Barock – der 1675 nach dem Vorbild französischer Gärten entworfene Große Garten. Gemeinsam mit Berggarten und Georgengarten bildet er die bekannten Herrenhäuser Gärten. Kurfürstin Sophie hat sich hier viel mit Leibniz zu Beratungen getroffen. 2009–2011 wurde das im Zweiten Weltkrieg zerstörte Schloss mit originalgetreuer Fassade wieder aufgebaut und dient heute als Tagungszentrum und Museum.

Verwaltung Herrenhäuser Gärten
Herrenhäuser Straße 4
30419 Hannover
Tel. (0511) 168-44543
www.hannover.de/herrenhausen/

Der Leibniztempel wurde 1787–1790, also erst rund 70 Jahre nach dem Tode Leibniz', durch Hofbaurat Johann Daniel Ramberg errichtet und war das erste Denkmal für einen Nichtadligen in Deutschland. Zunächst stand das Denkmal an der Esplanade, am Rande des heutigen Waterlooplatzes. 1935 wurde der Tempel mit der Inschrift „Genio Leibnitii" in den Georgengarten umgesetzt. In der Mitte befindet sich die Kopie einer Marmorbüste Leibniz' von Christopher Hewetson.

Leibniztempel
Georgengarten
30167 Hannover
www.leibniztempel.de

Die Idee zu der Konstruktion der Fontäne des Großen Gartens stammt von Leibniz aus dem Jahr 1696. Sein Plan sieht unter anderem den Bau eines Stichkanals vor, der für eine ausreichende Wasserzufuhr sorgen und die Fontäne auf 35 Meter bringen sollte. Leibniz erlebte die Fertigstellung nicht mehr, seine Pläne wurden jedoch später von Johann Christian Böhme aufgegriffen. 1856 erreichte die Fontäne eine Höhe von 67 Metern, heute – dank einer elektrischen Pumpe – sogar 82 Meter.

Große Fontäne
Großer Garten Herrenhausen
30167 Hannover

Die Gottfried Wilhelm Leibniz Universität trägt den Namen des berühmten Gelehrten seit 2006. Im Hauptgebäude, dem Welfenschloss gegenüber dem Georgengarten, befindet sich eine Leibniz-Ausstellung im Sockelgeschoss. Hier sind neben anderem Modelle der Rechenmaschine, Skizzen und Pläne sowie Infotafeln zu sehen.

Gottfried Wilhelm Leibniz Universität Hannover
Welfengarten 1
30167 Hannover
Tel. (0511) 762-0
www.uni-hannover.de

Noch mehr zu Leibniz

Leibniz-Ausstellung der Gottfried Wilhelm Leibniz Universität Hannover

www.uni-hannover.de/de/universitaet/leibniz/leibnizausstellung

Im Sockelgeschoss des Hauptgebäudes der Leibniz Universität Hannover befindet sich die von Prof. Dr. Erwin Stein konzipierte und im Jahre 2011 erweiterte Leibniz-Dauerausstellung. Neben den von Prof. Stein und Dr. Kopp entwickelten Funktionsmodellen und Nachbauten der Leibniz'schen Rechenmaschinen informieren Bild- und Texttafeln über alle Wissenschaftsgebiete, in denen Leibniz tätig war.

LeibnizCentral
(Gottfried Wilhelm Leibniz Bibliothek – Niedersächsische Landesbibliothek Hannover)

www.leibnizcentral.de

LeibnizCentral ist das Wissensportal der Leibniz Bibliothek Hannover, das den direkten Zugang zu umfangreichem Text-, Bild- und 3D-Material (Rechenmaschine) und fachspezifischen Datenbanken ermöglicht sowie über aktuelle Forschungen informiert.

Leibniz-Edition

www.leibnizedition.de

In Verbindung mit der Göttinger und der Berlin-Brandenburgischen Akademie der Wissenschaften werden in den vier Editionsstellen Hannover, Münster, Berlin und Potsdam die Leibniz'schen Schriften und Briefe kritisch ediert. In acht thematisch gegliederten Reihen wird der gesamte Nachlass des Universalgelehrten im Druck – die neueren Bände auch digital – herausgegeben.

Gottfried Wilhelm Leibniz-Gesellschaft e.V.

www.gottfried-wilhelm-leibniz-gesellschaft.de

Die 1966 in Hannover gegründete Gottfried Wilhelm Leibniz Gesellschaft e.V. hat sich das Ziel gesetzt, die Kenntnis des Werkes und des Wirkens von Leibniz zu vertiefen und zu verbreiten und – wie Leibniz – Verbindungen zwischen den einzelnen Wissenschaftsdisziplinen zu pflegen. Feste Bestandteile im Programm der Gesellschaft sind regelmäßige Vortragsveranstaltungen, Exkursionen und die Herausgabe der „Studia Leibnitiana".

Leibniz-Stiftungsprofessur

www.uni-hannover.de/leibniz-stiftungsprofessur

Die seit dem Jahre 2010 an der Leibniz Universität Hannover bestehende Leibniz-Stiftungsprofessur, die Prof. Dr. Wenchao Li derzeit innehat, versteht sich als wichtiges Bindeglied zwischen akademischer Lehre und öffentlicher Wahrnehmung. Die Seminare, Vorlesungen und Symposien richten sich nicht nur an Studierende und Wissenschaftler aller Fachrichtungen, sondern an alle Leibniz-Interessierten.

Literaturtipps für den Unterricht

Antoine, Annette / von Boetticher, Annette: Leibniz-Zitate. Göttingen 2007.

Antoine, Annette / von Boetticher, Annette: Leibniz für Kinder. Hildesheim 2008.

Schmidt-Salomon, Michael: Leibniz war kein Butterkeks. 2. Aufl. München 2012.

Staguhn, Gerhard: Wenn Gott gut ist, warum gibt es dann das Böse in der Welt? Fragen an die Religion. München 2011.

LEIBNIZ IN DER SCHULE

Glossar

A

Absolutismus

Von lat. absolvere = loslösen; Herrschaftsform, in der alle Gewalt auf einen Alleinherrscher konzentriert ist. Vorherrschende Staats- und Regierungsform im Europa des 17. und 18. Jahrhunderts. Siehe auch Stichwort: Absolutismus.

Akademie

Ursprünglich die Bezeichnung der Philosophenschule des griechischen Philosophen Platon, die dieser im Olivenhain des athenischen Helden Akademos leitete. Später wurden Vereinigungen von Wissenschaftlern und Hochschulen als Akademien bezeichnet. Leibniz, der selbst das Vorhaben, eine Akademie zu gründen, verfolgte, verwendete gerne auch den Begriff Sozietät. Dahinter verbirgt sich die Idee, alles Wissen zu sammeln und nach dem Prinzip des ➜ *commune bonum* der Allgemeinheit zugänglich zu machen. In der Akademie wollte Leibniz alle Wissensgebiete – auch die praktischen Bereiche – zusammenführen.

Akzidenz (Akzidens)

In der ➜ *Monadologie* das einem Gegenstand, einer Sache nicht notwendig Zukommende, nicht Essentielle; das, was sich ändert bzw. ändern kann.

Allegorie

Darstellung oder Veranschaulichung eines Begriffes in einem Bild, oft personifiziert. In der Schlussallegorie der ➜ *Theodizee* hat Leibniz seine Grundansichten deutlich gemacht.

Apperzeption

Nach Leibniz bewusste Wahrnehmungen reflexiver Art, denen ein Ich-Bezug zugrunde liegt; deutliche, vom Bewusstsein begleitete ➜ Perzeptionen. In Bezug auf die Entwicklung der einzelnen ➜ Monaden sind die Monaden, die mit Apperzeption ausgestattet sind, der Vervollkommnung näher als die, die lediglich Perzeptionen aufweisen. Tiere beispielsweise haben Perzeptionen, während der Mensch auch durch Apperzeption gekennzeichnet ist.

A posteriori

„Vom Späteren her"; Erkenntnis, die aus der Wahrnehmung bzw. Erfahrung stammt.

A priori

„Vom Früheren her"; von vornherein; unabhängig von der Erfahrung gültig.

Ars inveniendi

Von lat. ars = Kunst u. invenire = erfinden. Nach Leibniz eine logisch-rationale Methode zur Findung neuer Wahrheiten innerhalb eines Gebiets und zum Ausloten menschlicher Erfindungskunst allgemein. Bedient sich der ➜ Characteristica universalis.

Atom/Atomistik (Atomismus)/Atome der Natur

In der Antike eine mechanistische Weltauffassung, der zufolge alles (die materielle Welt ebenso wie die Seele) aus kleinsten unteilbaren Bausteinen (Atomen von griech. átomos = unteilbar) besteht; Begründer dieser Auffassung waren Leukippos (5. Jh. v. Chr.) und Demokrit (um 460–370 v. Chr.). Leibniz nennt die Monaden die ‚wahren Atome der Natur'. Dies ist etwas missverständlich, da Atome aus Materie bestehen, Monaden dagegen materielos sind.

Aufklärung

Auch Zeitalter der Vernunft genannt. Einteilung in drei Phasen: Frühaufklärung mit dem Schwerpunkt Rationalismus: 1680–1740 (siehe auch Stichwort: Frühaufklärung), Hochaufklärung mit den Schwerpunkten Empirismus und Sensualismus: 1740–1780, Spätaufklärung mit dem Schwerpunkt Kritizismus: 1780–1790.

Augsburger Religionsfriede

Machte 1555 die konfessionelle Zugehörigkeit der Menschen vom Glauben des jeweiligen Landesherrn abhängig, um die Streitigkeiten zwischen Katholiken und Protestanten zu beenden.

Autonomie

Von griech. autos = selbst u. nomos = Gesetz; im philosophischen Sinn die Eigenständigkeit oder Eigengesetzlichkeit, im Gegensatz zur Heteronomie. Beispielsweise fordert Kants Ethik die Autonomie des Willens, die frei von aller Fremdbestimmung sein soll. Damit wird die Autonomie zum obersten Prinzip der Sittlichkeit erhoben. Siehe auch ➜ Freiheit.

B

Barock

Epoche des 17. und 18. Jahrhundert, in der Leibniz gelebt hat. Siehe auch Stichwort: Barock

Beste aller möglichen Welten

Nach Leibniz hat Gott unter verschiedenen möglichen Welten die beste ausgewählt, wir leben somit in der besten aller möglichen Welten. In dieser Welt lässt Gott das Leid zu, weil dies die notwendige Konsequenz der → Freiheit des Menschen ist. Die beste aller möglichen Welten zeichnet sich nicht durch Vollkommenheit, sondern vielmehr durch die potenzielle Möglichkeit der → Vervollkommnung aus. Sie ist nicht perfekt, aber sie ist am besten geordnet und besitzt die größte Vielfalt.

C

Characteristica universalis

Von lat. character = Zeichen u. universalis = allgemein; Universalsprache, auch *ars combinatoria* genannt. Leibniz versuchte, eine logische, rationale und somit ideale Universalsprache zu entwickeln, in der mithilfe eines an der Mathematik orientierten Kalküls eine eindeutige Zuordnung zwischen Zeichen und deren Bedeutung gegeben ist. So sollte die Gesamtheit von Begriffen und Aussagen des menschlichen Denkens darstellbar sein. Mit Hilfe dieser für alle Menschen gleichen Sprache sollte eine Art statisches Gerüst erstellt werden, in dem alle Fragen bestenfalls nicht nur dargestellt sondern durch einfaches Ausrechnen erklärt und entschieden werden können („Calculemus – rechnen wir"). Leibniz hielt eine Erstellung dieser Sprache innerhalb einiger Jahre durch geeignete Wissenschaftler durchaus für möglich; zur Ausführung kam sein Plan jedoch nie.

Commune bonum

Lat. Commune = Gemeinschaft u. bonum = das Gute, sinngemäß das ‚Wohl der Gemeinschaft'; Leibniz' Bestreben war es, dass alles erworbene Wissen der Allgemeinheit nutzen sollte. Der Mensch trägt nicht nur für sich selbst, sondern auch für die → Vervollkommnung der Welt im Sinne einer → prästabilierten Harmonie die Verantwortung. Mit dieser Annahme tritt Leibniz vor allem der Hobbes'schen Theorie vom „Krieg aller gegen alle" entgegen.

D

Deismus

Von lat. deus = Gott; der Deismus betrachtet Gott zwar als Schöpfer der Erde und der Menschen. Anschließend hat Gott jedoch keinen Einfluss mehr auf die Geschehnisse der Welt und kann somit auch nicht verantwortlich gemacht werden. Der Deismus war eine bedeutende Strömung mit Ausgangspunkt im England des 17. und 18. Jahrhunderts. Auch Leibniz geht davon aus, dass Gott die Welt einmal perfekt eingerichtet hat und es anschließend den Menschen überlassen ist, zu entscheiden, wie sich die Welt entwickeln soll. Jeder Einzelne trägt die Verantwortung, Gott hat lediglich die Rahmenbedingungen geschaffen.

Determinismus/determiniert

Von lat. determinare = abgrenzen, bestimmen; der Determinismus geht davon aus, dass alles in der Welt festgelegt und bestimmt ist. Man spricht in Zusammenhang mit der Leibniz'schen Weltauffassung oft von Determinismus, jedoch stimmt dies nur zum Teil. Zwar nimmt Leibniz an, dass Gott die → beste aller möglichen Welten nach dem Prinzip der → prästabilierten Harmonie geschaffen hat und somit alles im Vorhinein festgelegt wurde, jedoch kann der einzelne Mensch sich dennoch für gute oder weniger gute Handlungen entscheiden. Der Einzelne bestimmt, inwieweit er an der → Vervollkommnung der Welt mitarbeitet.

Dreißigjähriger Krieg

Der Dreißigjährige Krieg bezeichnet einen religiös motivierten Krieg von 1618–1648, bei dem es um die Frage der „wahren" Konfession ging. Leibniz erlebte die Folgen dieses Krieges selbst mit und beschäftigte sich intensiv mit der Frage der konfessionellen Zugehörigkeit. Siehe auch → Westfälischer Frieden.

Dualsystem

Das duale oder binäre Zahlensystem, auch Dyadik genannt, bildet alle Zahlen nur mit 0 und 1 (im Gegensatz zum Zehner- oder Dezimalsystem mit den zehn Ziffern 0 bis 9). Leibniz sah in den Dualzahlen ein Abbild der göttlichen Vollkommenheit und empfahl sie deshalb auch zum Einsatz bei der Missionarstätigkeit in China, wo sie bereits seit 3000 v. Chr. bekannt waren. Seine Leistung bestand vor allem darin, ein arbeitsfähiges System zu entwickeln und auf dieser Grundlage eine binäre Rechenmaschine zu entwerfen, auf die später in der Computerkonstruktion zurückgegriffen wurde.

E

Einheit der christlichen Kirchen

Geprägt durch seine Eindrücke des → Dreißigjährigen Krieges, strebte Leibniz danach, die verschiedenen Konfessionen miteinander zu versöhnen, was als → Reunion der Kirchen bezeichnet wird. Dabei hatte er nicht nur eine Wiedervereinigung der evangelischen und katholischen Kirche im Blick, sondern bemühte sich ebenfalls um eine Verständigung der evangelisch-lutherischen mit der reformierten Richtung.

Einheit der Religionen

Nicht nur in Bezug auf die Konfessionen, sondern auch in Hinblick auf die drei großen Religionen – das Judentum, den Islam und das Christentum – strebte Leibniz nach Harmonie und Einheit. Seine Haltung spiegelt sich gut wider in dem sogenannten vollkommenen Gebet, das für alle Angehörigen der genannten Religionen zu beten sei. Lange Zeit wurde dieses Gebet Leibniz als Verfasser zugeschrieben; neueste Erkenntnisse ergaben jedoch, dass es ihm von seinem wichtigsten Briefpartner in religiösen Dingen, Landgraf Ernst von Hessen-Rheinfels, übersandt worden war.

Entelechie

Von griech. entelecheia = das, was sein Ziel in sich selbst hat; Entelechie beschreibt die zielstrebig wirkende Kraft bzw. nach Vollendung strebende Tätigkeit, die gleichzeitig auch das Prinzip dieser Tätigkeit selbst ist und die Möglichkeit zur Wirklichkeit machen kann (nach Aristoteles und Leibniz: die Seele).

Epoche

Zeitabschnitt mit gemeinsamen künstlerischen, gesellschaftlichen und politischen Werten und Strömungen. In der Zeit von Leibniz handelt es sich um die Epoche des Barock, die durch den ➜ Absolutismus geprägt ist.

Ewige Wahrheiten

Sind nach Leibniz im göttlichen Verstand, unabhängig von dessen Willen und unabhängig davon, ob es einen Geist gibt, der sie erkennt oder nicht; in Gott befinden sie sich als Urbilder der Ideen.

F
Freiheit

Im weitesten Sinn die Möglichkeit der Selbstbestimmung. Diese kann auf zweierlei Arten gegeben sein: als Freiheit von etwas und als Freiheit zu etwas.
Gott hat dem Menschen, so sagt Leibniz, einen freien Willen gegeben; begleitweise geschieht deshalb Leid, denn die Menschen können selbst entscheiden, ob sie Gutes oder Schlechtes tun. Zwar ist die Welt durch die ➜ prästabilierte Harmonie von Gott perfekt ein-

gerichtet, insofern sieht Gott die Entwicklung zur ➜ Vollkommenheit vorher, ➜ determiniert den einzelnen Menschen jedoch nicht.

G
Geschichte der Welfen

Die Welfen sind die älteste Fürstenfamilie Europas. Im Mittelalter herrschten sie in Schwaben, Bayern und in Sachsen. Nach einem Streit mit Kaiser Barbarossa verloren die Welfen ihr Herrschaftsgebiet in Süddeutschland. Übrig blieb in Norddeutschland das Herzogtum Braunschweig-Lüneburg, das durch Erbteilung in mehrere Fürstentümer aufgeteilt wurde. Herzog Ernst August beauftragte Leibniz, die Geschichte des Welfenhauses und die komplizierten Verwandtschaftsverhältnisse zu erarbeiten, um die Verwandtschaft der Welfen mit den Königen und Kaisern Europas nachzuweisen. Leibniz konnte diese Arbeit nicht fertigstellen. Dennoch ist sie aufgrund der genauen Erforschung der ➜ Quellen und gesicherten Geschichtsschreibung für die Entstehung der modernen Geisteswissenschaft von großer Bedeutung.

Gottesstaat

De civitate dei; nach Augustinus steht dem Gottesstaat (die Mitglieder handeln aus Gottesliebe) das irdische Gemeinwesen (die Mitglieder handeln aus Selbstliebe) gegenüber; bis zum Endgericht vor Gott existieren beide Formen. Auch Leibniz verfolgt die Vorstellung eines Gottesstaates, der für ihn die Zusammenfassung aller geistigen Monaden darstellt. „Daraus kann man leicht schließen, daß die Versammlung aller Geister den Gottesstaat bilden muß, das heißt den vollkommensten Staat, der unter dem vollkommensten Monarchen möglich ist." (Monadologie, § 85, S. 479)

H
Harmonie zwischen Glaube und Vernunft

Leibniz unterscheidet zwischen einer menschlichen und einer göttlichen Vernunft, die prinzipiell gleich organisiert ist, sich lediglich in ihrer Graduierung unterscheidet. Vernunft und Glaube schließen sich nach Leibniz nicht aus, sondern stehen in einer ➜ prästabilierten Harmonie zueinander.

I
Infinitesimalrechnung

Von lat. infinitum = das Unendliche; mit der Infinitesimalrechnung kann man die Fläche von verschiedenen, auch unregelmäßigen Formen ausrechnen. Man muss dazu unendlich viele kleine Rechtecke bilden, die immer kleiner werden und die Form ausfüllen. Die Methode, um sie zusammenzuzählen, nennt man Integralrechnung. Der andere Teil der Infinitesimalrechnung ist die Differentialrechnung, mit der man eine Kurve durch aus kleinen geraden Stücken zusammengesetzte Polygonzüge approximiert. Dafür werden unendliche Reihen gebildet. Die momentane Veränderung von Größen berechnet man mit der von Leibniz perfektionierten Differentiation; sie entspricht geometrisch gewissen Tangentialvektoren der beschreibenden Kurven. Die Integration als Umkehrung der Differentiation erkannt zu haben, ist das gemeinsame, aber unabhängig erworbene Verdienst von Leibniz und Isaac Newton, deren Anhänger sich später um die Priorität stritten.

Irenik/Ireniker

Auch Irenismus von griech. εἰρήνη, eirene = Friede; Ireniker betonen den friedenstiftenden Charakter des christlichen Glaubens und verweisen auf die Gemeinsamkeiten der Konfessionen. Leibniz verfasste dazu eine Schrift, der er den Titel *Irenica* gab. Dort thematisiert Leibniz die Folgen der Kirchenspaltung und macht sich für eine ➔ Einheit der christlichen Kirchen stark.

K

Kontingenz/kontingente Aussagen

Von lat. contingere = sich ereignen; Kontingente Aussagen drücken die Zufälligkeit im Gegensatz zur ➔ Notwendigkeit aus. In der Logik werden alle empirischen Aussagen als kontingent angesehen. Diese Aussagen können beide Wahrheitswerte (wahr/falsch) annehmen.

L

Leib-Seele-Dualismus

Auch Leib-Seele-Problem; thematisiert die Frage nach dem Zusammenhang von Körper und Seele (Geist). Mit seiner ➔ Monadenlehre versuchte Leibniz den Gegensatz zwischen Leib und Seele, der besonders von Descartes betont worden war, aufzulösen. „Die Seele folgt ihre eigenen Gesetzen und der Körper ebenso den seinen; und sie treffen sich vermöge der prästabilierten Harmonie zwischen allen Substanzen, weil sie alle Darstellungen des selben Universums sind." (Monadologie, § 78, S. 475) Um genauer zu erklären, was gemeint ist, verwendet Leibniz das ➔ Uhrengleichnis, dass das Zusammenwirken von Körper und Seele anhand zweier, genau gleich gehender Wanduhren beschrieben.

M

Möglich/Möglichkeit

1. Etwas, das objektiv unter bestimmten realisierbaren Bedingungen wirklich werden kann; 2. etwas, das subjektiv unter bestimmten Bedingungen als wirklich gedacht werden kann. Leibniz nimmt an, dass wir in der ➔ besten aller möglichen Welten leben, wobei der Hinweis darauf, dass es sich um mögliche Welten handelt, von großer Bedeutung ist. Wir leben also nicht in der besten aller Welten, sondern Gott hat von allen möglichen Welten, die beste Welt ausgewählt. Voltaire polemisierte gegen Leibniz, indem er in seiner Schrift *Candide, oder der Optimismus* die Leibniz'sche Wendung ohne das Wort ‚möglich' verwendet. So spricht Voltaire von der besten aller Welten, während Leibniz die beste aller möglichen Welten meinte.

Monadologie, Monadenlehre

Neben der ➔ *Theodizee* das Kernstück der Leibniz'schen Philosophie, in der Leibniz seine Lehre von den ➔ Monaden erklärt. In dieser Schrift von 1714, die in insgesamt 90 Paragraphen gegliedert ist, erläutert er die metaphysischen Grundlagen seiner Philosophie.

Monaden

Von griech. monas = Einheit; nach Leibniz die letzten Elemente der Wirklichkeit, einfache, nicht zusammengesetzte, unteilbare seelische Kraftzentren oder Kraftpunkte, aus denen die Weltsubstanz besteht, und die durch die von Gott eingerichtete ➔ prästabilierte Harmonie verbunden sind. Monaden sind (nach Leibniz u. a.) entweder ursprüngliche (Gott) oder abgeleitete bzw. erschaffene Monaden. Je nachdem auf welcher Stufe der Entwicklung sie sich befinden, zeichnen sie sich durch ➔ Perzeptionen oder ➔ Apperzeptionen aus.

N

Naturrecht

Im Gegensatz zum positiven Recht beruht das Naturrecht auf einer allgemeinen natürlichen Ordnung, die vorgibt, was als gut und was als schlecht anzusehen ist. Nach Leibniz ist das Naturrecht die Widerspiegelung einer göttlichen Ordnung. Er unterteilt das Naturrecht in drei Stufen: Auf der ersten Stufe wird die *justitia commutativa* (ausgleichende Gerechtigkeit) hergestellt, auf der zweiten Stufe dominiert die

LEIBNIZ IN DER SCHULE

caritas (Nächstenliebe), während mit der *pietas* (dem Pflichtgefühl gegenüber Gott) die dritte Stufe des Naturrechts erreicht wird.

Notwendigkeit

1. Gegenteil der ➜ Kontingenz (Zufälligkeit) im Hinblick auf eine übergeordnete Notwendigkeit. 2. Leibniz unterschiedet zwei Typen von Notwendigkeiten: So komme den ➜ Vernunftwahrheiten eine absolute Notwendigkeit zu, da sich ihr Gegenteil nicht widerspruchsfrei denken lässt. Sie gründen auf dem logischen ➜ Prinzip des Widerspruchs (Satz vom Widerspruch). Demgegenüber sind ➜ Tatsachenwahrheiten nur hypothetisch notwendig, denn die Annahme ihres Gegenteils führt zu keinem Widerspruch. Tatsachenwahrheiten richten sich nach dem ➜ Prinzip des zureichenden Grundes. Leibniz hat diese Art der kausalen Notwendigkeit mit einer moralischen Notwendigkeit Gottes verknüpft, der zufolge Gott aus dem Zustand der reinen ➜ Möglichkeiten, in dem sich die individuellen Substanzen (➜ Monaden) befinden, die ➜ beste aller möglichen Welten aussucht und schließlich realisiert. Daraus entstünden dann die wirklichen Monaden, deren Schicksal durch die Tatsachenwahrheiten bestimmt sei. Für das ➜ Freiheitsproblem bedeutet dies, dass Gott zwar alle Handlungen voraussehen kann, diese aber nicht absolut im Sinne der logischen Notwendigkeit sind.

O

Optimismus/Optimist

Die Wortbildung stammt aus dem jesuitischen *Journal de Trévoux* von 1737 und diente zunächst zur spöttischen Herabsetzung von Leibniz' Philosophie. Kennzeichnend hierfür wurde Voltaires *Candide oder der Optimismus*, in dem Voltaire sich mehr spottend als kritisch mit Leibniz auseinandersetzte. Optimismus ist hier in ursprünglicher Wortbedeutung zu verstehen von lat. optimum = das Beste und meint die Leibniz'sche Auffassung, in der ➜ besten aller möglichen Welten zu leben. Schon nach kurzer Zeit hat der Begriff seine negative Konnotation verloren und wird heute neutral verwendet.

Ökumene/Ökumenische Bewegung

Von griech. οἰκουμένη oikoumene = die (ganze) bewohnte (sc. Erde), Erdkreis; siehe auch: οἶκος oíkos = Haus; die ökumenische Bewegung strebt den Dialog zwischen den Konfessionen und Religionen an, mit dem Ziel, die Gemeinsamkeiten zu betonen. Das Symbol der Ökumene besteht aus einem Boot, Wellen und dem Kreuz. Alle Christen sitzen in einem Boot und müssen – auch bei hohem Wellengang und großen Schwierigkeiten – zusammenhalten. Dabei hilft ihnen die Liebe zu Gott und Jesus, der alle Christen miteinander verbindet. Mit seinen Bemühungen um die ➜ Einheit der christlichen Kirchen hat Leibniz einen wichtigen Grundstein für die heutige ökumenische Arbeit gelegt.

P

Perzeption

Von lat. percipere = wahrnehmen, empfangen; bei Leibniz das bloße Vorhandensein einer Vorstellung oder Wahrnehmung, d.h. eine Vorstellung, die noch nicht klar und deutlich ist. In der Perzeption als Vorstellung liegt nach Leibniz die Einheit der ➜ Monaden; dabei hat die Monade jedoch kein Bewusstsein von dieser Vorstellung (unbewusster Wahrnehmungsvorgang). Die einzelnen Monaden sind durch Perzeptionen miteinander verbunden, sodass jede Monade den Zustand der anderen Monaden kennt. Auch Tiere haben Perzeptionen.

Prästabilierte Harmonie

Die Welt zeichnet sich dadurch aus, dass alles nach dem Prinzip der prästabilierten Harmonie funktioniert, also im Vorhinein (lat. prä) von Gott geordnet wurde. Leibniz vergleicht das mit zwei Uhren (➜ Uhrengleichnis), die perfekt miteinander harmonisieren, ohne jedoch direkt aufeinander einzuwirken. Sind sie einmal richtig eingestellt, funktionieren sie auch ohne äußeren Einfluss. Die Prästabilierte Harmonie erklärt auch das ➜ Leib-Seele-Problem (Leib-Seele-Dualismus). Wenn der Körper und die Seele zwei kategorial unterschiedliche ➜ Entitäten darstellen, dann stellt sich die Frage, wie beide in ihren Handlungen miteinander in Einklang gebracht werden können. Auch hier verwendet Leibniz das Uhrengleichnis, in dem die eine Uhr den Leib, die andere die Seele darstellen soll. Leib und Seele stehen in keinem unmittelbaren Zusammenhang miteinander, dennoch stehen sie – wie alles andere auf der Welt auch – in einer perfekten Übereinstimmung miteinander und ihre Handlungen stimmen überein.

Prinzip des Besten

Die Grundlage für das Prinzip des Besten bilden die Prinzipien vom ➜ Widerspruch und vom ➜ zureichenden Grund. Nach Leibniz hat Gott alles auf der Welt bestmöglich eingerichtet, also so, dass die größte Ordnung mit der größten Vielfalt verbunden wird. Das bedeutet zum einen, dass die Welt sich durch Kausalitäten, also → Tatsachenwahrheiten, erklären lässt, die immer eine Ursache ausweisen. Zum anderen ist die Welt so beschaffen, dass sie durch → Vernunftwahrheiten kohärent und somit in sich schlüssig funktioniert.

Prinzip des Widerspruchs

Nach Leibniz begründen sich die Vernunftüberlegungen des Menschen durch das → Prinzip des zureichenden Grundes und das Prinzip des Widerspruchs. Das Prinzip des Widerspruchs ermöglicht „als falsch [zu] beurteilen, was einen Widerspruch einschließt, und als wahr, was dem Falschen entgegengesetzt oder kontradiktorisch zu ihm ist". (Monadologie, § 31, S. 453) Das Prinzip des Widerspruchs ist die Grundlage für alle → Vernunftwahrheiten.

Prinzip des zureichenden Grundes

Das Prinzip des zureichenden Grundes besagt, „daß sich keine Tatsache als wahr oder existierend, keine Aussage als wahr herausstellen kann, ohne daß es einen zureichenden Grund gäbe, warum es sich so und nicht anders verhält, obschon diese Gründe uns oft nicht bekannt sein können". (Monadologie, § 32, S. 453) Nichts in der Welt geschieht ohne Grund. Denn: Alles besteht aus Monaden und diese hängen miteinander zusammen. Wenn also irgendetwas geschieht (beispielsweise Wasser fließt in einem Bach), dann ist diesem Ereignis etwas Auslösendes vorhergegangen (am Beginn des Baches gibt es eine Quelle) und es gibt außerdem eine klare Begründung dafür (viele Wassertropfen zusammen haben die Eigenschaft, dass sie fließen). Das Prinzip des zureichenden Grundes ist die Grundlage für alle → Tatsachenwahrheiten.

Q
Quelle

Text, der wissenschaftlich ausgewertet wurde; in der Geschichtswissenschaft handelt eine Quelle von der Vergangenheit. Quellen waren bei Leibniz Bestandteil der Geschichtsforschung, und lediglich aufgrund seiner genauen Auswertung der Quellen konnte er die → Geschichte der Welfen so differenziert aufarbeiten.

R
Rationalismus

Philosophische Strömung, die die Vernunft und das logische Denken ins Zentrum stellt. Als historisches Phänomen insbesondere im 17. und 18. Jahrhundert verbreitet. Entscheidender Vordenker war der französische Philosoph René Descartes (1596–1650), der den Ausspruch prägte: „cogito ergo sum" („ich denke, also bin ich").

Reunion

Wiedervereinigung, Zusammenführung der nach der Reformation getrennten Konfessionen. Siehe auch → Einheit der christlichen Kirchen.

S
Scientia generalis

Von lat. scientia = Wissenschaft u. generalis = allgemein; Leibniz hegte den Anspruch, eine allgemeine Wissenschaft zu bilden, die ebenso Grundlage für alle Einzelwissenschaften ist, wie sie diese gleichermaßen umfasst. Die Scientia generalis sollte alle Prinzipien aller Wissenschaften logisch vereinen. Als ordnendes Hilfsmittel dient die → Characteristica universalis.

Spontaneität

Von lat. spontaneus = Selbstbestimmung, Selbsttätigkeit; im allgemeinen Sprachgebrauch und in der Psychologie bezeichnet Spontaneität die rasche Entschlussfähigkeit eines Individuums, ohne bewusste Einschaltung von Denk- oder Kontrollinstanzen. In der Philosophie ist Spontaneität als Gegenbegriff zu Rezeptivität ein zentraler Begriff der Erkenntnistheorie. Bei Leibniz wird Spontaneität im Zusammenhang mit dem Freiheitsbegriff verwendet. In seiner Monadenlehre drückt sich die Spontanität dadurch aus, dass jede einzelne Monade fensterlos, also in sich geschlossen und autark ist.

Substanz

Von lat. substantia, griech. ousia = zugrundeliegendes, Wesen, das selbstständig Seiende, das Sosein; das, woraus etwas besteht; das Einzelne als Träger von Eigenschaften oder eine wesentliche, notwendige Beschaffenheit (Essenz) im Gegensatz zu den zufälligen (akzidentiellen) Zuständen und Eigenschaften. Nach Aristoteles besteht die Substanz aus zwei Prinzipien, nämlich dem Stoff bzw. der Materie (hyle) und der Form (èidos) bzw. der Gestalt (morphe). Beide zusammen bilden das konkrete Subjekt (synolon).

Leibniz bestimmt die Substanz als Einzelwesen, denn jede einzelne → Monade, die einfach und unteilbar ist, kann als Substanz verstanden werden. Die einzelnen Substanzen sind jedoch graduell unterschieden von der göttlichen Substanz, die sie in sich widerspiegeln.

T

Tatsachenwahrheiten

Beruhen nach Leibniz auf dem → Prinzip vom zureichenden Grund. Tatsachen sind zufällig; ihr Gegenteil kann widerspruchsfrei gedacht werden und ist daher möglich. Daraus folgt für Leibniz, dass Gott existiert, weil Gott den „letzte[n] Grund der Dinge" (Monadologie, § 38, S. 457) darstellt bzw. sich selbst begründet.

Theodizee

Von griech. théos = Gott u. dike = Recht; Gerechtigkeit; beinhaltet die für die Religionsphilosophie und Theologie zentrale Frage nach dem Sinn von Leid in der Welt. Leibniz, der seinem Werk den Titel *Die Theodizee von der Güte Gottes, der Freiheit des Menschen und dem Ursprung des Übels* gab, förderte auf diese Weise die philosophische Auseinandersetzung mit dieser Thematik. Die Schrift möchte die Gerechtigkeit Gottes angesichts des Übels in der Welt verteidigen und Gottes Güte betonen. Leibniz' Werk stellt den Versuch dar, die Idee eines vollkommenen, durch Allmacht, Güte und Weisheit ausgezeichneten Gottes mit der Realität der Unvollkommenheit bzw. Endlichkeit der Welt ohne Widerspruch zusammen zu denken. Er unterscheidet dabei drei Arten von → Übeln: So gibt es das metaphysische Übel (malum metaphysicum), das physischen Übels (malum physicum) und das moralische Übel (malum morale). Diese Übel verursachen das Leiden in der Welt. In der *Theodizee* geht es um die Denkbarkeit Gottes angesichts der Negativerfahrung von Wirklichkeit, d. h. um eine Verteidigung Gottes vor dem Forum menschlicher Vernunft.

Theologie, natürliche

Leibniz wird häufig als Vertreter einer natürlichen Theologie angesehen. Der Glaube an Gott wird hier durch die Vernunft begründet.

Theoria cum praxi

Von lat. wörtl. Theorie und Praxis u. sinngemäß Denken und Handeln; stellt ein Leitmotiv von Leibniz dar, das sein gesamtes Schaffen bestimmt hat. Leibniz versuchte selbst alles, was er theoretisch heraus-

fand auch in die Tat umzusetzen. Deutlich wird dies zum Beispiel an seinem Vorhaben, im Harz Windmühlen zu bauen, die durch Windenergie Wasser aus den Stollen, in denen zu Leibniz' Zeiten wichtige Metalle abgebaut wurden, pumpen können.

U

Uhrengleichnis

In seiner Schrift *Über mein philosophisches System* erklärt Leibniz das Verhältnis von Leib und Seele anhand des Uhrengleichnisses. Dafür, dass zwei Uhren genau gleich gehen, kann es drei mögliche Gründe geben. Erstens könnte jemand die Uhren im Nachhinein verbunden haben. Zweitens könnten die Uhren immer wieder neu aufeinander eingestellt werden. Diese beiden Möglichkeiten kommen für Leibniz jedoch nicht infrage. Drittens jedoch besteht die Möglichkeit, – und Leibniz geht davon aus, dass es sich so verhält – dass die Uhren bereits im Vorhinein so perfekt aufeinander eingestellt wurden, dass sie synchron laufen, ohne dass es einer Einwirkung von außen bedarf. Die Uhren (der Körper und die Seele) befinden sich also in einem Zustand der → prästabilierten Harmonie.

Übel

Leibniz unterscheidet drei verschiedene Arten von Übel. Das metaphysische Übel drückt die Unvollkommenheit des Menschen aus, das physische Übel das Leiden und die Schmerzen und das moralische Übel die Freiheit, sich für das moralisch Falsche zu entscheiden. Während der Mensch für das metaphysische und physische Übel keine Schuld trägt, liegt das moralische Übel ganz in seiner Verantwortung.

V

Vernunft/Vernunftwahrheiten

Beruhen nach Leibniz auf dem → Prinzip vom zu vermeidenden Widerspruch. Vernunftwahrheiten sind notwendig, ihr Gegenteil kann nicht widerspruchsfrei gedacht werden. Daraus folgt für Leibniz, dass Gott existiert, da der Begriff Gottes keinen Widerspruch einschließt und somit die Existenz Gottes notwendig macht.

Vervollkommnung

Gott unterscheidet sich vom Menschen nicht substanziell, sondern lediglich graduell, da Gott vollkommen ist, während der Mensch nach einem immer höheren Grad der Vollkommenheit streben soll. Die

Möglichkeit der Vervollkommnung, die der Mensch hat, ist Teil seiner Freiheit, sodass jeder einen kleinen Teil dazu beitragen kann, die Welt zu verbessern.

Vorstellung

Ein im Bewusstsein vorhandenes ‚Bild' eines außerhalb des Bewusstseins vorhandenen Seienden (Sein). Descartes hat mit der Annahme gebrochen, dass die Wirklichkeit in einem passiven Erkenntnisakt korrekt im Bewusstsein des Menschen abgebildet werde. In seiner Diskussion des ‚empirischen Zweifels' merkt er an, dass die Sinneswahrnehmungen täuschungsanfällig sind, sodass die Erfahrung keine sichere Quelle für wahre Erkenntnis abgeben kann. Zwar hat der Mensch cogitationes (Vorstellungen) der Außenwelt in verschiedenen Deutlichkeitsgraden in seinem Bewusstsein, dies bedeutet aber nur, dass es sicher ist, dass im Vollzug des Denkaktes etwas vorhanden ist, was diesen Denkakt vollzieht, nämlich die res cogitans, das Ich. Die Gewissheit des Denkvollzugs bezieht sich jedoch nicht auf die Wahrheit des Inhalts des Gedachten (cogitationes). Bei Leibniz wird der Begriff Vorstellung gleichgesetzt mit dem der → Perzeption.

W

Westfälischer Frieden

Als Westfälischen Frieden bezeichnet man die Friedensverträge, die 1648 geschlossen wurden und den → Dreißigjährigen Krieg beendeten, indem sie den → Augsburger Religionsfrieden inhaltlich bestätigten. Siehe auch Stichwort: Westfälischer Frieden nach dem Dreißigjährigen Krieg.

Willensfreiheit

Der Wille ist ein Vermögen des Menschen, sich zur Kausalursache von Denk- und Handlungsakten zu machen. Insofern ist im Begriff des Willens immer zugleich Willensfreiheit gedacht, wobei die Auffassungen, wie frei der Wille tatsächlich ist, auseinandergehen. Nach Leibniz hat der Mensch trotz eines vorherbestimmten Ganzen, die Möglichkeit im Kleinen frei zu handeln.

Wirkursache

Auch causa efficiens; nach Aristoteles eine äußere Ursache, in der die Veränderung oder die Ruhe ihren Ursprung hat. Leibniz versuchte Wirkursache und → Zweckursache, die bis dato als unvereinbar galten, in einer → prästabilierten Harmonie zusammenzubringen.

Z

Zufall/Zufälligkeit

Das, was sich ohne erkennbaren Grund und ohne Absicht außerhalb einer erkennbaren Gesetzmäßigkeit ereignet. Seine Existenz wird vom → Determinismus geleugnet. Zufall ist einer der Grundbegriffe der Wahrscheinlichkeitstheorie, die sich andererseits als Versuch versteht, den Zufall zu beherrschen, denn: Trotz der Unbestimmbarkeit des einzelnen Ereignisses zeigen größere Gesamtheiten durchaus Gemeinsamkeiten und Regelmäßigkeiten, die mathematisch exakt behandelt werden können. In weiten Bereichen der Physik (z. B. kinetische Gastheorie, Quantentheorie) sind häufig nur statistische (zufallsbedingte) Gesetzmäßigkeiten angebbar. Dabei ist die Ursache des Indeterminismus nicht etwa, dass das Ereignis nur noch nicht genau genug untersucht worden ist, sondern es ist an sich bereits prinzipiell indeterminiert.

Zweckursachen

Auch causa finalis oder Zielursache; d.h. (nach Aristoteles) die Ursache eines Geschehens ist gleichzeitig ihr Zweck (Ziel).

LEIBNIZ IN DER SCHULE

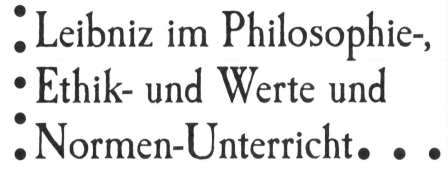

Leibniz im Philosophie-, Ethik- und Werte und Normen-Unterricht

Allgemeine Einführung

Gottfried Wilhelm Leibniz, der vielseitige Universalgelehrte aus der Barockzeit, trug Wesentliches bei in den Bereichen Diplomatie, Jurisprudenz, Geschichte, Religion, Mathematik, Physik und Philosophie. In den folgenden Unterrichtsentwürfen steht die Philosophie im Mittelpunkt, eine seiner unbestrittenen Hauptdisziplinen. Ihr Kernstück ist die Lehre der lebendigen ➜ Monaden, die zueinander in einer von Gott angelegten ➜ prästabilierten Harmonie stehen. Die Monadologie Leibniz', mit all ihren philosophischen Konsequenzen bis hin zur ➜ Theodizee-Frage, also der Frage nach dem ➜ Übel in der Welt, bietet sich als interessanter Inhalt für den Philosophie-, Ethik- oder Werte und Normen-Unterricht an (im Folgenden nur noch Philosophie-Unterricht genannt). Die philosophischen Ausführungen bieten den SchülerInnen Gelegenheit, über grundlegende Wahrnehmungskonzepte nachzudenken. Leibniz legt seiner Monadologie und der Idee der ➜ besten aller möglichen Welten eine metaphysisch fundierte Anschauung darüber, woraus die Welt besteht, zugrunde. Sie kann dazu anregen, Vergleiche zu anderen Konzepten zu ziehen und sich mit diesen kritisch auseinanderzusetzen. So können die SchülerInnen befähigt werden, eigenständig grundsätzliche Fragen philosophisch zu reflektieren – ein wesentliches Ziel des Philosophie-Unterrichts. Gerade Leibniz' philosophische Ansätze und dessen herausfordernder ➜ Optimismus eignen sich gut zur kritischen und reflektierten Meinungsbildung. Insbesondere seine Antworten auf die Theodizee-Frage sind von hoher Schülerrelevanz, da sie beispielhaft zeigen, wie mit dem Leid in der Welt umgegangen werden kann, aber auch, welche Schwierigkeiten die Frage nach dem Übel in der Beantwortung aufwirft.

In diesem Sinne werden im Folgenden, neben der inhaltlichen Einführung in die philosophischen Themen von Leibniz und Ausweisung der curricularen Bezüge unter Berücksichtigung des Kompetenzerwerbs, zwei Unterrichtseinheiten, jeweils eine für die Sekundarstufe I und eine für die Sekundarstufe II, vorgestellt. Das dem Band beigefügte Glossar kann im Unterricht nach Ermessen der Lehrperson begleitend zum Einsatz kommen.

Themen Leibniz im Philosophie-Unterricht

Leibniz als Philosoph: Sekundarstufe I (Jg. 6–9)

1. Stunde: Leibniz und seine Philosophie (I M1, I M2, I M15, I M16)
2. Stunde: Woraus besteht die Welt? (I M3a, I M3b, I M4, I M5, I M5a)
3. Stunde: Harmonie und Einheit (I M6, I M7)
4. Stunde: Haben Tiere eine Seele? (I M8, I M9, I M10, I M11)
5. Stunde: Die beste aller möglichen Welten: In was für einer Welt wollen wir leben? (I M12, I M13, I M14, I M15, I M16)

Leibniz als Philosoph: Sekundarstufe II (Jg. 10–12)

1. Stunde: Einstieg in die Thematik – Leibniz als Person (II M1, II M2, II M3)
2. Stunde: Leibniz und seine Monadologie (II M4, II M5a-c)
3. Stunde: Fortsetzung
4. Stunde: Leibniz und sein Gedanke der „besten aller möglichen Welten" (II M6, II M7, II M8, II M9)
5. Stunde: Fortsetzung: Leben wir wirklich in der bestmöglichen Welt?
6. Stunde (u. evtl. 7. Stunde): Podiumsdiskussion zur Idee der „besten aller möglichen Welten" (II M10a-d)

Zusatzangebot:
Mit Leibniz über das Leben philosophieren (II M11)

Leibniz als Philosoph

Leibniz' Monadenlehre

Die → *Monadologie* gilt als Hauptwerk von Leibniz' metaphysischen Schriften. Unter → Monaden verstand der Universalgelehrte immaterielle Kraftpunkte, die von ihm so genannten „wahren → Atome der Natur", die weder Teile noch Ausdehnung oder eine Gestalt besitzen, die kleinsten Einheiten, aus denen die Welt besteht, die Elemente der Dinge. Monaden können als Substanzen weder erzeugt noch vernichtet werden und sind individuell: Keine Monade ist mit einer anderen identisch, so Leibniz. Sie haben differenzierende Eigenschaften und bestimmte Qualitäten. Ferner bezeichnete Leibniz die Monaden auch als fensterlos, was bedeuten sollte, dass keine → Substanz oder Bestimmung aus ihnen heraus oder in sie hineinwirken könne. Mit seiner Monadenlehre wollte Leibniz den bis dahin gängigen → Leib-Seele-Dualismus als Erklärungsmuster für die Welt ablösen.

Perzeptionen und Apperzeptionen

Monaden werden bezüglich ihrer inneren Zustände und Tätigkeiten unterschieden. Das sind zum einen die → Perzeptionen, also Wahrnehmungen, die sich auf äußere Zustände beziehen können, und zum anderen die → Apperzeptionen, innere Zustände, die auf reflexiver Selbst-Erkenntnis beruhen. Monaden sind gekennzeichnet durch ihren inneren Trieb zur → Vervollkommnung. Durch so genannte Begehrungen kommt es zu beständigen Übergängen von einem Zustand in den anderen. Sie sind also in ständiger innerer Veränderung. Obwohl die Monaden in sich geschlossen sind, stehen sie trotzdem mit allen anderen Monaden in Beziehung, so Leibniz. Daraus schlussfolgert er, dass jede Monade ein lebendiger Spiegel sein muss, der das Universum aus seinem Gesichtspunkt darstellt. Das bedeutet, dass jede Monade den Zustand jeder anderen kennt, sich dessen aber nicht immer bewusst ist. Leibniz unterscheidet zwischen verschiedenen Stufen von Perzeptionen. Die einfache, nackte, so genannte dumpfe Monade enthält zwar durch die Spiegelung alle Informationen über den Zustand aller anderen, ist sich dessen aber nicht bewusst. In einer zweiten Stufe kommen die Perzeptionen hinzu – die Monade verfügt über Sinneswahrnehmungen und Vorstellungen. Erst in einem dritten Schritt, der Apperzeption, weiß die Monade zudem von ihrem punktuellen Bewusstsein und strebt nach Vervollkommnung. Apperzeption ist also die urteilende Auffassung, Perzeption ist lediglich die einfache Wahrnehmung.

Leibniz' Gedanken zu einer Tierseele

Demgemäß ergibt sich ein Zusammenhang, der von der Materie über die Tierseele bis hin zum reflexiven Geist des Menschen reicht. In diesem Kontext kann im Unterricht die Frage aufkommen, ob beispielsweise eine Tierseele mit der eines Menschen vergleichbar ist. René Descartes, französischer Philosoph, Mathematiker und Naturwissenschaftler, behauptete, dass Tiere so etwas wie Maschinen sind, die keine Empfindungen haben und folglich auch keine Seelen. Der Mensch habe unter den Lebewesen eine Sonderstellung, da nur er denken könne und ein Bewusstsein habe. Leibniz sah das anders: Tiere seien den Menschen zwar nicht gleichgestellt, da sie keinen Verstand haben, sie können aber Gefühle, also auch Schmerzen empfinden. Letztlich haben auch Tiere eine Seele, so Leibniz. Tiere unterscheiden sich von Menschen graduell in ihrer Abstufung der Monaden, sie haben zwar Perzeptionen, aber keine Apperzeptionen. Die Seele des Menschen ist nach Leibniz unsterblich, die Seele des Tieres ist unvergänglich.

Die prästabilierte Harmonie

Das Zusammenspiel aller Monaden erklärt Leibniz anhand der ➔ prästabilierten Harmonie. Diese erweist sich als Grundordnung, in der sich alle Monaden in ihrer Verschiedenheit und ihrer Fensterlosigkeit befinden. Die Monade ist nach Leibniz eine „Einheit in der Vielheit". Darunter ist Folgendes zu verstehen: Monaden bilden einen Organismus, in der eine Zentralmonade sich mit unendlich vielen anderen Monaden umgibt und als ➔ Entelechie, als innerer Kraft zur Vervollkommnung, auf sie einwirkt. Dass dies ein metaphysisches Konzept ist, muss an dieser Stelle reflektiert werden: Leibniz nimmt einen Schöpfergott als Urheber der Monaden an. Und zwar hat Gott die Monaden so geschaffen, dass sie von Anfang an miteinander im Einklang stehen. Jede einzelne Monade steht mit jeder anderen in einer Beziehung. Da Monaden keine Fenster haben, aber jede mit jeder zusammenwirkt, muss die Welt von Gott so eingerichtet sein, dass sich die perspektivischen Zustände aller Monaden entsprechen. Den Kerngedanken der prästabilierten Harmonie veranschaulicht Leibniz anhand seines Uhrengleichnisses. Entgegen der Gottesvorstellung eines *deus ex machina* vertrat Leibniz die These, dass Gott nicht in die Welt eingreift. Er hat die Welt so geschaffen, dass alles richtig zueinander passt.

Das Uhrengleichnis

Bei dem so genannten ➔ Uhrengleichnis wendet Leibniz die prästabilierte Harmonie auf das Verhältnis von Seele und Körper an. Wie kommt es, dass Uhren synchron laufen? Leibniz nennt an diesem Punkt drei mögliche Antworten. Zum einen könnte man die Uhren nachträglich verbinden. Eine andere Möglichkeit wäre, sie immer wieder aufeinander abzustimmen und einzustellen. Erst die dritte Möglichkeit hält Leibniz für möglich und vertretbar: Man überlässt die Uhren einer perfekt eingestellten Eigengesetzlichkeit. Die prästabilierte Harmonie ist letztlich der Kern der Philosophie Leibniz'. Gott hat alle Monaden von Anfang an so geschaffen, dass sie im Einklang miteinander stehen.

Leibniz' Idee der besten aller möglichen Welten

Bezeichnend in Leibniz' System ist der Gedanke der unsrigen Welt als ➔ beste aller möglichen Welten. Der allgütige, allmächtige und im höchsten Sinne rational handelnde Gott habe im Bereich des Möglichen die beste aller möglichen Welten ausgesucht und sie Wirklichkeit werden lassen. Unendlich viele Welten seien möglich, die je nach dem Grade ihrer Vollkommenheit zur Existenz kommen könnten, doch nach dem ➔ Prinzip des Besten hat Gott nur die einzig existierende Welt und damit auch die beste aller möglichen geschaffen. Denn Gott ist zugleich auch die oberste ➔ Vernunft und deshalb auch deren beiden Grundprinzipien, dem ➔ Prinzip vom zureichenden Grund und dem ➔ vom Widerspruch, verpflichtet. Er kann nicht unvernünftig handeln und muss deshalb die bestmögliche Welt wählen. Sie habe im Vergleich zu allen anderen den höchsten Grad an innerer Angemessenheit. Leibniz schlussfolgert wie stets mathematisch-logisch orientiert und zieht zur Begründung die Entfaltungsmöglichkeiten der Menschen heran, die in der Welt gerade wegen ihrer Unzulänglichkeit noch genügend Spielraum und somit die Freiheit zur Vervollkommnung haben, ganz unabhängig von göttlichen Eingriffen.

Leibniz und die Theodizee

Auf ähnliche Art und Weise erklärt Leibniz auch das Vorhandensein des weltlichen Übels in seiner ➔ Theodizee (der Rechtfertigung Gottes angesichts des Übels), die er in seiner einzigen zu Lebzeiten veröffentlichen Hauptschrift darlegt. Er unterscheidet drei Arten von ➔ Übel:

Zum einen das metaphysische Übel, das meint, dass alles Geschaffene unvollkommen sein muss, sonst wäre es wie der Schöpfer selbst göttlich.

Die physischen Übel, wie Leid und Schmerz, die – provokanterweise – aus ihrer Funktion heraus gerechtfertigt werden: Sie können nützlich sein, zur Erhaltung des Individuums oder als Strafe zur Besserung dienen.

Das moralische Übel oder die Sünde, die die Folge der menschlichen Freiheit und Grund für die christliche Erlösung ist. Diese Übel hat Gott nicht gewollt, aber in der besten aller möglichen Welten zugelassen, da sie dem Menschen erst die Möglichkeit zu wählen geben und dadurch die Bedingung für Freiheit und moralisches Handeln überhaupt gewährleisten. Durch das den Monaden innewohnende Prinzip zur Vervollkommnung ist das

ÜBERBLICK PHILOSOPHIE

Streben nach Überwindung des Übels ebenfalls im Menschen angelegt. Zudem verbirgt sich der beschränkten menschlichen Vernunft zuweilen auch der gute Endzweck eines vordergründigen Übels.

Voltaires Kritik

Dieser → optimistische Gedanke veranlasste den Aufklärer und französischen Philosophen Voltaire 1759 zu seinem Spottroman: *Candide oder der Optimismus*. In der satirischen Novelle werden Candide und Cunégonde, Tochter des Schlossherrn, von dem Hauslehrer Doktor Pangloß (etwa „Allessprecher") in der Philosophie des Leibniz von den universalen Zusammenhängen und der besten aller möglichen Welten unterrichtet. Der Protagonist Candide wird schließlich aus seinem Heimatschloss verbannt, nachdem seine Liebe zu Cunégonde ans Licht kommt. Das Schloss wird indes überfallen und alle Schlossbewohner verschleppt. Bezeichnend ist das Schicksal des Doktor Pangloß: Er wird von schwerer Krankheit heimgesucht, der Folter ausgesetzt und schließlich auch der Todesstrafe, von der ihn Candide am Ende noch befreien kann. Trotzdem bleibt er bei seinen optimistischen Grundsätzen: Wir leben ohne Zweifel in der besten aller Welten. Voltaire polemisiert an dieser Stelle gegen das zentrale Element der Leibnizschen Argumentation, nämlich den negativen Erscheinungen der Welt, die uns isoliert betrachtet ausschließlich als schlecht erscheinen, einen positiven Sinn zukommen zu lassen.

Das Thema Theodizee kann auch im Religions-Unterricht behandelt werden (siehe „Leibniz im Religions-Unterricht" im vorliegenden Band).
Voltaires Kritik an Leibniz kann auch im Französischunterricht behandelt werden (siehe „Leibniz im Französisch-Unterricht" in Band 2).
Lektüretipp (begleitend oder zum Einstieg): „Leibniz für Kinder" (siehe Literatur).

Didaktische Legitimation

Curricularer Leitbegriff (mit Landesnachweis)	Jahrgangs-stufe	Leibniz-Einheit und Kurzbeschreibung	Materialien
„Fragen nach der Zukunft/Verantwortung für Natur und Umwelt" (Niedersachsen)	7 + 8	**Monadenlehre und prästabilierte Harmonie (Sek. I)** Unterstützt die Erkenntnis, dass alles einer Harmonie unterliegt und führt zu einem bewussten Umgang mit der Natur	Sek. I: I M7, 12–14
„Fragen nach der Wirklichkeit" (Niedersachsen) „Was kann ich wissen?" (Sachsen-Anhalt)	7 + 8	**Monadenlehre (Sek. I)** Unterstützt die Frage nach der Beschaffenheit der Welt	Sek. I: I M3–5
„Fragen nach Weltreligionen und Weltanschauungen/Leben in einer christlich geprägten Kultur" (Niedersachsen) „Was darf ich hoffen? Fügt sich alles?" (Sachsen-Anhalt)	7 + 8	**Theodizee (Sek. I)** Als Antwort auf die eigentliche Unvereinbarkeit von Leid und der Güte Gottes	Sek. I: I M12
„Fragen nach dem Ich/Entwicklung und Gestaltung von Identität/Freiheit" (Niedersachsen)	9 + 10	**Theodizee (Sek. I)** Bedeutend im Hinblick auf das dualistische Prinzip von Gut und Böse im Rahmen der Theodizee	Sek. I: I M7a-b, 8,9
„Frage nach dem Menschen/Sonderstellung des Menschen?" (Niedersachsen) „Was ist der Mensch? Ein vieldimensionales Wesen" (Sachsen-Anhalt)	11 + 12	**Leibniz' Gedanken zu einer Tierseele (Sek. II)** Bedeutender Ansatz, es kann ein Bezug zu Descartes hergestellt werden; Vergleich von Mensch und Tier	Sek. II: II M8–10
„Die Frage nach der Wahrheit/Erkenntnistheorie" (Niedersachsen) „Probleme des Denkens, Erkennens und der Wissenschaft" (Nordrhein-Westfalen) „Was kann der Mensch wissen? Erkenntnistheoretische, wissenschafts- und technikkritische Betrachtungen" (Sachsen-Anhalt)	11+12	Monadenlehre (Sek. II) Als Beispiel eines welterklärenden Modells	Sek. II: II M4, 5a-d

ÜBERBLICK PHILOSOPHIE

Intentionen / Kompetenzen, Methodik

Intentionen/Kompetenzen

Die SchülerInnen sollen in der Sekundarstufe I

- einen Einblick in die Zeit und das Leben des Universalgelehrten Leibniz bekommen
- eine metaphysisch geprägte Weltsicht kennenlernen
- Leibniz als Philosophen kennenlernen, der aktuelle Bezüge aufweist
- durch epochale Entfernung Kontraste und Analogien zu Heute wahrnehmen
- Aspekte der Monadologie nachvollziehen, reflektieren und einen eigenen Standpunkt entwickeln
- erfahren, dass die Welt als harmonisch gedacht werden kann (Beispiel: Teich)
- ein bewussteres Verhältnis zur Natur und zu Tieren bekommen, einen eigenen Standpunkt dazu erarbeiten, diesen begründen und argumentativ vertreten können
- über die Themen Mensch, Welt und Gott nachdenken und überlegen, was man selbst überhaupt tun kann, um die Welt zu verändern; anhand dessen eine Autonomie entwickeln

Die SchülerInnen sollen in der Sekundarstufe II

- einen Einblick in die Zeit und das Leben des Universalgelehrten Leibniz bekommen (kann spiralcurricular an die UE in der Sek. I angebunden werden)
- eine metaphysische Weltsicht kennenlernen und reflektieren
- Leibniz' Gedanken nachvollziehen, auf ihre Aktualität hin überprüfen und auf die eigene Lebenswirklichkeit beziehen können
- über die Grenzen der eigenen Erkenntnisfähigkeit reflektieren
- Kompetenzen zur Texterschließung durch sinnentnehmendes Lesen erlangen
- sich einen Grundbestand an Begriffen, Kategorien und zentralen Thesen aneignen
- das dualistische Prinzip von Gut und Böse verstehen
- die Idee der „besten aller möglichen Welten" erfassen und kritisch betrachten
- anhand der erarbeiteten Kriterien eine reflektierte Diskussion über die Beschaffenheit der Erde sowie über die vermeintliche Wirklichkeit und bestimmte Wahrheitsansprüche führen können

Methodik

Die SchülerInnen sollen in der Sekundarstufe I

• einen kreativen und produktionsorientierten Zugang zu den komplexen Begrifflichkeiten von Leibniz erlangen

• die Gedanken und Ideen von Leibniz auf ihre eigene Lebenswelt übertragen (Transfer)

• Gegenstände und Material zum Anfassen erhalten und dies mit den Gedanken von Leibniz verbinden

• sich selbst im Zusammenhang mit der Philosophie von Leibniz erfahren

Die SchülerInnen sollen in der Sekundarstufe II

• durch einen Stuhlkreis in eine diskussionsanregende Atmosphäre geführt werden

• lernen, mit einem Glossar umzugehen

• während einer Erarbeitungsphase zu Leibniz' Monadologie die Rolle eines Experten für einen bestimmten Teilaspekt dieser Theorie verantwortlich übernehmen und anderen MitschülerInnen nahe bringen können

• durch die handlungsorientierten Methoden „Galerierundgang" und „Podiumsdiskussion" ihre kreativen und reflexiven Fähigkeiten unter Beweis stellen

• lernen, ein Thema konkret und anschaulich für andere darzustellen

• das Gelernte kritisch betrachten, um sich daraus einen eigenen Standpunkt aufzubauen

ÜBERBLICK PHILOSOPHIE

Struktur der Unterrichtseinheiten / Vorschläge zur Gestaltung

Je nach Zeit, Interesse und Intensität der Themenbehandlung können aus jeder Einzelstunde auch zwei oder mehr konzipiert werden. Die Stunden sind in ihrer Darstellung sehr komprimiert. Sie beinhalten keine detaillierten Unterrichtsverläufe mit genauer Zeitplanung, sondern es stehen verschiedene Unterrichtsbausteine nebeneinander, die auch Alternativen beschreiben und somit nicht gleichzeitig umgesetzt werden müssen. In Abhängigkeit von der Lerngruppe kann die Lehrperson immer wieder neu entscheiden, ob mit Folien oder Arbeitsblättern gearbeitet wird. Es können sowohl einzelne Ideen als auch das „Gesamtkonzept" übernommen werden.„Leibniz im Philosophie-Unterricht" soll darüber hinaus zu weiteren Ideen anregen und die Lehrkraft im Sinne von Leibniz' Ideenreichtum zu einem kreativen und auch fächerübergreifenden Unterricht motivieren. Konventionelle und kreativ-künstlerische Ansätze finden dabei gleichermaßen Berücksichtigung.

Leibniz als Philosoph: Sekundarstufe I (Jg. 6–9)

1. Stunde: Leibniz und seine Philosophie (I M1, I M2, I M15, I M16)

2. Stunde: Woraus besteht die Welt? (I M3a, I M3b, I M4, I M5, I M5a)

3. Stunde: Harmonie und Einheit (I M6, I M7)

4. Stunde: Haben Tiere eine Seele? (I M8, I M9, I M10, I M11)

5. Stunde: Die beste aller möglichen Welten: In was für einer Welt wollen wir leben? (I M12, I M13, I M14, I M15, I M16)

1.Stunde: Leibniz und seine Philosophie (I M1, I M2, I M15, I M16)

Ziel: Einen ersten groben Überblick über Leibniz und seine Philosophie erhalten

Einstieg:

1. Einen ersten Überblick über die Begrifflichkeiten von Leibniz erhalten

2. SchülerInnen erkennen, dass Leibniz sich mit der Beschaffenheit der Welt auseinandergesetzt hat.

- Informierende Folie für einen ersten Überblick (I M1)
- *Alternative:* Kreativer Einstieg, bei dem die einzelnen Begriffe (→ Harmonie, → Monaden etc.) gepuzzelt werden; Begriffe in Gruppenarbeit aus einzelnen Puzzleteilen zusammensetzen
- *Mögliche Impulse:*
  1. Äußert Eure Gedanken zu der Frage, woraus die Welt besteht.
  2. Was stellt Ihr Euch unter der besten aller möglichen Welten vor?

Hauptteil:

Die SchülerInnen sollen sich an die Sprache von Leibniz sowie die Begrifflichkeiten seiner Theorie annähern. Dabei geht es lediglich darum die wichtigsten Begriffe zu erfassen und durch eine Kategorisierung zu festigen. Die Klärung dieser Begriffe erfolgt in den weiteren Stunden.

- Die SchülerInnen erhalten verschiedene Zitate von Leibniz, die auf die verschiedenen im Einstieg thematisierten Aspekte Bezug nehmen. (I M2)
- *Hinweis:* Das Arbeitsblatt kann auch in Gruppen bearbeitet werden, sodass eine Gruppe sich auf ein oder zwei Zitate konzentriert.
- Kreative Idee: Die SchülerInnen schneiden die einzelnen Zitate aus und ordnen sie zu verschiedenen übergeordneten Kategorien/Themen (aus dem Einstieg) zu.
- Vorstellung Leibniz-Quiz und Leibniz-Rätsel (I M15, I M16) (*möglich auch als Lernzielkontrolle, kann im Verlauf der Unterrichtseinheit beantwortet werden*)

Schluss:

- Blitzlicht, bei dem sich die SchülerInnen in max. zwei Sätzen zu folgendem Impuls äußern: Was findest du an Leibniz besonders interessant? Begründe deine Aussage, indem du dich auf die Zitate von Leibniz beziehst.

2. Stunde: Woraus besteht die Welt nach Leibniz? (I M3a, I M3b, I M4, I M5, I M5a)

Ziel: Neue Einsichten über die Beschaffenheit der Welt erlangen

Einstieg:

- Die Lehrperson bringt eine oder mehrere echte Blumen mit in den Unterricht.
- Die Welt ist nach Leibniz von Gott geschaffen und alles auf ihr, auch Blumen, besteht aus Monaden.
- *Alternativer Einstieg:* Es wird eine Folie aufgelegt, die die Blume abbildet und zwei Zitate von Leibniz zeigt. (I M3a *oder* I M3b)
- Impuls:

    1. Beschreibt den Aufbau einer Blume. Woraus besteht sie nach Leibniz?

    2. Überlegt zusammen mit Eurem Nachbarn, ob Leibniz' Annahmen über die Welt zutreffen. Woraus könnte die Welt sonst noch bestehen? (z.B. Atome, Elementarteilchen, vier Elemente (Feuer, Wasser, Luft, Erde) etc.)

Hauptteil:

- *Hinweis:* Vom Einstieg über die Zitate kann entweder eine Stillarbeit mit einem Arbeitsblatt (I M4) erfolgen oder auch eine Erarbeitung eines Tafelbildes (I M5) anhand der Zitate aus dem Einstieg. Auch hier sind alle Vorschläge wieder auch alternativ zu verstehen.
- *Entweder:* Informierenden Text zu Leibniz und der Monadenlehre erarbeiten, mit Aufgaben (*entweder* I M4a *oder* I M4b)
- Kreative Idee für I M4a: Die Zusammensetzung der Monaden anhand der Abbildung einer Blume nachvollziehen und einzeichnen
- Die SchülerInnen erkennen, dass es die Blume als Ganzes gibt, weil sie nach Leibniz' Theorie im Einzelnen aus Monaden besteht, die zu einem Ganzen zusammenwirken.
- *Mögliche Weiterführung der Problematik:* Reflexion über die paradoxe Situation, Monaden als unsichtbare, immaterielle und kleinste Teilchen gegenständlich darzustellen – Abwägen des Für und Wider
- *Oder:* Ein Tafelbild bespricht die Eigenschaften der Monaden in Bezug auf das Charakteristikum der „Fensterlosigkeit" der Monaden (I M5) und leistet somit eine erste Ergebnissicherung.
- Monaden sind eine kleine Welt für sich und keine ist mit einer anderen identisch, aber sie spiegeln auch das gesamte Universum wider.

Schluss:

- *Mögliche Wiederholung / Ergebnissicherung:* Die SchülerInnen werden aufgefordert, ein Beispiel aus ihrer Welt zu finden, anhand dessen sie das Zusammenwirken der Monaden zu einer Einheit noch einmal beschreiben können.

- *Beispiel/alternativer Impuls:* Jeder Mensch hat Gefühle und Gedanken, die kein anderer Mensch mit den Augen sehen kann (Fensterlosigkeit). Trotzdem bewirken die Gedanken und Gefühle eine Veränderung der Welt nach außen. Wie ist das möglich?
- *Mögliche Hausaufgabe* zur Erfahrung der Nicht-Identität der Monaden: Arbeitsblatt I M5a

3. Stunde: Harmonie und Einheit (I M6, I M7)

Ziel: Vertiefung der letzten Stunde; das Zusammenwirken der Monaden wird genauer betrachtet (prästabilierte Harmonie)

Einstieg:

- Brainstorming zum Begriff „Harmonie" (I M6)
- Kreative Idee *(Achtung: Zeitfaktor!):* Die SchülerInnen das harmonische Zusammenwirken der Monaden aktiv selbst erfahren lassen: Die SchülerInnen sollen sich selbst als Teil einer harmonisch organisierten Welt erfahren und sich das Zusammenwirken von Einheit und Vielheit durch ihre eigene Lebenserfahrung erschließen. Dabei kann im Anschluss auch darüber reflektiert werden, welche Gründe es geben kann, dass sich die Menschen nicht als harmonischer Teil des Ganzen wahrnehmen.
- *Möglicher Impuls Gedankenexperiment:* Stellt euch vor, ihr besteht aus unendlich vielen Monaden und zusammen ergeben sie das, was euch ausmacht. Ihr seid also eine in sich geschlossene Einheit. In einer Gruppe mit anderen Mitschülern seid ihr immer noch eine geschlossene Einheit, allerdings gehört ihr dann auch zu einem größeren harmonischen Ganzen. Dass ihr gut zusammenarbeiten könnt, liegt an der Harmonie, die zwischen euch, also zwischen euren Monaden herrscht, obwohl ihr immer noch eine eigene Einheit bildet. Nicht immer verläuft es jedoch so harmonisch, wie Leibniz sich das für die Monaden vorstellte. Möglicherweise könnt ihr euch auch an Momente erinnern, in denen es bei euch nicht harmonisch verlaufen ist.
1. Überlegt euch, ob es trotzdem eine Harmonie in der Welt gibt.
2. Beschreibt, wie Harmonie und Disharmonie euer Leben beeinflussen.
3. Kleine Disharmonien können sich später als Harmonien erweisen – kennt ihr das?
(Bspl.: Aus einem Streit kann eine Freundschaft erwachsen)

ÜBERBLICK PHILOSOPHIE

Hauptteil:

- Erarbeitung des Harmonie-Prinzips anhand eines Arbeitsblattes, welches auf das Uhrengleichnis Bezug nimmt (I M7)
- Das Uhrengleichnis aktiv erleben, ausprobieren und erfahren: Die SchülerInnen sollen das Uhrengleichnis selbst anwenden und auf seine Richtigkeit hin überprüfen.
- Mehrere verschiedene Uhren werden von der Lehrperson mit in den Unterricht gebracht; die SchülerInnen stellen die Uhren selbst.
- Deutlich wird, dass die Uhren nach dem Prinzip der prästabilierten Harmonie von Gott perfekt aufeinander abgestimmt wurden.

Schluss:

Die Lehrperson erarbeitet zusammen mit den Schülern eine kurze Definition/Merksatz zu den Begriffen „Monade" und „prästabilierte Harmonie".

4. Stunde: Haben Tiere eine Seele? (I M8, I M9, I M10, I M11)

Ziel: Ein bewussteres Verhältnis zur Natur und zu Tieren bekommen
Die SchülerInnen sollen erkennen, dass sich Monaden in unterschiedlichen Stufen der Entwicklung von der dumpfen Monade eines Steins bis hin zur göttlichen Monade differenzieren lassen.

Einstieg:

Impulsfrage: → Haben Tiere eine Seele? *Alternative Frage:* Was stellt ihr Euch unter einer Seele vor?

Hauptteil:

- Bearbeitung mithilfe des Arbeitsblattes I M8 (Originalzitate von Leibniz) oder I M9 (für SchülerInnen geschriebene Variante).
- Mögliche *alternative Erweiterung* des Themas durch eine Kontrastierung zu Descartes mithilfe eines Arbeitsblattes (I M10) *(Verwendung dieses Arbeitsblattes lerngruppenabhängig!)*
- Partnerstreitgespräch: Die SchülerInnen arbeiten in Zweiergruppen und vertreten argumentativ die Sichtweise von Leibniz (Tier mit Seele) und von Descartes (Tier als Maschine). Was bedeutet es, eine Maschine zu sein?

- Unterrichtsgespräch über die → Graduierung der Monaden, unterstützt durch ein Tafelbild (I M11), wobei die SchülerInnen die Begriffe selbst zuordnen können.
- Komplexere Begriffe wie → Perzeption (Vorstellung) und → Apperzeption (Bewusstsein) können hier sinnvoll eingeführt werden, da diese die Verbindungslinien der einzelnen Monaden untereinander beschreiben.

Schluss:

- Tafelanschrieb: Leibniz sagt, dass Tiere eine Seele haben, weil …
- Die SchülerInnen vollenden den Satz in ihrem Heft *(auch als Hausaufgabe denkbar)*.

5. Stunde: Die beste aller möglichen Welten: In was für einer Welt wollen wir leben? (I M12, I M13, I M14, I M15, I M16)

Drei Ziele: a) die Unterrichtseinheit zusammenfassen; b) die Begriffe Monade, Harmonie, Mensch und Welt in ein Verhältnis setzen; c) den Leibniz'schen Gedanken der besten aller möglichen Welten genauer betrachten

Einstieg:

- Verschiedene Bilder oder Gegenstände, die verschiedene denkbare Welten charakterisieren, werden von der Lehrperson vorgestellt. (I M12)
- Die SchülerInnen werden aufgefordert, sich zu den Welten zu positionieren und eine auszuwählen.
- Auch Gott hatte nach Leibniz mehrere Welten zur Auswahl.
- Impuls: Welche von diesen Welten ist die beste aller möglichen Welten?
- Erwartungshorizont: Eine Welt, in der alles perfekt miteinander harmoniert, muss die Unfreiheit der Menschen als Marionetten in Kauf nehmen. Eine andere Welt, in der die Menschen völlig frei und ohne Sinnhorizont entscheiden können, endet im Chaos. Lediglich in einer weiteren Welt gibt es die Freiheit der Menschen sowie die Vielfalt des Einzelnen bei einer gleichzeitigen Harmonie des Ganzen.

Hauptteil:

- *Entweder:* Texterarbeitung, eventuell in Gruppenarbeit: Die SchülerInnen erhalten ein Arbeitsblatt mit informierendem Text über das Verhältnis von Welt und Mensch bei Leibniz und lösen die dazugehörigen Aufgaben, die auch bereits transferierenden Charakter aufweisen (I M13). Austausch im Plenum.

- *Oder:* An einem Tafelbild (I M14) wird deutlich, dass alles, auch Welt und Mensch, in einer vollkommenen Harmonie aufeinander abgestimmt ist. Jede einzelne Monade, sowohl im kleinen als auch im großen Weltzusammenhang, funktioniert perfekt mit allen anderen Monaden zusammen. Deswegen leben wir in der besten aller möglichen Welten.

- Impulsfrage für ein *weiterführendes* Unterrichtsgespräch: In was für einer Welt wollt ihr leben? Was könnt ihr zur → Vervollkommnung der Welt beitragen?

Schluss:

- Die wichtigsten Aspekte der Unterrichtseinheit werden von den Schülerinnen in einigen Sätzen zusammengefasst. Die *mögliche* abschließende Bearbeitung der Lernzielkontrollen Leibniz-Quiz und Leibniz-Rätsel (I M15, I M16) kann daran anschließen und über die Unterrichtsstunde hinaus als Hausaufgabe zu Ende geführt werden.

- *Ideen für weitere Stunden:* Durchführung einer Diskussionsrunde zum Thema: „In was für einer Welt wollen wir leben?" Die SchülerInnen könnten dafür die Argumente von Leibniz verwenden und auch durch ihre eigenen erweitern. Eine solche Diskussionsrunde bietet sich auch an, um den aktuellen Bezug von Leibniz zur Gegenwart herzustellen.

- Plakate erstellen, die die Verknüpfung der verschiedenen Begriffe bei Leibniz deutlich werden lässt

- Gedankenumkehrung: Wie könnte man sich die schlechteste aller möglichen Welten vorstellen?" Diese Fragestellung könnte in Form einer Fantasiereise weiter ausgeformt werden und würde gleichzeitig Kritik an Leibniz ermöglichen.

- Daran anschließend oder *alternativ möglich:* Beschreibe das Problem der Vorstellung einer „besten aller möglichen Welten" in einem schriftlichen Dialog mit einem Freund. Welche Gründe kann es trotz Übel in der Welt geben, an Leibniz' Vorstellung festzuhalten?

- Die beste aller möglichen Welten ist letztlich, was sie ist: unsere Realität.

Leibniz als Philosoph:
Sekundarstufe II (Jg. 10–12)

1. Stunde: Einstieg in die Thematik – Leibniz als Person (II M1, II M2, II M3)

2. Stunde: Leibniz und seine Monadologie (II M4, II M5a-c)

3. Stunde: Fortsetzung

4. Stunde: Leibniz und sein Gedanke der „besten aller möglichen Welten" (II M6, II M7, II M8, II M9)

5. Stunde: Fortsetzung: Leben wir wirklich in der bestmöglichen Welt?

6. Stunde (u. evtl. 7. Stunde): Podiumsdiskussion zur Idee der „besten aller möglichen Welten" (II M10a-d)

Zusatzangebot: Mit Leibniz über das Leben philosophieren (II M11)

1. Stunde: Einstieg in die Thematik – Leibniz als Person (II M1, II M2, II M3)

Ziel: Sicherung des vorhandenen Basiswissens zu Leibniz (falls bereits in der Sek. I behandelt), andernfalls Vermittlung eines ersten Einblicks in sein Leben und Schaffen

Einstieg:

• Alle setzen sich in einen Stuhlkreis; auf dem Boden liegen verschiedene vorbereitete Arbeitsblätter mit Begriffen zu Leibniz' Person, seinem Schaffen und seiner Lebensumstände (II M1); die Blätter sind wie eine Art Puzzle aufgebaut. Die SchülerInnen sollen inhaltliche Bezüge erkennen und die Blätter richtig ordnen. *(Reihenfolge siehe Kopiervorlage)*

• Die Blätter können anschließend an der Tafel mit Magneten befestigt werden.

Hauptteil:

• Die Lehrperson erläutert, dass Leibniz' Monadologie und seine Idee der „besten aller möglichen Welten" Thema der Stunde sein wird.

• Austeilen von Glossar und Faktenblatt *(enthalten in: Rahmenteil)*

• Als Voraussetzung Klärung der Grundannahme Leibniz', dass die Welt von einem wohlmeinenden und vernünftig handelnden Gott geschaffen wurde (metaphysisches Weltbild) *(bei Diskussion: Achtung Zeitfaktor!)*

• Je zwei Basiszitate zur Monadologie und zur Idee der „besten aller möglichen Welten" werden mit dem OHP an die Wand projiziert *oder* als Arbeitsblätter ausgeteilt

(II M2). Die SchülerInnen geben mit eigenen Worten den Inhalt wieder und erarbeiten die Arbeitsaufträge. Auch als Gruppenarbeit denkbar: je Gruppe ein Zitat

- *Alternative:* Zitate zur Monadologie erst in der Folgestunde

Schluss:

- Ergebnissicherung: Die ersten Vermutungen über die Inhalte der Theorien werden an der Tafel festgehalten. (II M3)

2./3. Stunde: Leibniz und seine Monadologie (II M4, II M5a-c)

Ziel: Die SchülerInnen lernen Grundzüge der Leibnizschen Monadologie kennen.

Einstieg:
Kurze Zusammenfassung der letzten Stunde seitens der SchülerInnen, eventuell unter Rückgriff auf II M3; Lehrperson leitet zur Monadologie Leibniz' über.

Hauptteil:
- Lesen und Erarbeitung des Lexikoneintrags zur Monadologie (Stillarbeit) (II M4)
- Im Anschluss daran mit II M5 intensive Auseinandersetzung mit wesentlichen Merkmalen der Monadologie (1. Die Merkmale und Eigenschaften der Monaden / 2. Die Hierarchie der Monaden / 3. Monaden und Gott / Die prästabilierte Harmonie); Einteilung der SchülerInnen in Gruppen mit Verantwortlichkeit der selbstständigen Erarbeitung eines Teilaspekts
- „Galerierundgang" zur Sicherung der Arbeitsergebnisse (II M5a-c)

Schluss:
- Im Anschluss an den „Galerierundgang" Plenum und Austausch über die einzelnen Aspekte der Monadologie
- In dem Unterrichtsgespräch sollte deutlich werden, dass Leibniz mit den Monaden ein Muster für die Beschaffenheit der Welt entworfen hat. Die SchülerInnen können sich fragen, ob dieses Muster auch auf unsere Lebenswelt übertragbar ist. Gibt es eventuell Situationen, in denen eine vorherbestimmte Harmonie vorausgesetzt werden kann?

4./5. Stunde: Leibniz und seine Vorstellung von der „besten aller möglichen Welten"/Leben wir wirklich in der bestmöglichen Welt? (II M6, II M7, II M8, II M9)

Ziel: Die SchülerInnen finden heraus, dass Leibniz die Existenz des Bösen für eine Notwendigkeit hält und gehen mit dieser Auffassung kritisch um.

Einstieg:

- Ein Zeitungsartikel, der die Auswirkungen der Flut in Australien beschreibt, wird vorgelesen und soll die SchülerInnen sensibilisieren und sie anregen, sich mit der Existenz von Gut und Böse auseinander zusetzen. (II M6)
- Der Artikel wird von der Lehrperson vorgelesen. Die SchülerInnen beschreiben in drei Arbeitsschritten das Gehörte kurz mündlich, äußern ihre Empfindungen zu dem Vorgelesenen und tauschen sich darüber aus, warum sie meinen, dass es Gutes bzw. Böses in der Welt gibt.
-

Hauptteil:

- Die SchülerInnen lesen den Text „Die beste aller möglichen Welten" von Leibniz, zunächst im Plenum, dann noch mal in Einzelarbeit unter der Leitfrage nach Gründen für die Existenz des Bösen. (II M7)
- Die Ergebnisse der Einzelarbeit werden auf einer Folie oder im Tafelbild festgehalten, welche/-s die SchülerInnen mit Absprache des Plenums selbst ausfüllen sollen. (Lösungsschlüssel II M8)
- Vertiefend nun kritische Betrachtung der Ausführungen Leibniz'. In einem Rückbezug auf den Einstieg der Stunde Diskussion zur Sinnhaftigkeit der Naturkatastrophe.
- Impuls: Tafelanschrieb Zitat: „Wenn dies die beste aller möglichen Welten ist, wie sind dann bloß die anderen?" (Voltaire: *Candide oder der Optimismus*)

Schluss:

- Die Ergebnisse der Diskussion werden an der Tafel in Form einer Tabelle oder auf Folie festgehalten.
- Dabei sollen in der Spalte die Argumente für die notwendige Existenz des Bösen nach Leibniz (etwa aus II M8) und in der anderen Spalte die Argumente festgehalten werden, die dagegen sprechen oder die Notwendigkeit des Bösen in Zweifel ziehen. (Lösungsschlüssel II M9)

- Hausaufgabe *oder* Klausurthema: SchülerInnen schreiben einen Brief an Leibniz, in dem sie seine Idee der „besten aller möglichen Welten" noch einmal reflektieren und ihm ihre eigenen Ansichten darüber mitteilen. Die Hausaufgaben sollten in diesem Fall von der Lehrperson eingesammelt und korrigiert werden und als Impuls für Folgestunden dienen.
- *Alternative:* Gedankenumkehrung, bei der sich die SchülerInnen eine Vorstellung darüber aufbauen, wie denn die schlechteste aller möglichen Welten aussehen könnte (ebenfalls als Hausaufgabe oder Klausur denkbar).

6./7. Stunde: Podiumsdiskussion zur Idee der „besten aller möglichen Welten"(II M10a-d)

Ziel: Die SchülerInnen vertiefen das Gelernte und betrachten dieses durch die Augen einer anderen Person.

Einstieg:
- In der letzten Stunde dieser Unterrichtseinheit haben die SchülerInnen die Gelegenheit in andere Rollen zu schlüpfen und das Gelernte in Form einer Podiumsdiskussion zu festigen. Dazu bekommen sie vorab ein Informationsblatt zur Podiumsdiskussion, auf dem wichtige Schritte und Rollen erläutert werden. (II M10a)
- Das Informationsblatt soll kurz vorgelesen werden.

Hauptteil:
- Nachdem die SchülerInnen noch einmal einige Minuten Zeit hatten, sich die Tabelle aus der letzten Stunde anzuschauen, werden die Rollen für die Podiumsdiskussion eingeteilt (möglichst auf freiwilliger Basis).
- Es werden ein Moderator und vier Fachleute benötigt, die restlichen SchülerInnen stellen das Publikum.
- Haben sich die Freiwilligen gefunden, bekommen diese von der Lehrperson Rollenkarten mit den jeweiligen Aufgaben des Moderators oder der Fachleute. (II M10b)
- Die SchülerInnen, die das Publikum stellen, bekommen Beobachtungsaufgaben und können so auch während der Diskussion Fragen stellen. (II M10c)
- Anschließend haben die SchülerInnen noch einmal einige Minuten Zeit, sich die Tabelle aus der letzten Stunde anzuschauen.

- Vorbereitung des Klassenraums, Positionierung von Tischen und Stühlen. Der Moderator nimmt eine stehende Position ein und kann so auf mögliche Fragen des Publikums reagieren. Er begrüßt nun die Anwesenden und eröffnet die Diskussion, die nicht länger als 30 Minuten dauern sollte. Als Impuls legt er die Folie mit dem Candide-Zitat auf (OHP) oder liest es vor. (II M10d) Der Moderator trägt die Verantwortung für das Einhalten des zeitlichen Rahmens.

Schluss:

Zeitraum für ein Fazit in einem Unterrichtsgespräch: Was für einen Eindruck haben die SchülerInnen von Leibniz' Philosophie, welche Kritikpunkte könnten sie für sich benennen, zur Nachvollziehbarkeit der Monadologie, führen die besprochenen Thesen des Universalgelehrten auch zu einer kritischen Auseinandersetzung mit der eigenen Vorstellung über die Beschaffenheit der Welt?

Zusatzangebot:

Weitere Unterrichtsidee, eventuell auch als Einzelstunde denkbar: Mit Leibniz über wichtige Begriffe des menschlichen Lebens philosophieren (II M11)

Zusammenfassung Leibniz im Philosophie-Unterricht

Die Verwendung von Leibniz im Philosophieunterricht

- bietet den Umgang mit Originaltexten/Ausschnitten Leibniz' Philosophie
- vermittelt grundlegende Kenntnisse aus dem 17. Jahrhundert (Überblick über die Lebensumstände von Leibniz)
- regt die SchülerInnen an, sich kritisch mit grundlegenden Philosophischen Fragen auseinanderzusetzen
- befähigt die SchülerInnen, sich eigene und reflektierte Standpunkte zur Beschaffenheit der Welt aufzubauen
- kann als Lösungsvorschlag beispielsweise der Theodizee-Frage dienen und somit einen aktuellen Bezug zur Schülerrelevanz herstellen.

Fächerverbindung

Verweisfach	Thema	Beschreibung	Materialien
Religion	Theodizee	Bestimmung des Weltbildes; Vereinbarkeit von Gut und Böse in der Welt	**Sek. I:** I M12–14 **Sek. II:** II M8, 9
Deutsch	Theodizee und Monadologie in Leibniz' Epicedium auf den Tod der preußischen Königin Sophie Charlotte	Leibniz drückt in diesem Trauergedicht in nuce seine Philosophie aus	**Sek. II:** II M2
Französisch	Monadologie	Arbeit mit Originaltexten, Texterschließung, sprachliche Besonderheiten	**Sek. II:** II M4, 5a-d
Deutsch/ Französisch	Idee der besten aller möglichen Welten, Theodizee	Vergleich von Leibniz und Voltaire auf der Textgrundlage von „Candide oder der Optimismus"	**Sek. II:** II M7a-b
Mathematik	Approximation, Infinitesimalrechnung	Annäherung an einen vollkommenen Wert/Vollkommenheit als immanentes Prinzip (Monadologie)	

Literatur

[mit Kurztiteln, falls in den Materialien verwendet]

Primärliteratur

Leibniz, Gottfried Wilhelm: In der Vernunft begründete Prinzipien der Natur und Gnade. In: Philosophische Schriften. Bd. 1: Kleine Schriften zur Metaphysik. Hrsg. u. übers. v. Hans Heinz Holz. Frankfurt a. M. 1996. S. 414–439. [Prinzipien der Natur und Gnade]

Leibniz, Gottfried Wilhelm: Monadologie. In: Philosophische Schriften. Band 1: Kleine Schriften zur Metaphysik. Hrsg. u. übers. v. Hans Heinz Holz. Frankfurt am Main 1996. S. 438–483. [Monadologie]

Leibniz, Gottfried Wilhelm: Erklärung einiger Worte. In: Gott, Geist, Güte. Gottfried Wilhelm Leibniz. Eine Auswahl aus seinen Werken. Hrsg. von C. H. Ratschow. Gütersloh 1947. S. 75. [Erklärung einiger Worte]

Leibniz, Gottfried Wilhelm: Über mein philosophisches System. In: Gott, Geist, Güte. Gottfried Wilhelm Leibniz. Eine Auswahl aus seinen Werken. Hrsg. von C. H. Ratschow. Gütersloh 1947. S. 101–103. [Über mein philosophisches System]

Leibniz, Gottfried Wilhelm: Die Theodizee. Erster Teil der Versuche über die göttliche Gerechtigkeit, die Freiheit des Menschen und den Ursprung des Übels. 2., durch ein Literaturverz. und einen einf. Essay erg. Aufl. Hamburg 1968. [Theodizee]

Leibniz, Gottfried Wilhelm: Die beste aller Welten; in: Menne, Erwin (Hrsg.): Philosophisches Kolleg 6, Metaphysik. Düsseldorf 1976. [Die beste aller Welten]

Leibniz, Gottfried Wilhelm: Philosophische Schriften. Zweisprachige Studienausgabe. Herausgegeben von der Leibniz-Forschungsstelle der Universität Münster. Berlin 1999.

Leinkauf, Thomas (Bearb.): Leibniz. Diederichs Philosophie jetzt, hrsg. von Peter Sloterdijk. München 1996.

Voltaire: Candide oder die Beste aller Welten. Stuttgart 1990. [Voltaire (Candide)]

Sekundärliteratur

Antoine, Annette / von Boetticher, Annette: Leibniz für Kinder. Hildesheim 2008.

Antoine, Annette / von Boetticher, Annette: Leibniz Zitate. Göttingen 2007.

Hirsch, Eike Christan: Der berühmte Herr Leibniz. München 2000.

Hoerster, Norbert: Klassiker des philosophischen Denkens. München 1988.

Kunzmann, Peter / Burkard, Franz-Peter / Wiedmann, Franz: dtv-Atlas Philosophie. Mit 115 Abbildungsseiten in Farbe. München 2005.

Prechtl, Peter / Burkard, Franz-Peter (Hrsg.): Metzler Philosophie Lexikon. Begriffe und Definitionen. Stuttgart 2008. [Metzler Philosophie Lexikon]

Poser, Hans: Innere Prinzipien und Hierarchie der Monaden. In: Busche, Hubertus: Gottfried Wilhelm Leibniz' Monadologie. Berlin 2009.

Reydon, Thomas A.C. / Heit, Helmut / Hoyningen-Huene, Paul: Der universale Leibniz. Denker, Forscher, Erfinder. Stuttgart 2009.

Ruffing, Reiner: Einführung in die Geschichte der Philosophie. Paderborn 2007.

Specht, Rainer (Hrsg.): Gottfried Wilhelm Leibniz. In: Ders. (Hrsg.): Geschichte der Philosophie in Text und Darstellung. Bd. 5: Rationalismus. Stuttgart 1979, S. 231–264. [Specht (Leibniz)]

Weitere Quellen

http://www.neuepresse.de/Nachrichten/Magazin/Uebersicht/Aufraeumen-in-Australien-7000-Frei-willige-im-Einsatz (zuletzt abgerufen am 20.01.2011).

Beschlüsse der Kultusministerkonferenz. Einheitliche Prüfungsanforderungen in der Abiturprüfung. Philosophie. Aus dem Jahre 1989.

Didaktische Werke

Brokemper, Peter: Glück – ein Projektbuch. Hintergründe, Perspektiven, Denkanstöße. Mülheim 2009.

Brüning, Barbara: Philosophieren in der Sekundarstufe. Methoden und Medien. Weinheim 2003.

Brüning, Barbara: Freiheit und Determination. Kurshefte Ethik / Philosophie. Berlin 2002.

Janssen, Bernd: Kreative Unterrichtsmethoden. Bausteine zur Methodenvielfalt – Wege zum guten Unterricht. Braunschweig 2008.

Martens, Ekkehard: Philosophieren mit Kindern. Eine Einführung in die Philosophie. Stuttgart 1999.

ÜBERBLICK PHILOSOPHIE

Gottfried Wilhelm
Leibniz
1646–1716

Universalgelehrter
(befasst sich mit allen möglichen Fragestellungen)

Monadenlehre
(befasst sich mit den letzten Elementen der Wirklichkeit)

Leibniz' Philosophie

Fragen:	**Begriffe:**
Woraus besteht die Welt?	Monaden
Haben Tiere eine Seele?	Harmonie
Warum lässt Gott Böses zu?	Beste aller möglichen Welten
	Uhrengleichnis

Leibniz

und seine Philosophie

„Es folgt aus der höchsten Vollkommenheit Gottes, daß er, als er das Weltall hervorbrachte, den bestmöglichen Plan auswählte, bei dem es die größte Vielfalt im Rahmen der größten Ordnung gab [...]."[1]

„Und diese Monaden sind die wahrhaften Atome der Natur und, mit einem Wort, die Elemente der Dinge."[2]

„Da die Monaden keine Teile haben, so können sie weder erzeugt noch vernichtet werden."[3]

„Es gibt kein Mittel zu erklären, wie eine Monade in ihrem Inneren von irgendeinem anderen Geschöpfe verändert oder gewandelt werden könnte, da man in sie nichts übertragen [...] kann [...]."[4]

„Man denke sich zwei Wand- oder Taschenuhren, die genau gleich gehen."[5]

„So bleibt also nur meine Annahme, d.h. der Weg der prästabilierten Harmonie, die durch ein vorgreifendes göttliches Kunststück zustande kommt [...]."[6]

„Ein solches Lebewesen nennt man Tier, wie seine Monade Seele genannt wird. [...] Allerdings befinden sich die Tiere zuweilen in der Verfassung einfacher Lebewesen und ihre Seelen im Zustande einfacher Monaden."[7]

1   Prinzipien der Natur und Gnade. § 10, S. 429.
2   Monadologie. § 3, S. 439.
3   Prinzipien der Natur und Gnade. § 2, S. 415.
4   Monadologie. § 7, S. 441.
5   Über mein philosophisches System. S. 102.
6   Über mein philosophisches System. S. 103.
7   Prinzipien der Natur und Gnade. § 4, S. 419.

Leibniz beschreibt seine Idee der vorbestimmten (prästabilierten) Harmonie mithilfe von Uhren. Diese Harmonie erzeugt eine große Vielfalt, die trotzdem geordnet ist – wie bei diesen Blumen, deren unterschiedlichen Farben und Formen zu einem Strauß angeordnet sind.

Aufgaben:

Leibniz hat über viele wichtige Themen nachgedacht. Damit er ein Problem lösen konnte, hat er dafür ganz spezielle Begriffe entwickelt. **Lies** dir die Zitate von Leibniz durch und **unterstreiche** die wichtigsten Begriffe.

Fertige eine Tabelle an und schreibe die von dir unterstrichenen Begriffe als übergeordnete Kategorien in die einzelnen Spalten.

Bsp.:

Monade	...	...	...	Seele

Schneide die Zitate von Leibniz aus und ordne sie in der Tabelle den einzelnen Begriffen zu.

Klebe die Zitate anschließend in deine Mappe.

Woraus besteht die Welt?

„Die Monaden sind […] die wahrhaften Atome der Natur und, mit einem Worte, die Elemente der Dinge.“[1]

• | **I M3b** |
Folie

„Es folgt aus der höchsten Vollkommenheit Gottes, daß er, als er das Weltall hervorbrachte, den bestmöglichen Plan auswählte, bei dem es die größte Vielfalt im Rahmen der größten Ordnung gab […].“[2]

MATERIALIEN PHILOSOPHIE
Leibniz als Philosoph (Sek. I)

1 Monadologie. § 3, S. 439.
2 Prinzipien der Natur und Gnade. § 10, S. 429.

Die Welt besteht aus Monaden

Monaden sind die kleinsten Einheiten, aus denen die Welt besteht. Sie sind reine Kraft, unsichtbar, unteilbar und individuell, das heißt keine Monade ist mit einer anderen identisch. Zwar sind sie den Atomen ähnlich, und Leibniz nennt sie auch die „wahren Atome der Natur", aber sie bestehen nicht aus Materie. Es ist gar nicht so einfach sich die Monaden vorzustellen, weil sie eigentlich gar kein Aussehen haben und weil sie sich ja auch in ständiger Entwicklung befinden. Die Welt ist schließlich nicht statisch, also bewegungslos, sondern verändert sich ständig.

Die Monaden sind „fensterlos", das heißt, sie sind in sich geschlossen und verfolgen einen individuellen Plan. Jede einzelne Monade steht mit allen anderen Monaden in Verbindung. Zwar bildet sie für sich eine kleine Einheit, ein eigenes Universum, aber trotzdem spiegelt sie in sich die gesamte Welt wider. Die Monaden erfüllen nach Leibniz Gottes Plan, sodass nichts ohne Grund passiert und alles durch Monaden angetrieben wird. Einfach alles, jeder Mensch, jedes Tier und jede Pflanze, aber auch alles Unsichtbare wie Ideen oder Töne, besteht aus Monaden, die miteinander völlig harmonisch zusammenwirken. Bei Dingen, die aus Materie bestehen, schließen sich die Monaden in Gruppen zusammen, den Aggregaten, und ergeben so eine sichtbare Gestalt.

Aufgaben:

1. **Lies** den Text über die Leibniz'sche Monadenlehre und **markiere** die verschiedenen Eigenschaften der Monaden.
2. Fertige eine Liste mit den wichtigsten **Eigenschaften der Monade** an.
3. Versuche, in das Bild Monadengruppen, aus denen die Blume besteht, **einzuzeichnen**. Wo liegt die Schwierigkeit?

Die Welt besteht aus Monaden

Monaden sind die kleinsten Einheiten, aus denen die Welt besteht. Sie sind reine Kraft, unsichtbar, unteilbar und individuell, das heißt keine Monade ist mit einer anderen identisch. Zwar sind sie den Atomen ähnlich, und Leibniz nennt sie auch die „wahren Atome der Natur", aber sie bestehen nicht aus Materie. Es ist gar nicht so einfach sich die Monaden vorzustellen, weil sie eigentlich gar kein Aussehen haben und weil sie sich ja auch in ständiger Entwicklung befinden. Die Welt ist schließlich nicht statisch, also bewegungslos, sondern verändert sich ständig.

Die Monaden sind „fensterlos", das heißt, sie sind in sich geschlossen und verfolgen einen individuellen Plan. Jede einzelne Monade steht mit allen anderen Monaden in Verbindung. Zwar bildet sie für sich eine kleine Einheit, ein eigenes Universum, aber trotzdem spiegelt sie in sich die gesamte Welt wider. Die Monaden erfüllen nach Leibniz Gottes Plan, sodass nichts ohne Grund passiert und alles durch Monaden angetrieben wird. Einfach alles, jeder Mensch, jedes Tier und jede Pflanze besteht aus Monaden, die miteinander völlig harmonisch zusammenwirken.

MATERIALIEN PHILOSOPHIE
Leibniz als Philosoph (Sek. I)

Aufgaben:

1. **Lies** den Text über die Leibniz'sche Monadenlehre und **markiere** die verschiedenen Eigenschaften der Monaden.

2. Fertige eine Liste mit den wichtigsten **Eigenschaften der Monade** an.

3. Wie jede einzelne Monaden mit allen anderen Monaden in Verbindung steht, kannst du auch anhand unserer Sprache erkennen. In einem Satz beziehen sich alle Worte aufeinander und sind perfekt geordnet.

   Beispiel:

   a) Die Frauen tragen lustige Hüte.

   b) lustige / tragen / die Frauen / Hüte

   Vergleiche a) und b) miteinander und arbeite den Unterschied heraus. Inwiefern lässt sich das Beispiel auf Leibniz' Monadenlehre übertragen?

Fensterlose Monaden

Merkmale der Monade:

- die kleinsten Einheiten

- bestehen aus Kraft, sind nicht teilbar und alle voneinander verschieden

- verändern sich ständig mit der Welt

- Fensterlosigkeit: Monaden sind in sich geschlossen

Monaden

- Jede Monade ist in sich geschlossen und steht trotzdem mit den anderen Monaden in Verbindung.

- So spiegeln sie das gesamte Universum wider.

Forschen mit Leibniz

Leibniz hat den Damen und Herren der Hofgesellschaft in Hannover eine Aufgabe gestellt: Sie sollten im Park von Herrenhausen zwei völlig gleiche Blätter finden.

Leibniz und die Hofgesellschaft,
Stich nach Johann David Schubert, 1796

Herrenhäuser Gärten, 18. Jahrhundert

MATERIALIEN PHILOSOPHIE
Leibniz als Philosoph (Sek. I)

Aufgaben:

1. Meinst du, es kann gelingen, zwei völlig gleiche Blätter zu finden? Überlege dabei, was Leibniz über die Monaden gesagt hat.
2. Versuche selbst, ob du **zwei absolut identische Gegenstände** findest.

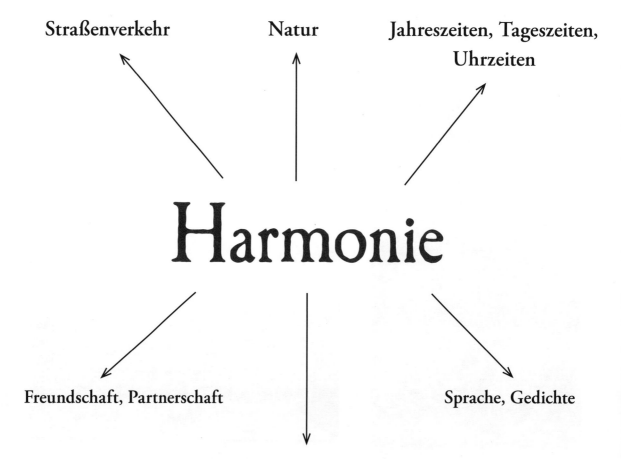

Prästabilierte Harmonie – Uhrengleichnis

Leibniz erklärt den Zustand der Welt mit dem Uhrengleichnis. Gott greift in die Welt nicht ein. Er hat sie so geschaffen, dass alles richtig zueinander passt. Leibniz vergleicht das mit zwei Uhren, die völlig gleich gehen. Und zwar nicht, weil sie aufeinander einwirken oder ständig von jemandem korrigiert werden, sondern, weil sie gleich zu Anfang perfekt eingestellt wurden. Leibniz nennt das die prästabilierte Harmonie, die der ganzen Welt zugrunde liegt. „Prä" heißt „vor", also eine Übereinstimmung, die von Gott vor der Entstehung der Welt hergestellt wurde und diese damit stabil macht.

Durch die Unvollkommenheit der Menschen und ihre Wahlfreiheit zwischen Gut und Böse ist dennoch nicht alles vorherbestimmt. Sie müssen sich um eine ständige Verbesserung der Welt bemühen.

„Man denke sich zwei Wand- oder Taschenuhren, die genau gleich gehen." [1]

Prästabilierte Harmonie

„Man setze nun die Seele und den Leib an die Stelle der beiden Uhren. Ihr Einklang oder ihre Übereinstimmung wird ebenfalls auf eine dieser [...]Arten erfolgen." [2]

„So bleibt also nur meine Annahme, d.h. der Weg der prästabilierten Harmonie, die durch ein vorgreifendes göttliches Kunststück zustande kommt [...]." [3]

Aufgaben:

1. Stelle die **Funktionsweise des Uhrengleichnisses** in drei Schritten graphisch dar.
2. Vergleiche die Funktionsweise der Uhren mit dem Zusammenwirken der Dinge in der Welt. Warum ist Harmonie für Leibniz so wichtig?
3. **Das Experiment mit den Uhren**: Probiere das Uhrengleichnis selbst aus, indem du die Uhren auf die gleiche Uhrzeit einstellst. Schau nach einer Weile nach, ob das Prinzip der Harmonie zutrifft.

1 Über mein philosophisches System. S. 102.
2 Über mein philosophisches System. S. 102 f.
3 Über mein philosophisches System. S. 103.

Haben Tiere eine Seele?

„Jede Monade mit einem besonderen Körper bildet eine lebendige Substanz. So gibt es nicht allein überall Leben, das mit Gliedern und Organen verbunden ist, sondern es gibt davon sogar eine unendliche Zahl von Abstufungen in den Monaden [...]. Wenn aber die Monade Organe besitzt,[...] so kann dies bis zur Bewußtwerdung gehen [...].
Ein solches Lebewesen nennt man Tier, wie seine Monade eine Seele genannt wird. Und wenn sich diese Seele bis zur Vernunft erhebt, so ist sie etwas Höheres und man rechnet sie zu den Geistern [...].

Zwar befinden sich die Tiere manchmal im Zustand einfacher Lebewesen und ihre Seelen im Zustand einfacher Monaden, wenn nämlich ihre Perzeption [Vorstellungen] nicht genügend unterschieden sind, daß man sich ihrer erinnern könnte [...].

So ist es gut, eine Unterscheidung zu treffen zwischen der Perzeption [...] und der Apperzeption (Wahrnehmung) [...], die nicht allen Seelen [...] immer gegeben ist. [...]
Die Wesen, bei denen man solche Schlußfolgerungen nicht feststellen kann, werden Tiere genannt; diejenigen aber, die diese notwendigen Wahrheiten kennen, sind [...] jene, die man Vernunftwesen [Menschen] nennt."[1]

Aufgaben:

1. Lies dir den Text gut durch und **markiere wichtige Begriffe** und Sätze.
2. Lege eine **Tabelle** an, in der du die Merkmale der Tiere im Unterschied zu denen der Menschen aufschreibst.
3. Schreibe einen kurzen Text: Haben Tiere eine Seele?

---

1 Prinzipien der Natur und Gnade. § 4–6, S. 419–421.

Haben Tiere eine Seele?

Leibniz ist der festen Überzeugung, dass alles, die ganze Welt, aus Monaden besteht. Also bestehen auch wir Menschen und alle Lebewesen aus Monaden. Tiere und Menschen bestehen also aus dem gleichen „Material". Allerdings gibt es zwischen den Monaden der Menschen und denen der Tiere doch noch Unterschiede, denn Monaden können verschieden weit entwickelt sein. Tiere bestehen aus einfachen Monaden, sie haben zwar eine Seele, aber können nicht vernünftig handeln.

Leibniz vergleicht die Entwicklung der Tiere mit dem Zustand der Ohnmacht und unterscheidet zwischen Vorstellungen und Bewusstsein. Jeder Mensch hat, im Unterschied zum Tier, Bewusstsein, d. h. er kann die verschiedenen Vorstellungen im Kopf miteinander verknüpfen. Tiere können das nicht.

Letztlich glaubt Leibniz fest, dass Tiere und Menschen eine Seele haben; wir Menschen haben zudem auch noch Vernunft.

MATERIALIEN PHILOSOPHIE
Leibniz als Philosoph (Sek. I)

Aufgaben:

1. Lies dir den Text gut durch und **markiere wichtige Begriffe** und Sätze.
2. Lege eine **Tabelle** an, in der du die Merkmale der Tiere im Unterschied zu denen der Menschen aufschreibst.
3. Schreibe einen kurzen Text: Haben Tiere eine Seele?

Leibniz und Descartes

Herzogin Elisabeth Charlotte von Orléans,
genannt Liselotte von der Pfalz (1652–1722)
(Selbstkarikatur)

Viele Philosophen und natürlich auch Leibniz haben sich Gedanken über die Seele gemacht. Leibniz bekommt eines Tages einen Brief von seiner Brieffreundin Liselotte aus Frankreich. Liselotte ist die Nichte der Frau Kurfürstin, also von Sophie. Liselotte ist empört, denn sie hat gelesen, dass der französische Philosoph René Descartes behauptet hat, Tiere seien nur so etwas wie Maschinen und hätten keine Empfindungen und auch keine Seelen. Liselotte kann sich nicht vorstellen, dass ihre lieben kleinen Hunde seelenlose Maschinen sein sollen.

Leibniz:

Das Tier hat nicht den Verstand eines Menschen, aber trotzdem hat es eine empfindungsfähige Seele. Die Seele des Menschen ist unsterblich. Die Seele des Tieres ist unvergänglich.

Descartes:

Der Mensch hat unter den Lebewesen eine Sonderstellung, denn er allein kann denken und hat ein Bewusstsein. Das haben Tiere nicht, deshalb können sie nicht empfinden wie Menschen. Sie sind eine Art Maschine.

Leibniz schreibt folgendes Epicedium (Trauergedicht) für Madeleine de Scudéry (berühmte Schriftstellerin, 1607–1701) zum Tod ihres geliebten Papageien (Original auf Latein):

„Du winziger Papagei, und doch von so groß-gelehrter Rede,

ach kürzlich erst warst Du noch Deiner Herrin Sorge und Freude.

Wenn Du nun die äußeren Gefilde der Vögel erreichst,

die Cyrano* einst erblickte, als er in den Himmel flog,

so belaste nicht die ganze Menschheit mit der Schuld weniger,

für welche der nackten Maschine in Euch keinerlei Fühlsamkeit zukommt."

Aufgaben:

1. Lies dir die Texte durch und schreibe die Unterschiede zwischen den Theorien von **Leibniz und Descartes** auf.

2. Schreibe einen **Brief aus der Sicht von Leibniz** an Descartes, indem du begründest, warum Tiere eine Seele haben.

3. Führt zu zweit ein **Partnerstreitgespräch** durch, indem ihr beide nacheinander aus der Sicht von Leibniz und von Descartes argumentiert.

*Leibniz bezieht sich hier auf den utopischen Roman von Cyrano de Bergerac „Die Reise zu den Mondstaaten und Sonnenreichen", entstanden in den Jahren zwischen 1640 und 1655.

Graduierung der Monaden

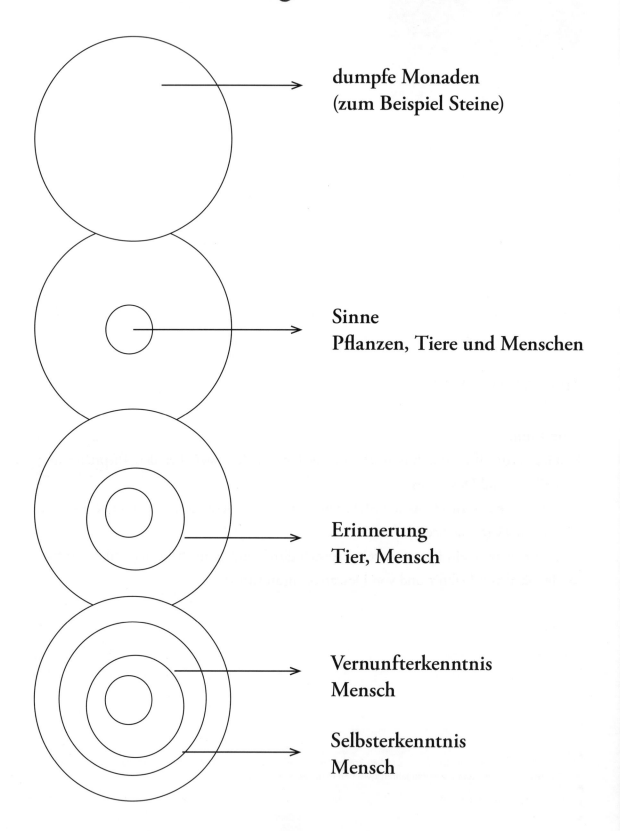

dumpfe Monaden
(zum Beispiel Steine)

Sinne
Pflanzen, Tiere und Menschen

Erinnerung
Tier, Mensch

Vernunfterkenntnis
Mensch

Selbsterkenntnis
Mensch

Die beste aller möglichen Welten

„[…] Das Ergebnis all dieser Bestrebungen [muß] die vollkommenste wirkliche Welt sein, die möglich ist."[1]

Erste mögliche Welt:

Determination der Welt und der Menschen
Perfekte Harmonie und Einheit
Alles verläuft nach einem festen Plan

Zweite mögliche Welt:

Freie Entscheidungsmöglichkeiten
Keine Harmonie und Einheit
Chaos

Dritte mögliche Welt:

Freiheit der Menschen
Harmonie des Ganzen
Vielfalt im Einzelnen

MATERIALIEN PHILOSOPHIE
Leibniz als Philosoph (Sek. I)

1   Prinzipien der Natur und Gnade. § 10, S. 429.

Die Welt vervollkommnen

Leibniz sagt, dass Gott die beste aller möglichen Welten ausgewählt hat. In dieser Welt spielt die Harmonie des Ganzen eine besonders wichtige Rolle. Alles auf der Welt wurde von Gott im Vorhinein schon so geordnet, dass es harmonisch zusammen funktionieren kann. Das gilt auch für die Menschen. Nun könnten wir ja auf die Idee kommen, zu sagen, wenn Gott ohnehin schon alles harmonisch strukturiert hat, dann kann der Mensch gar nichts mehr selbst entscheiden. Der Mensch und seine Handlungen sind dann schon festgelegt. Das würde bedeuten, dass wir nur noch abwarten könnten, wie Gottes Plan sich verwirklicht. Doch so einfach ist das nicht.

Zwar hat Gott, so sagt Leibniz, den Rahmen vorgegeben und die beste aller möglichen Welten ausgesucht, aber der einzelne Mensch kann trotzdem frei handeln und entscheiden, eben weil die Freiheit als Möglichkeit in dieser Welt dazugehört. Gott kann alles vorhersehen, aber nicht alles vorherbestimmen. Die Welt ist also als Ganzes so gut es geht harmonisch geordnet, aber längst nicht perfekt, da Menschen auch falsche Entscheidungen treffen. Jeder einzelne Mensch hat deswegen die Verantwortung, etwas zur Verbesserung und Vervollkommnung der Welt beizutragen.

Aufgaben:

1. Erkläre, warum die **Vervollkommnung der Welt** für Leibniz und für uns heute so wichtig ist.
2. Leibniz ist der Meinung, dass jeder einen Teil zum Besten in der Welt beitragen kann. Was könntest du zur Vervollkommnung der Welt beitragen?

Welt und Mensch bei Leibniz

Mensch	Gott	Welt
→ wir leben in der besten aller möglichen Welten	→ er ist allmächtig, allgütig und allwissend	→ größtmögliche Vielfalt und größtmögliche Harmonie
→ jeder Mensch ist im Unterschied zu Gott unvollkommen	→ Gott ist vollkommen	→ die Welt ist nicht perfekt
→ jeder Mensch hat aber auch die Freiheit zur Entscheidung	→ Gott hat dem Menschen Freiheit gegeben	→ im Ganzen ist die Welt vorherbestimmt, aber im Kleinen ist sie veränderlich
→ jeder Mensch hat die Aufgabe zur Vervollkommnung der Welt beizutragen	→ Gott hat dem Menschen die Möglichkeit zur stetigen Verbesserung gegeben	→ Welt und Mensch wirken zusammen
VERANTWORTUNG	**ALLMACHT**	**VERÄNDERUNG**

MATERIALIEN PHILOSOPHIE
Leibniz als Philosoph (Sek. I)

Leibniz-Quiz

Fragen

Was ist eine Monade?

_____

_____

_____

_____

_____

Was bedeutet „prästabilierte Harmonie"?

_____

_____

_____

_____

_____

Was möchte Leibniz mit dem Uhrengleichnis zeigen?

_____

_____

_____

_____

_____

Worin besteht der Unterschied zwischen den Monaden der Tiere und denen der Menschen?

_____

_____

_____

_____

Was meint Leibniz, wenn er von der „besten aller möglichen Welten"
spricht?

_____

_____

_____

_____

_____

_____

Wie kann es sein, dass alles auf der Welt vorherbestimmt ist, der
Mensch aber trotzdem frei handeln kann?

_____

_____

_____

_____

_____

_____

Warum ist es wichtig, dass jeder dabei mithilft die Welt zu
verbessern?

_____

_____

_____

_____

_____

_____

Leibniz-Rätsel

U	P	S	A	G	Y	V	E	L	E	I	B	N	I	Z
V	H	D	A	C	H	U	N	F	A	Z	B	F	P	R
O	B	R	P	A	F	K	M	L	G	A	W	Q	U	I
L	C	M	E	G	O	T	O	M	W	E	L	T	S	S
L	H	Y	R	N	O	N	N	Z	A	L	K	X	H	R
K	S	J	Z	J	G	J	A	V	Q	L	U	N	S	T
O	I	F	E	K	Z	L	D	C	U	H	Z	E	O	M
M	P	K	P	R	P	E	E	O	L	V	J	G	U	W
M	I	F	T	R	H	T	Z	I	S	E	E	L	E	W
E	A	B	I	E	I	B	L	P	C	L	I	F	K	G
N	N	I	O	O	M	M	B	V	B	H	V	M	N	O
H	T	R	N	S	I	B	E	R	O	Z	N	R	F	I
E	H	A	R	M	O	N	I	E	M	B	K	I	N	A
I	K	B	M	W	I	F	J	G	V	E	K	M	S	L
T	S	E	F	E	N	S	T	E	R	L	O	S	B	Y

U	P	S	A	G	Y	V	E	L	E	I	B	N	I	Z
V	H	D	A	C	H	U	N	F	A	Z	B	F	P	R
O	B	R	P	A	F	K	M	L	G	A	W	Q	U	I
L	C	M	E	G	O	T	O	M	W	E	L	T	S	S
L	H	Y	R	N	O	N	N	Z	A	L	K	X	H	R
K	S	J	Z	J	G	J	A	V	Q	L	U	N	S	T
O	I	F	E	K	Z	L	D	C	U	H	Z	E	O	M
M	P	K	P	R	P	E	E	O	L	V	J	G	U	W
M	I	F	T	R	H	T	Z	I	S	E	E	L	E	W
E	A	B	I	E	I	B	L	P	C	L	I	F	K	G
N	N	I	O	O	M	M	B	V	B	H	V	M	N	O
H	T	R	N	S	I	B	E	R	O	Z	N	R	F	I
E	H	A	R	M	O	N	I	E	M	B	K	I	N	A
I	K	B	M	W	I	F	J	G	V	E	K	M	S	L
T	S	E	F	E	N	S	T	E	R	L	O	S	B	Y

Gottfried Wilhelm Leibniz (1646–1716)	
Barock	Dreißigähriger Krieg (1618–1648)
	Antithetik (Zwiespalt) in allen Lebensbereichen
Letzter Universalgelehrter	Wissenschaftler, Mathematiker, Physiker
	Historiker, Jurist, Philosoph
Wichtige Werke/ Errungenschaften	Infinitesimalrechnung, Dualsystem, Rechenmaschine
	Monadenlehre/Monadologie (1714); sie besteht aus neunzig Abschnitten, welche die Gedanken Leibniz repräsentieren
	Theodizee (Die Rechtfertigung der Existenz Gottes, angesichts der Übel in der Welt/Idee der „besten aller möglichen Welten" (1710)

Gottfried Wilhelm Leibniz

Basiszitate

1. Die beste aller möglichen Welten

1. a) „[…] gäbe es nicht die beste (optimum) aller möglichen Welten, dann hätte Gott überhaupt keine erschaffen. […] Erfüllt man jede Zeit und jeden Ort; es bleibt dennoch wahr, daß man sie auf unendlich viele Arten hätte erfüllen können und daß es unendlich viel mögliche Welten gibt; von denen Gott mit Notwendigkeit die beste erwählt hat, da er nichts ohne höchste Vernunft tut."[1]

1. b) „Man kann das Übel im metaphysischen, physischen und moralischen Sinne auffassen. Das metaphysische Übel besteht in der einfachen Unvollkommenheit, das physische im Leiden und das moralische in der Sünde. Obwohl nun das physische und moralische Übel nicht notwendig sind, so genügt ihre Möglichkeit auf Grund der ewigen Wahrheiten. Und da diese ungeheure Region der Wahrheiten alle Möglichkeiten umschließt, so muß es unendlich viele mögliche Welten geben, muß das Übel in mehrere von ihnen Eingang finden, und muß die beste von allen Welten es enthalten: hierdurch ist Gott bestimmt worden, das Übel zuzulassen."[2]

2. Monadologie

2.a) „§. 1. Die Monade, von der wir hier sprechen werden, ist nichts anderes als eine einfache Substanz, die in die zusammengesetzten eingeht; einfach, das heißt ohne Teile. §. 3. Da aber, wo es keine Teile gibt, gibt es weder Ausdehnung noch Gestalt noch mögliche Teilbarkeit. Und diese Monaden sind die wahrhaften Atome der Natur und, mit einem Wort, die Elemente der Dinge."[3]

MATERIALIEN PHILOSOPHIE
Leibniz als Philosoph (Sek. II)

---

1   Theodizee. I 8, S. 101.
2   Theodizee. I 21, S. 110f.
3   Monadologie. §§ 1 und 3, S. 439.

2.b) „§. 8. Indessen müssen die Monaden irgendwelche Eigenschaften haben, sonst wären sie sogar keine Seiende. […] und da die Monaden ohne Eigenschaften voneinander ununterscheidbar wären, weil sie ebensowenig hinsichtlich der Quantität verschieden sind, so würde […] jeder Ort immer nur einen Inhalt erhalten […]. §. 9. Jede Monade muß sogar von jeder anderen verschieden sein.

Denn es gibt niemals in der Natur zwei Seiende die einander vollkommen gleich wären […].“[1]

Aufgaben zu den Zitaten:

1. Erläutern Sie die Aussage der Zitate von Leibniz.
2. Worum geht es Leibniz in seinen beiden philosophischen Werken? Stellen Sie anhand der Zitate erste Vermutungen an.

---

1   Monadologie. § 8 und 9. S. 441 f.

Idee der „besten aller möglichen Welten"

- Gott hat unter vielen möglichen die beste Welt ausgewählt
- es gibt mehrere Arten von Übel
- Gott erschuf die bestmögliche Welt mit der größten Vielfalt, daher muss es auch in ihr Übel geben
- Gott muss das Übel zulassen

Monadologie

- Lehre von Substanzen
- Monaden sind einfache Substanzen und besitzen keine Teile, sind daher formlos
- Monaden sind die „wahren Atome der Natur" (aber materielos)
- Monaden haben Eigenschaften, die sie von anderen unterscheiden

Gottfried Wilhelm Leibniz – Monadologie / Lexikoneintrag

Monade, Monadologie (griech. monas: Einheit), das zur Lösung metaphysischer Probleme dienende Kernstück der Leibniz'schen Philosophie. Der Begriff »M.« steht für die letzten Elemente der Wirklichkeit; die Monadologie ist die Lehre von den M.n oder einfachen Substanzen. Deren notwendiges Vorhandensein begründet Leibniz mit der Existenz zusammengesetzter, d.h. aus Teilen bestehender Dinge, die nur eine Aggregation oder Häufung von M.n sind. Das Kriterium einer Substanz ist die Wirkung, d.h. Kraft; daher muss die Einheit der Substanz als dynamische Einheit einer ursprünglichen Kraft begriffen werden, die das Wesen der Substanz als Einheit in der Mannigfaltigkeit konstituiert. Die M. bildet den Grund des materiellen Dinges und ihre Annahme als letzte Einheit ist notwendig, weil sich die Prinzipien der Dinge nicht in den Dingen selbst finden lassen.

I. Grundlegende Merkmale der M.n: (1) Sie haben weder Ausdehnung noch Gestalt, denn dies würde Teilbarkeit implizieren. (2) Sie können als Substanzen allein durch Gott geschaffen oder vernichtet werden, »während das Zusammengesetzte aus Teilen entsteht und in Teile vergeht« (Monadologie 6.). (3) Sie sind individuell: Keine M. ist mit der anderen identisch, denn »es gibt in der Natur niemals zwei Wesen, von welchen das eine vollkommen so ist wie das andere« (Monadologie 9.). (4) Als selbstständige (autarke) Wesen haben sie »keine Fenster, durch die etwas hinein- oder heraustreten kann« (Monadologie 7.). (5) Da die M.n keinerlei reale Wirkung aufeinander ausüben und in ihrer Gesamtheit die Wirklichkeit bilden, muss ihr Zusammenhang gewährleistet sein; dies geschieht durch die Theorie der prästabilierten Harmonie, die die Übereinstimmung und Entsprechung der einzelnen M.n aufgrund der göttlichen Vorhersehung erklärt. (6) Da jede M. ein sich selbst genügender, nur aus sich selbst schöpfender Mikrokosmos ist und daher in ihrer Individualität Vollkommenheit aufweist, bildet sie etwas, das sein Ziel in sich selbst hat, d.h. eine Entelechie. (7) Die M.n repräsentieren das gesamte Universum gemäß ihren verschiedenen Stand- und Blickpunkten. Sie stellen jede für sich einen »Spiegel des Universums« dar; Leibniz betrachtet sie als je einzelne Perspektiven des göttlichen Schauens der Welt.

II. Perzeption (Vorstellen) und Appetition (Wollen): Das Wesen der M. besteht im gesetzmäßigen Durchlaufen verschiedener Perzeptionszustände. In dem ihnen immanenten [innewohnenden] Streben, von Perzeptions- zu Perzeptionszustand fortzuschreiten , erweisen sich die M.n als wesenhaft tätig. Substantialität kommt den M.n deshalb zu, weil sie im Sinne von Tätigkeit Kraftzentren sind. Das Besitzen von Kraft bedeutet unablässiges Tätigsein, das aufgrund der Abstufungen der Perzeptionen bis in den Bereich des Unbewussten gewährleistet ist. In und durch die Perzeption wird das Mannigfaltige in eine Einheit gebracht. Die Tätigkeit der M. besteht in einem Streben (appetitus), das auf die Erlangung der Vollkommenheit ausgerichtet ist; nur so kann aus der realen Welt, die die beste aller der möglichen ist, eine gute Welt werden. Da Leibniz Gott als das vollkommene Wesen denkt, heißt Streben nach Vollkommenheit auch Streben nach Gott, Teilhabe an seiner intellektuellen Klarheit und moralischen Vollkommenheit.

III. Die Monadenhierarchie: Das Reich der M.n umfasst alle M.n von Gott (monas monadum) bis zu den schlafenden M.n. Das Kriterium der Unterscheidung ist die Art der jeweiligen Perzeption, die den M.n zukommt. Gottes Perzeptionen sind klar und deutlich, die der schlafenden M.n unklar und undeutlich. M.n, die der Apperzeption (Bewusstheit der Vorstellung) fähig sind, sie also »Ich« sagen können, nennt Leibniz vernünftige Seelen oder Geister. Auf der nächsttieferen Stufe folgen die distinkten Perzeptionen, die von Erinnerung begleitet sind. – Diese Hierarchie ermöglicht die Erklärung der gesamten Wirklichkeit als Monaden-Kontinuum, d.h. in der Natur geschieht alles gradweise, ohne Sprünge. Zudem gibt es zwischen der höchsten und der niedrigsten M. eine Analogie; daher unterscheiden diese sich nur graduell, nicht prinzipiell.[1]

MATERIALIEN PHILOSOPHIE
Leibniz als Philosoph (Sek. II)

Aufgabe:

Lesen Sie den Lexikoneintrag und markieren Sie sich wichtige Passagen oder eventuelle Unklarheiten.

---

1 Metzler Philosophie Lexikon. S. 388 f.

Gottfried Wilhelm Leibniz – Monadologie / Texte

a) Aufgaben Gruppenarbeit:

1. Lesen Sie den Lexikoneintrag und den Text Ihrer Gruppe gründlich durch und notieren Sie sich wichtige Aspekte. Benutzen Sie in Zweifelsfällen das Glossar.

2. Erstellen Sie innerhalb Ihrer Gruppe ein Plakat, das die Inhalte Ihrer Materialien anschaulich zusammenfasst und Ihr Teilthema verständlich darstellt.

3. Führen Sie einen Galerierundgang durch. (Siehe dazu die Info: Galerierundgang)

Notizen:

_____

_____

_____

_____

_____

_____

Info: Methode Galerierundgang
→ Zur Präsentation von Arbeitsergebnissen

Der Ablauf:

a) Die SchülerInnen stellen ihre Ergebnisse (Plakat) an verschiedenen Stellen im Klassenraum aus.

b) Nach dem Startzeichen des Lehrers wandern alle SchülerInnen von einem Ergebnis (Plakat) zum anderen, wobei jeweils ein Gruppenmitglied bei den Arbeitsergebnissen der eigenen Gruppe stehen bleibt. Jede/r SchülerIn notiert sich dabei kurze Informationen zu den Arbeitsergebnissen der anderen Gruppe. Das ausgewählte Gruppenmitglied (Sprecher) stellt das Produkt (Plakat) vor und beantwortet eventuelle Fragen.

c) Nach einem Tonsignal des Lehrers wählt der Sprecher aus seiner Gruppe einen anderen Sprecher, der die Aufgabe der Präsentation übernimmt.

Gottfried Wilhelm Leibniz – Monadologie / Texte

b) Gruppe 1: Die Merkmale und Eigenschaften der Monaden

Text:

(Aus der *Monadologie:*)

§. 1. Die *Monade*, von der wir hier sprechen werden, ist nichts anderes, als eine einfache Substanz, die in die zusammengesetzten eingeht; *einfach*, das heißt ohne Teile.

§. 2. Es muß einfache Substanzen geben, weil es zusammengesetzte gibt; denn das Zusammengesetzte ist nichts anderes als eine Anhäufung oder ein Aggregat von Einfachen.

§. 3. Da aber, wo es keine Teile gibt, gibt es weder Ausdehnung noch Gestalt noch mögliche Teilbarkeit. Und diese Monaden sind die wahrhaften Atome der Natur und, mit einem Wort, die Elemente der Dinge.

§. 6. So kann man sagen, daß die Monaden nur mit einem Schlage zu sein beginnen und enden können; das heißt, sie können nur durch Schöpfung zu sein beginnen und nur durch Vernichtung zu sein aufhören, während das, was zusammengesetzt ist, durch Vereinigung von Teilen beginnt und durch Auseinandertreten der Teile endet.

• Monaden sind „fensterlos"

§. 7. Es gibt auch kein Mittel zu erklären, wie eine Monade in ihrem Inneren von irgendeinem anderen Geschöpfe verändert oder gewandelt werden könnte, da man in sie nichts übertragen noch sich irgendeine innere Bewegung in ihr vorstellen kann, die dort in ihrem Inneren hervorgerufen, geleitet, vermehrt oder vermindert werden könnte, wie das bei den zusammengesetzten Dingen geschehen kann, wo es Veränderungen zwischen den Teilen gibt. Die Monaden haben keine Fenster, durch die irgendetwas in sie hinein- oder aus ihnen hinaustreten könnte.

• Eigenschaften

§. 8. Indessen müssen die Monaden irgendwelche Eigenschaften haben, sonst wären sie sogar keine Seiende. Und wenn die einfachen Substanzen nicht durch ihre Eigenschaften voneinander verschieden wären, so gäbe es kein Mittel, irgendeine Veränderung in den Dingen wahrzunehmen, weil das, was im Zusammengesetzten ist, nur aus einfachen Bestandteilen herkommen kann; und da die Monaden ohne Eigenschaften voneinander ununterscheidbar wären, weil sie ebensowenig hinsichtlich der Quantität verschieden sind, wo würde folglich – unter der Voraussetzung, daß der Raum erfüllt ist – in der Bewegung jeder Ort immer nur einen Inhalt erhalten, der dem gleichwertig ist, den er schon gehabt hat, und ein Zustand der Dinge wäre von dem anderen nicht zu unterscheiden.

• Unterschiede

§. 9. Jede Monade muß sogar von jeder anderen verschieden sein. Denn es gibt niemals in der Natur zwei Seiende die einander vollkommen gleich wären und bei denen es nicht möglich wäre, einen inneren oder auf einer inneren Bestimmung beruhenden Unterschied zu finden.

§. 10. Ich nehme es auch für zugestanden, daß jedes geschaffene Seiende und folglich auch jede geschaffene Monade der Veränderung unterworfen ist, und daß diese Veränderung sogar in jeder Monade fortdauernd vor sich geht.

§. 11. Wie wir gesagt haben, folgt daraus, daß die natürlichen Veränderungen der Monaden aus einem *inneren* Prinzip hervorgehen, weil ein äußerer Grund in ihr Inneres nicht einströmen könnte.

§. 12. Außer dem Prinzip der Veränderung muß es aber auch *eine Besonderheit dessen, das sich verändert*, geben, die sozusagen die Besonderung und die Mannigfaltigkeit der einfachen Substanzen bewirkt.

§ 13. Diese Besonderheit soll eine Vielheit in der Einheit oder in dem Einfachen einschließen.

• Perzeptionen und Appetitionen

§. 14. Der vorübergehende Zustand, der eine Vielheit in der Einheit oder in der einfachen Substanz einschließt und darstellt, ist nichts anderes als das, was man die *Perzeption* nennt, die man sehr wohl von der Wahrnehmung oder dem Bewußtsein unterscheiden muß […].

§. 15. Die Tätigkeit des inneren Prinzips, die die Veränderung oder den Übergang von einer Perzeption zur anderen bewirkt, kann *Strebung (appetitus)* genannt werden. Es ist wahr, daß der Appetitus nicht immer ganz und gar zu der Perzeption gelangen kann, auf die er angelegt ist, aber er erlangt immer irgend etwas und dringt zu neuen Perzeptionen vor.

§. 17. Übrigens ist man gezwungen zuzugestehen, daß die *Perzeption* und das, was davon abhängt, durch *mechanische Gründe*, das heißt durch Figuren und Bewegungen, nicht *erklärbar* ist. Und denkt man sich aus, daß es eine Maschine gäbe, deren Bauart es bewirke, zu denken, zu fühlen und Perzeptionen zu haben, so wird man sich unter Beibehaltung der gleichen Maßstabverhältnisse derart vergrößert vorstellen können, daß man in sie wie in eine Mühle einzutreten vermöchte.

§. 18. Man könnte allen einfachen Substanzen oder geschaffenen Monaden den Namen *Entelechien* geben, denn sie haben in sich eine gewisse Vollkommenheit, es gibt in ihnen eine Selbstgenügsamkeit, die sie zu Quellen ihrer inneren Handlungen und sozusagen zu unkörperlichen Automaten macht.[1]

MATERIALIEN PHILOSOPHIE
Leibniz als Philosoph (Sek. II)

---

1   Alle Zitate aus: Monadologie. §§ 1–18, S. 439–447.

Gottfried Wilhelm Leibniz – Monadologie / Texte

c) Gruppe 2: Die Hierarchie der Monaden

Text:

(Aus der *Monadologie:*)

§. 19. Wenn wir all das Seele nennen wollen, was Perzeptionen und Strebungen in dem allgemeinen Sinne besitzt, den ich soeben erklärt habe, könnten alle einfachen Substanzen oder geschaffenen Monaden Seelen genannt werden; da aber Empfindung etwas mehr ist als eine einfache Perzeption, so bin ich einverstanden , daß der allgemeine Name Monaden oder Entelechien für die einfachen Substanzen hinreicht, die nur eine bloße Perzeption haben, und daß man allein diejenigen Seelen nennt, deren Perzeption deutlicher und mit Erinnerung verbunden ist.

§. 20. Denn erfahrungsgemäß beobachten wir in uns selbst einen Zustand, in dem wir uns an nichts erinnern und keine unterschiedene Perzeption haben, wie wenn wir zum Beispiel in Ohnmacht fallen oder wenn wir von einem tiefen, völlig traumlosen Schlaf übermannt sind. In diesem Zustand unterscheidet sich die Seele nicht wahrnehmbar von einer einfachen Monade. Da aber dieser Zustand nicht andauert und die Seele sich ihm wieder entzieht, ist sie etwas Höheres.

§. 23. Und da man sich, aus der Betäubung erwacht, seiner Perzeption *bewußt wird*, muß man also unmittelbar zuvor schon Perzeptionen gehabt haben, obgleich man sich ihrer nicht bewußt wurde; denn auf natürliche Weise kann eine Perzeption nur von einer anderen Perzeption stammen, wie eine Bewegung auf natürliche Weise nur aus einer anderen Bewegung herkommen kann.

§. 25. So sehen wir, daß die Natur den Tieren höhere Perzeptionen gegeben hat dank der Mühe, die sie darauf verwandte, jene mit Organen auszustatten, die mehrere Lichtstrahlen oder mehrere Luftwellen sammeln, um sie durch ihre Vereinigung eine größere Wirksamkeit ausüben zu lassen.

§. 26. Das Gedächtnis liefert den Seelen eine Art von Schlußfolgerung, die die Vernunft nachahmt, die aber von ihr unterschieden werden muß. So sehen wir, daß die Tiere, die die Perzeption von einer Sache haben, die sie betrifft und von der sie zuvor eine ähnliche Perzeption hatten, kraft der Darstellung ihres Gedächtnisses das erwarten, was mit dieser vorangegangenen Perzeption verknüpft war, und daß in ihnen ähnliche Empfindungen wachgerufen werden wie diejenigen, die sie damals hatten.

§. 28. Die Menschen handeln wie die Tiere, insofern die Schlußfolgerungen aus ihren Perzeptionen sich nur aus dem Prinzip der Erinnerung ergeben […].

§. 29. Aber die Erkenntnis der notwendigen oder ewigen Wahrheiten unterscheidet uns von den einfachen Tieren und verleiht uns die *Vernunft* und Wissenschaften, indem sie uns zur Erkenntnis unserer selbst und Gottes erhebt. Und das nennt man in uns vernünftige Seele oder *Geist*.

§. 30. Durch die Erkenntnis der notwendigen Wahrheiten und durch ihre Abstraktionen steigen wir auch zu den *reflexiven Akten* auf, die uns dazu bringen, an das zu denken, was man »*Ich*« nennt, und zu erwägen, daß dies oder das in *uns* ist; indem wir so an uns denken, denken wir zugleich an das Sein, an die Substanz, an das Einfache oder an das Zusammengesetzte, an das Immaterielle und an Gott selbst, indem wir uns vorstellen, daß das, was in uns beschränkt ist, sich in ihm ohne Schranken findet. Und diese reflexiven Akte liefern die hauptsächlichen Gegenstände unserer Vernunftüberlegungen.[1]

MATERIALIEN PHILOSOPHIE
Leibniz als Philosoph (Sek. II)

---

1   Alle Zitate aus: Monadologie. §§ 19–30, S. 447–453.

Gottfried Wilhelm Leibniz – Monadologie / Texte

d) Gruppe 3: Monaden und Gott/Die prästabilierte Harmonie

Text:

(Aus Specht (Leibniz) und den *Prinzipien der Natur und Gnade:*)

„Die obersten Vernunftgesetze sind das Prinzip vom Widerspruch und das Prinzip vom zureichenden Grunde. Der letzte zureichende Grund für die Existenz unseres Universums, das kontingent ist, kann seinerseits nicht kontingent sein. Folglich ist er eine notwendige Substanz, die den Grund in sich selber trägt; diese wird »Gott« genannt. Weil Unvollkommenes Vollkommenes voraussetzt, muß Gott mächtiger, weiser, besser und gerechter sein als alle seine Existenz und Tätigkeit stets von ihm abhängenden Geschöpfe. Geschaffene Monaden können, gemessen an der Vollkommenheit Gottes, nur begrenzte Monaden sein; sie sind durch Ausmaß ihrer relativen Unvollkommenheit jeweils individuell bestimmt."[1]

„Da Gott vollkommen ist, kann er aus der unendlichen Menge für ihn simulierbarer Welten nur die vollkommenste zur Realisierung ausgewählt haben. Bedingung der Vollkommenheit einer Welt ist nicht etwa, daß es in ihr keinen Schmerz und kein Unglück gibt, sondern daß der in ihr enthaltene Anteil an Schmerz und Unglück zu optimalen moralischen und physischen Konsequenzen führt, die anders nicht erreicht werden könnten."[2]

„Es folgt aus der höchsten Vollkommenheit Gottes, daß er, als er das Weltall hervorbrachte, den bestmöglichen Plan auswählte, bei dem es die größte Vielfalt im Rahmen der größten Ordnung gab [...]."[3]

---

1   Specht (Leibniz). S. 245 f.
2   Specht (Leibniz). S. 247.
3   Prinzipien der Natur und Gnade. § 10, S. 429.

• **Wie können Monaden interagieren und miteinander kommunizieren?**

Die Antwort auf diese Frage findet sich bei Leibniz unter dem Begriff der *prästabilierten Harmonie*. Diese kann man als Basis seiner Monadologie ansehen, denn sie verbindet die Monaden untereinander. Leibniz geht davon aus, dass alle Monaden in einem großen Ganzen wirken, obwohl sie sich gegenseitig nicht beeinflussen können. Die prästabilierte Harmonie erweist sich als die Grundordnung, in der sich alle Monaden in ihrer Verschiedenheit und ihrer Fensterlosigkeit befinden. Gott hat als notwendige Substanz bei ihrem Schaffen auf ihre Einheit geachtet und so ihren Zusammenhang gesichert. Gott hat den Monaden die Möglichkeit gegeben trotz ihrer Individualität eine gleiche Wirklichkeit zu haben. Weil Gott selbst eine Monade ist, garantiert er die Wirklichkeit und hält die Welt und die Monaden zusammen, weil er diese Welt erschaffen hat. Die Monade ist nach Leibniz also eine „Einheit in der Vielheit", welche das Kennzeichen der von Gott im voraus angelegten Harmonie ist. Den Kerngedanken seiner *prästabilierten Harmonie* veranschaulicht Leibniz anhand des *Uhrengleichnisses*, welches beweist, dass Gott nicht in den Lauf der Welt eingreift und die Harmonie der Monaden untereinander somit vorher bestimmt ist. Leibniz vergleicht anhand zweier Uhren, die völlig gleich gehen, inwiefern alles perfekt aufeinander abgestimmt ist. Wichtig dabei ist, dass die Uhren nicht aufeinander einwirken oder von einer äußeren Kraft verändert werden, sondern von Anfang an perfekt aufeinander eingestellt wurde.

MATERIALIEN PHILOSOPHIE
Leibniz als Philosoph (Sek. II)

Die beste aller möglichen Welten?

Aufräumen in Australien – 7000 Freiwillige im Einsatz

SYDNEY. Verwüstete Städte, Schlamm auf Straßen und in den Häusern. Rund 7000 Freiwillige haben am Sonnabend die Aufräumarbeiten nach der Flutkatastrophe im australischen Brisbane unterstützt. Die mit Schaufeln und Eimern ausgerüsteten Helfer wurden in tiefer gelegenen Viertel gebracht, wo nach dem Ablaufen des Wassers der Schlamm alles bedeckte. Die Schäden sind immens, deshalb hat die Regierung auch 1200 Soldaten nach Brisbane abkommandiert. Trotz der angelaufenen Hilfe harrten noch etwa 400 Menschen in Notunterkünften aus, wo sie vor der Flut in Sicherheit gebracht wurden. […] Das Hochwasser des Brisbane Rivers war das Schlimmste seit über 36 Jahren. Die Fluten zerstörten oder beschädigten 17 000 Häuser und rund 3000 Geschäfte. Nach wie vor waren rund 30 000 Haushalte ohne Strom. 500 Elektriker aus anderen australischen Städten sollen nach Angaben des Versorgungsunternehmens Energex helfen, die Häuser zu überprüfen und schnell wieder ans Netz anzuschließen. Erst wenn die Sicherheit der Bewohner gewährleistet ist, können sie in ihre Wohnungen zurück. Im gesamten Bundesstaat Queensland sind durch das Hochwasser der vergangenen zwei Wochen mindestens 16 Menschen ums Leben gekommen. Die Kosten durch die Flut gehen in die Milliarden. Die Investmentbank JP Morgan schätzt den Schaden auf umgerechnet rund 10 Milliarden Euro, die amerikanische Citigroup kommt gar auf knapp 15 Milliarden Euro. […][1]

Aufgaben:

1. Beschreiben Sie kurz, um was es in diesem Zeitungsartikel geht.
2. Was empfinden Sie, wenn Sie von solchen Unglücken hören?
3. Wie ist es zu erklären, dass es neben dem Guten auch das Böse / Schlechte auf unserer Welt gibt?

[1] http://www.neuepresse.de/Nachrichten/Magazin/Uebersicht/Aufraeumen-in-Australien-7000-Freiwillige-im-Einsatz (15.1.2011)

Gottfried Wilhelm Leibniz – Die beste aller möglichen Welten

Material:

[…] Allein man wird entgegnen, daß wir Gegenteiliges [= Unvollkommenes] in der Welt erfahren, denn den Besten ergeht es sehr oft am schlechtesten, so daß nicht bloß die unschuldigen Tiere, sondern auch unschuldige Menschen heimgesucht, ja selbst unter Martern umgebracht werden; und endlich, daß die Welt, besonders wenn man die Regierung des Menschengeschlechts betrachtet, mehr eine Arte verworrenes Chaos scheine als eine von der höchsten Weisheit ausgehende Sache. Ich gebe zu, daß dies auf den ersten Blick so scheint, aber bei gründlicherer Untersuchung muß man das Gegenteil feststellen, was a priori aus alledem schon erhellt, was erwähnt worden ist: daß nämlich aller Dinge und folglich auch der Geister höchstmögliche Vollkommenheit erreicht wird.

In der Tat ist es unbillig, vor Prüfung des ganzen Gesetzes zu urteilen – wie die Rechtsgelehrten sagen. Wir kennen nur einen kleinen Teil der sich ins Unermeßliche erstreckenden Ewigkeit; denn ein wie kleines Stückchen ist die Erinnerung an einige Jahrtausende, die uns die Geschichte überliefert! Und dennoch urteilen wir ohne Überlegung aus einer so geringen Erfahrung über das Unermeßliche und Ewige, so wie Menschen, die im Gefängnis oder – wenn man will – in den unterirdischen Salzbergwerken der Sarmaten geboren und erzogen werden, nichts anderes in der Welt für Licht halten, als jenes spärliche der Lampen, das kaum ausreicht, die Schritte zu lenken. Wir mögen ein herrliches Gemälde schauen und es bis auf ein kleines Stückchen verdecken: was anders wird sich dann zeigen (wie gründlich man auch hinschauen, wie nah man es auch betrachten wird) als eine verworrene Masse von Farben, ohne Wahl, ohne Kunst; und dennoch wird man, wenn man nach Entfernung der Bedeckung das ganze Gemälde in der passenden Lage betrachtet, einsehen, daß das, was planlos auf die Leinwand geschmiert schien, vom Urheber des Werkes mit höchster Kunstfertigkeit gestaltet worden ist. Was hier – in der Malerei – für das Auge gilt, das erleben die Ohren in der Musik. Selbst die besten Komponisten mischen oft Mißtöne mit Wohlklängen, damit der Zuhörer erregt und gleichsam gekränkt werde; so in Sorge um den Ausgang, wird er um so mehr erfreut, wenn bald alles zur Ordnung zurückgekehrt ist; ganz so, wie wir uns nach kleinen Gefahren oder erlebten Übeln freuen, da sie uns einen Hinweis entweder auf unsere Kraft oder auf unser Glück gegeben haben. […] Das eben ist das Gesetz der Freude, daß aus einem gleichmäßigen Fortgange kein Genuß entsteht, denn das erregt Widerwillen und macht stumpfsinnig, nicht froh. […] Was aber die Schicksalsschläge besonders der guten Menschen angeht, so muß man für gewiß halten, daß diese für sie ein größeres Gut übergehen, und das ist nicht nur theologisch, sondern auch physisch wahr; so wie das Korn, das in die Erde gesät wird, leidet, ehe es Frucht bringt. Überhaupt läßt sich sagen, daß die Schicksalsschläge für den Augenblick Übel, in ihrer Auswirkung aber Güter sind, weil abgekürzte Wege zur größeren Vollkommenheit; ähnlich wie in der Natur langsamer gärender Flüssigkeiten auch langsam besser werden. Wohingegen jene, in denen die Gärung infolge der mit größerer Gewalt ausgestoßenen Teile heftiger ist, sich schneller verbessern. Davon sagt man: weiche ein wenig zurück, um mit desto größerem Schwung einen Sprung vorwärts zu machen (qu' on recule pour mieux sauter). Man muß also festhalten, daß diese Gedanken nicht nur angenehm und tröstlich, sondern auch durchaus wahr sind. Und ich meine, daß überhaupt nichts wahrer ist als die Glückseligkeit und nichts beglückender und süßer als die Wahrheit.

Es muß im Ganzen auch ein gewisser stetiger und durchaus freier Fortschritt des ganzen Universums zur Schönheit und Vollkommenheit aller göttlichen Werke anerkannt werden, so daß die Kultur immer höher wird, wie ja in unserer Zeit ein großer Teil unserer Erde Kultur erhalten hat und mehr und mehr erhalten wird. Und wenn es auch wahr ist, daß mitunter manches wieder ins Holz wächst oder wieder zerstört und unterdrückt wird, so muß man dies doch so auffassen, wie wir wenig vorher die Schicksalsschläge gedeutet haben, daß nämlich diese Zerstörung und Unterdrückung zur Erreichung eines Höheren führt, so daß wir auf gewisse Weise selbst aus dem Schaden Nutzen ziehen.

Wenn man aber einwenden könnte, auf diese Weise müßte die Welt offenbar schon längst ein Paradies geworden sein, so ist darauf die Antwort zu geben: Wenn auch viele Substanzen schon zu großer Vollkommenheit gelangt sind, so sind doch – wegen der unendlichen Teilbarkeit des Kontinuums – die im Abgrunde der Dinge noch schlafenden Teile zu erwecken und zu etwas Größerem und Besserem, mit einem Worte; zu einer besseren Kultur hinzuführen. Folglich wird der Fortschritt niemals zu einem Ende gelangen.[2]

Aufgaben:

1. Lesen Sie den Text gründlich durch und notieren Sie sich wichtige Aspekte. Benutzen Sie in Zweifelsfällen das Glossar.
2. Sammeln Sie anhand der Beispiele im Text Leibniz' Gründe für die notwendige Existenz des Bösen.

2   Die beste aller Welten. S. 52 ff.

Leibniz' Lösungsvorschläge

Warum besteht für Leibniz in der Existenz des Bösen eine Notwendigkeit?

- Wir haben ein begrenztes Wissen: Woher sollen wir wissen, dass das, was wir als gut anerkennen, gut ist und das, was wir als böse bezeichnen, böse ist?
- Wir können das Gute nur dann wahrnehmen, wenn wir auch wissen, wie das Böse aussieht.
- Glück kann ich nur wahrnehmen, wenn ich weiß, was Unglück bedeutet.
- Wir müssen auch Schlechtes hinnehmen, um das Gute überhaupt schätzen und achten zu können.
- Das Böse dient dazu, daraus Positives zu ziehen und aus Fehlern zu lernen.
- Gutes und Böses bedingen sich gegenseitig.
- Etwas Schlechtes spornt uns an, nach etwas Höherem zu streben und zu einer Verbesserung, Vervollkommnung der Welt zu gelangen.
- Wir Menschen wären in unseren Entscheidungen nicht frei, wenn es ausschließlich Gutes geben würde, da wir dann keine Wahlmöglichkeit hätten.
- Dieser Fortschritt wird niemals zu Ende gehen, denn sonst wäre es nicht die bestmögliche Welt, in der alles nach Vervollkommnung strebt.

MATERIALIEN PHILOSOPHIE
Leibniz als Philosoph (Sek. II)

Fragen / Kritikpunkte

- Warum werden unschuldige Menschen durch Leiden bestraft?
- Inwiefern kann ein kranker Mensch aus seinem Unglück einen Nutzen ziehen?
- Wieso müssen erst Menschen sterben oder andere Unglücke passieren, damit wir uns in der Zukunft für das Gute entscheiden?
- Warum müssen wir uns überhaupt damit zufrieden geben, dass es für alles einen zureichenden Grund gibt?
- Inwiefern kann ein Unglück des einzelnen dem Wohle der Allgemeinheit dienen?

Zusammenführung in Tabelle:

Fragen/Kritikpunkte	Leibniz' Lösungsvorschläge

Podiumsdiskussion

Info:

Eine Podiumsdiskussion eignet sich für verschiedene Themen, Frage- und Problemstellungen, bei denen es sich um konträre Sichtweisen handelt. Bei einer solchen Diskussion kommen Fachleute zu einem Gespräch vor einem Publikum zusammen.

Der Moderator / die Moderatorin

Es gibt einen Moderator oder eine Moderatorin, der die Zuhörer begrüßt und kurz das Thema der Podiumsdiskussion darstellt. Außerdem koordiniert er die Redebeiträge, fasst sie eventuell zusammen, sorgt für Ruhe bei zu lauten Wortgefechten, achtet auf die Zeit und bindet das Publikum bei möglichen Fragen mit ein. Abschließend fasst er die wichtigsten Kernpunkte der Diskussion zusammen und verabschiedet sich von den Teilnehmern.

Die Zuhörer

Die Zuhörer haben die Möglichkeit im Laufe der Diskussion Fragen an die Fachleute zu stellen. Dazu sollen sie ein Handzeichen geben und warten, bis der Moderator zu ihnen kommt und sie zu Wort kommen können.

Der Ablauf

Zu Beginn der Diskussion stellt der Moderator kurz das folgende Thema und die teilnehmenden Fachleute vor. Er gibt den Impuls und erteilt nun das Wort an die Fachleute, die nacheinander ihre Standpunkte aufzeigen und anschließend miteinander und mit dem Publikum unter Leitung des Moderators diskutieren.

Podiumsdiskussion:

Gottfried Wilhelm Leibniz:
Leben wir in der besten aller möglichen Welten?

Der Moderator / die Moderatorin

Sie sind der Moderator oder die Moderatorin der heutigen Veranstaltungen zum Thema *Gottfried Wilhelm Leibniz – Leben wir in der besten aller möglichen Welten?* Ihre Aufgabe ist es, die geladenen Fachleute vorzustellen und einen kurzen Überblick des heutigen Themas zu geben. (Worum wird es gehen? Worin besteht der Streitpunkt?) Sie haben eine verantwortungsvolle Aufgabe, da Sie die Gesprächsbeiträge zwischendurch zusammenfassen sollten und darauf achten müssen, dass die Diskussion nicht zu lautstark wird. Falls ein Zuhörer eine Frage zum Thema hat, müssen Sie zu ihm gehen und ihm das Wort erlauben. Achten Sie auf die Zeit! Die Diskussion sollte nicht länger als 30 Minuten dauern. Abschließend fassen Sie noch einmal die wichtigsten Diskussionspunkte zusammen und verabschieden sich von den Fachleuten und dem Publikum.

Die Fachleute sind auf der Pro-Leibniz-Seite:

Frau Prof. Dr. Werner vom Institut für Philosophie der Leibniz Universität Hannover;

Herr Meyer, der Philosophie an einer Schule in Freiburg unterrichtet; und auf der Contra-Leibniz-Seite:

Herr Prof. Dr. Friedrich vom Institut für Philosophie der Universität Leipzig;

Frau Weber, die Philosophie bzw. Werte und Normen an einer Schule in Braunschweig unterrichtet.

Fachfrau A

Sie sind Frau Prof. Dr. Werner von der Leibniz Universität Hannover und lehren dort Philosophie. Zu Leibniz und dem Thema „der besten aller möglichen Welten" haben Sie bereits viel geforscht. Leibniz' Argumentation erscheint Ihnen als in sich schlüssig. Die radikale Kritik daran empfinden Sie als nicht angemessen und unsachlich, da die einzelnen Argumente nicht genügend berücksichtigt werden.

Fachmann B

Sie sind Herr Meyer und unterrichten Philosophie an einer Schule in Freiburg. Sie sind ein selbst ernannter Fan Leibniz' und seiner philosophischen Ansätze. Leibniz' Argumentation erscheint Ihnen mehr als schlüssig. Sie empfinden es als eine Art Beleidigung, diesen letzten Universalgelehrten, den genialen Leibniz, aufgrund seiner Vorstellung bezüglich des Bösen in der Welt derart zu kritisieren.

Fachmann C

Sie sind Herr Prof. Dr. Friedrich von der Universität Leipzig und lehren dort Philosophie. Zu Leibniz haben Sie bereits einige Forschungen angestellt, sind jedoch der Meinung, dass man ihn als Philosophen nicht wahrnehmen kann, weil das, was er philosophiert, einem Märchen gleicht. Dementsprechend kritisch stehen Sie auch seinen Ausführungen zur besten aller möglichen Welten gegenüber.

Fachfrau D

Sie sind Frau Weber und unterrichten Philosophie bzw. Werte und Normen an einer Schule in Braunschweig. Leibniz' Philosophie stehen Sie kritisch gegenüber und halten gerade seine Ausführungen zur besten aller möglichen Welten für fragwürdig. Für Sie gehört Leibniz in die Welt der Technik und Mathematik, nicht aber in die Welt der Philosophie.

Die Zuhörer

Sie haben Interesse an Leibniz als Philosophen, von der heutigen Podiumsdiskussion bezüglich der besten aller möglichen Welten gehört und sich spontan entschieden daran teilzunehmen. Falls bei Ihnen im Laufe der Diskussion Fragen aufkommen sollten, können Sie ein Handzeichen geben und der Moderator wird zu Ihnen kommen und Ihnen das Wort erteilen.

MATERIALIEN PHILOSOPHIE
Leibniz als Philosoph (Sek. II)

Beobachtungsaufgaben:

1. An welchen Stellen haben die Fachleute einen Sachverhalt nicht deutlich herausgearbeitet?

2. Hätte Leibniz auch so argumentiert?

3. Wie überzeugend sind die Argumente der Fachleute?

Impuls zur Eröffnung der Diskussion: ein Zitat aus Voltaires *Candide*

Pangloß lehrte die Metaphysiko-Theologo-Kosmolo-Nigologie. Bewunderungswürdig bewies er, keine Wirkung könne ohne Ursache sein, und in dieser besten aller möglichen Welten sei das Schloß des Barons das schönste der Schlösser, die gnädige Frau die beste aller Baroninnen. „Die Dinge können nicht anders sein, als sie sind", demonstrierte er: „denn da alles zu einem Zweck geschaffen worden ist, muß es natürlich zum besten Zweck sein. Seht eure Nasen an: sie wurden gemacht, damit ihr Brillen tragen könnt; folglich gibt es Brillen. Wie der Augenschein dartut, habt ihr Beine um Stiefel zu tragen; deshalb gibt es Stiefel. Die Steine sind dazu da, daß man sie behaut und Schlösser daraus baut; Daher haben Seine hochfreiherrliche Gnaden ein prächtiges Schloß, denn der mächtigste Edelherr des Landes muß auch am besten wohnen. Die Schweine sind da, daß man sie ißt, deshalb essen wir das ganze Jahr Speck. Aus alledem ergibt sich klar und einleuchtend: eine Dummheit sagt, wer da behauptet, alles sei *gut* geschaffen worden; nein, man muß sagen: alles wurde auf *das beste* gemacht."[1]

MATERIALIEN PHILOSOPHIE
Leibniz als Philosoph (Sek. II)

---

1 Voltaire (Candide). S. 3. (Vgl. auch „Leibniz im Französisch-Unterricht" aus Bd. 2 „Leibniz in der Schule")

Mit Leibniz über das Leben philosophieren

„*Gerechtigkeit* ist eine *brüderliche Liebe*, der *Weisheit* gemäß.

Brüderliche Liebe ist eine *Gutwilligkeit* gegen jedermann.

Gutwilligkeit ist eine *Liebesneigung*.

Lieben ist, seine Lust in eines andern *Glückseligkeit* suchen.

Weisheit ist die Wissenschaft von der *Glückseligkeit*.

Glückseligkeit ist eine beständige *Freude*.

Freude ist, wenn das Gemüt mit eigner *Lust* Gedanken aufgenommen hat.

Lust (*Wollust*) ist eine Empfindung einiger *Vollkommenheit*.

Vollkommenheit ist ein hoher Grad des Wesens oder der Kraft."[1]

Aufgaben:

Leibniz hat sich zu vielen konkreten Fragen des Lebens Gedanken gemacht.

1. Gehen Sie die Definitionen einzeln durch.
2. Versuchen Sie sie mit eigenen Worten zu erläutern. Achten Sie insbesondere auf die Zusammenhänge.
3. Inwieweit teilen Sie Leibniz' Vorstellungen? Welche Begriffe würden Sie anders definieren?

---

1   Erklärung einiger Worte. S. 75.

Leibniz im Religions- Unterricht.

Die Gerechtigkeit Gottes verteidigen und die Menschen im Glauben zusammenführen

Allgemeine Einführung

„Unsere Absicht ist es, die Menschen von ihren falschen Vorstellungen abzubringen, als ob Gott ein absoluter Fürst sei, nach Willkür verfährt und wenig geeignet und würdig ist, geliebt zu werden."[1]

Gottfried Wilhelm Leibniz war sein Leben lang fest davon überzeugt, dass Gott gütig, gerecht und also liebenswert ist. Die Religionsphilosophie, die er betrieb, und seine Bemühungen um eine ➔ Harmonie zwischen Glaube und Vernunft sind geprägt durch diesen einen Gedanken, dass Gott liebenswert ist.

Es ist das, was ihn geistig und intellektuell mit jeder Religionslehrerin/jedem Religionslehrer verbindet und was ihn deshalb so unabdingbar für den Religionsunterricht macht, dass er, obgleich er kein Theologe war, Gottes Güte in den Mittelpunkt stellte. So ist das Reden von einem gütigen Gott ein verbindendes Element zwischen Leibniz und dem Religionsunterricht, der solches Reden verständlicher machen möchte. Das alleine machte aber auch für Leibniz die Beschäftigung mit Gott nicht aus, denn er sah sehr wohl auch das Leid und das Böse in der Welt, genau wie wir es sehen, und wie die SchülerInnen es irgendwann sehen und zu zweifeln beginnen. Warum lässt Gott das Böse in der Welt zu, wenn er doch allmächtig und allgütig ist? Es ist genau diese Frage, mit der Leibniz sich auseinandergesetzt und der er ein ganzes Buch gewidmet hat: die ➔ Theodizee. Leibniz' Einstellung zur Religi-

---

1 Leibniz, Gottfried Wilhelm: Die Theodizee von der Güte Gottes, der Freiheit des Menschen und dem Ursprung des Übels. Darmstadt: Wissenschaftliche Buchgesellschaft 1985. Übers. v. Artur Buchenau, Erster Teil, § 6, S. 99.

on kann verstanden werden als ➜ natürliche Theologie, die sich dadurch auszeichnet, dass der Glaube an Gott durch die Vernunft begründet wird. So kommt es, dass für ihn Glaube und Vernunft keinen Widerspruch darstellen. Das Streben nach einer Einheit zeigt sich auch an anderer Stelle: Die Frage, wie eine ➜ Einheit der christlichen Kirchen möglich ist, begleitete Leibniz sein Leben lang und spiegelt sich auch in seinen persönlichen Ansichten wider. Wie passen Glaube und Vernunft zusammen? Warum gibt es verschiedene Konfessionen? Wie können wir dennoch in Harmonie und im Glauben an Gott zusammenfinden? Es ist die Aufgabe des Religionsunterrichts, Leibniz' Fragen neu zu stellen.

Themen Leibniz im Religions-Unterricht

Leibniz und die Theodizee:
Sekundarstufe I (Jg. 7–9)

1. Stunde: Wo warst du, Gott? (Th. I M1, Th. I M2, Th. I M3, Th I M4)
2. Stunde: Leibniz' Motive als Christ: Gerechtigkeit, Rechtfertigung, Gott (Th. I M5, Th. I M6, Th. I M7, Th. I M8)
3. Stunde: Die drei Arten des Übels nach Leibniz (Th. I M9, Th. I M10, Th. I M11, Th. I M12)
4. Stunde: Freiheit des Menschen und Vorhersicht Gottes (Th. I M13, Th. I M14, Th. I M15)
5. Stunde: Wo waren wir Menschen? (Th. I M16, Th. I M17, Th. I M18, Th. I M19)

Leibniz und die Theodizee:
Sekundarstufe II (Jg. 10–12)

1. Stunde: Wo warst du, Gott? (Th. II M1, Th. II M2, Th. II M3, Th. II M4)
2. Stunde: Leibniz' Motive als Christ: Gerechtigkeit, Rechtfertigung, Gott (Th. II M5, Th. II M6, Th. II M7)

3. Stunde: Die drei Arten des Übels nach Leibniz (Th. II M8, Th. II M9a u. b, Th. II M10, Th. II M11, Th. II M12)

4. Stunde: Freiheit des Menschen und Vorhersicht Gottes (Th. II M13)

5. Stunde: Wo waren wir Menschen? (Th. II M14, Th. II M15, Th. II M16)

Leibniz und die Ökumene:
Sekundarstufe I (Jg. 6–8)

1. Stunde: Leibniz als Christ (Ök. I M1, Ök. I M2)

2. Stunde: Die Liebe Gottes bei Leibniz und Luther (Ök. I M3, Ök. I M4)

3. Stunde: Die Idee der Vereinigung der christlichen Kirchen bei Leibniz (Ök. I M5, Ök. I M6, Ök. I M7, Ök. I M8)

4. Stunde: Leibniz und die Ökumene heute: Das Gemeinsame (Ök. I M9, Ök. I M10)

5. Stunde: Fortsetzung Projektarbeit

Leibniz und die Ökumene:
Sekundarstufe II (Jg. 10–12)

1. Stunde: Leibniz als Christ (Ök. II M1, Ök. II M2, Ök. II M3)

2. Stunde: Die Idee der Vereinigung der christlichen Kirchen bei Leibniz (Ök. II M4, Ök. II M5, Ök. II M6, Ök. II M7, Ök. II M8, Ök. II M9)

3. Stunde: Liebe als Schlüsselbegriff der Ökumene (Ök. II M10, Ök. II M11, Ök. II M12, Ök. II M13, Ök. II M13a)

4. Stunde: Die ökumenische Bewegung und Leibniz (Ök. II M14a–e)

5. Stunde: Ökumene heute (Ök. II M15, Ök. II M16)

ÜBERBLICK RELIGION

Leibniz und die Theodizee
Der Begriff ‚Theodizee‘

Obgleich der Begriff der Theodizee bereits vor Leibniz existierte, fand er durch seine gleichnamige Schrift von 1710 Einzug in die Diskussionen der Philosophie. Der Begriff setzt sich aus den griechischen Worten ‚theòs‘ (Gott) und ‚dìke‘ (Gerechtigkeit) zusammen, woraus sich die Frage nach der Gerechtigkeit Gottes, welche angesichts des Übels in der Welt verteidigt werden muss, ableiten lässt.

• Die beste aller möglichen Welten

Leibniz möchte mit seiner Theodizee beweisen, dass die von Gott ausgewählte Welt die beste aller möglichen Welten ist, in der das Übel zwar keine eigene Existenz hat, aber dennoch als Nichtexistenz des Vollkommenen, als Mangel des Guten in der Welt notwendig vorhanden sein muss. Letztendlich gibt es Böses in der Welt, weil Gott den Menschen mit Vernunft und der → Freiheit des Willens ausgestattet hat, sodass jeder Einzelne selbst über seine Handlungen entscheiden kann. Gleichzeitig hat Gott alles nach dem Prinzip der → prästabilierten Harmonie, im Vorhinein geordnet und miteinander in Einklang gebracht. Im Kleinen kann jeder Mensch also selbst Entscheidungen treffen, während der Verlauf der Welt als Ganzes durch die prästabilierte Harmonie vorherbestimmt ist. Die Abläufe in der Welt sind so geordnet, dass sie die Möglichkeit zur → Vervollkommnung, an der jeder durch → Vernunft und eigenständiges Handeln mitwirken kann, miteinschließen. In der besten aller möglichen Welten gibt es also ein ausgewogenes Verhältnis zwischen Selbst- und Fremdbestimmtheit.

• Allwissenheit, Allmacht, Allgüte

Gott ist allwissend, allmächtig und allgütig, doch somit müsste er auch wissen, wie er das Böse in der Welt verhindern kann, er müsste die Möglichkeit haben das Böse zu beseitigen und er müsste dies auch wollen, weil er gütig und liebenswert und nicht böse ist. Epikur hat diese scheinbare Widersprüchlichkeit so ausgedrückt: „Entweder will Gott die Übel beseitigen und kann es nicht: dann ist Gott schwach, was auf ihn nicht zutrifft, oder er kann es und will es nicht: dann ist Gott missgünstig, was ihm fremd ist, oder er will es nicht und kann es nicht: dann ist er schwach und missgünstig zugleich, also nicht Gott, oder er will es und kann es, was alleine für Gott ziemt: Woher kommen dann die Übel und warum nimmt er sie nicht weg?"[1] Doch diese Argumentation greift zu kurz und berücksichtigt nicht, dass Gott in seiner Allmacht dem Menschen die Vernunft und den freien Willen zur Entscheidung gegeben hat. Ursprünglich soll die Vernunft dazu benutzt werden Gutes zu leisten,

---

1 Epikur: Fragmente über die Götter. In: Ders.: Von der Überwindung der Furcht. Katechismus, Lehrbriefe, Spruchsammlung, Fragmente. Eingel. und übertr. von Olof Gigon. München: dtv 1983, S. 136.

doch sie kann auch für Böses missbraucht werden. Letztlich sind die Übel, die dem Menschen in der Welt widerfahren, die Konsequenz der Freiheit, die jeder in dieser Welt genießt.

• Drei Arten von Übeln

Das Schlechte ist von Gott also nicht gewollt, sondern lediglich notwendigerweise zugelassen. Gott musste das Böse in der Welt zulassen, um eine Welt auszuwählen, in der die größtmögliche Vielfalt bei gleichzeitiger Ordnung herrscht. Nach Leibniz geschieht nichts ohne einen Grund, also geschieht auch nichts Böses ohne einen Grund. Das Böse hat keine eigene Existenz, trägt aber als Teil des Guten zur Vervollkommnung des Ganzen bei und ist insofern von Gott zugelassen. Für die Menschen ist es (wegen ihrer Unvollkommenheit im Unterschied zu Gottes Vollkommenheit) schwierig diesen Plan Gottes, für den das Übel notwendig ist, zu überblicken; sie sehen immer nur einen kleinen Teil des Ganzen. Gott hingegen ist vollkommen, er trägt seinen Existenzgrund in sich und kann auch deswegen die Gesamtheit des Universums überblicken. Leibniz macht dies deutlich, indem er unter Rückgriff auf Augustinus drei Arten von ➜ Übeln beschreibt. Das *metaphysische Übel* beinhaltet die Unvollkommenheit des Menschen und der Schöpfung. Der Mensch unterscheidet sich von Gott nicht substanziell, sondern wesentlich durch den Grad der Vollkommenheit, denn während Gott auf der höchsten Stufe der Vollkommenheit steht, sind die Menschen immer unvollkommen und streben somit danach, sich zu verbessern. Das *physische Übel* beinhaltet die Übel, auf die die Menschen keinen Einfluss nehmen können und die somit Leid ohne menschlichen Einfluss erzeugen. Konträr dazu verhält es sich mit den *moralischen Übeln*, welche auf falsches Verhalten und eigenes menschliches Verschulden zurückzuführen sind.

• Verantwortung für die Schöpfung

Mit der Frage nach der Existenzberechtigung des Bösen wirft Leibniz auch die Frage nach der Verantwortung des Menschen für und in der Welt auf. Gott kann nicht für die Fehler (moralisches Übel) und die Unvollkommenheit der Menschen (metaphysisches Übel) verantwortlich gemacht werden, da die Entscheidungen der Menschen aus einem freien Willen resultieren. Zudem muss auch Gott sich den Gesetzen der Logik beugen (physisches Übel). Die göttlichen Eigenschaften der Allmacht, Allwissenheit und Allgüte kommen zwar bei der Auswahl der besten aller möglichen Welten zum Tragen, wenn die Welt aber erst einmal existiert, folgt diese ihren eigenen Gesetzen. Indem Gott die Welt aussucht, legt er auch den Rahmen fest innerhalb dessen die Menschen Entscheidungen treffen und sich verwirklichen können. Dies ist jedoch nicht gleichbedeutend mit einer – ➜ Determination der menschlichen Handlungen, da jeder Mensch innerhalb dieses Rahmens frei handeln kann. Nicht nur Gott trägt also die Verantwortung für die Schöpfung, sondern auch die Menschen, die es in der Hand haben, die Welt zu verbessern.

• Verantwortung heute: Wo waren wir Menschen?

Die Frage der Verantwortung für die Schöpfung Gottes ist angesichts von Klimawandel, Naturkatastrophen, aber auch in Hinblick auf das gesellschaftliche Miteinander und Füreinander aus heutiger Sichtweise von zentraler Bedeutung. Dabei geht es nicht nur darum die Frage nach der Schuld zu stellen, vielmehr sollen die SchülerInnen erkennen, dass die Vermeidung des Bösen, die Verbesserung der Welt und letztlich die Bewahrung der Schöpfung bei uns selbst anfängt. Gott hat alles richtig eingerichtet, nun ist es an uns, was wir daraus machen. Wir stellen diese eine Frage angesichts des vielen Leids in der Welt immer wieder: Wo warst du, Gott? SchülerInnen muss man auf diese Frage nicht erst stoßen, sie ist in ihnen wie in jedem Menschen. Es gilt, eine zweite Frage zu stellen: Wo waren wir Menschen?

Leibniz und die Ökumene
Historischer Hintergrund

Zwei Jahre vor dem ➜ Westfälischen Frieden geboren, erlebte Leibniz die Folgen der zahlreichen Religionskriege sowie das Leiden der Menschen. Von Luthers 95 Thesen 1517 über den ➜ Augsburger Religionsfrieden 1555, der die konfessionelle Zugehörigkeit der Menschen vom Glauben des jeweiligen Landesherrn abhängig machte und letztendlich in den ➜ Dreißigjährigen Krieg führte, bis hin zum Westfälischen Frieden 1648 ist das Land Preußen einen langen Weg gegangen. Obgleich der Westfälische Frieden den Krieg beendete und den Augsburger Religionsfrieden inhaltlich bestätigte, blieben die Differenzen zwischen den Konfessionen bestehen und hinter die Spaltung der Kirche in katholische und evangelisch-lutherische Gläubige konnte man nicht zurück.

• Reunion der Kirchen

Für Leibniz, der philosophisch immer eine Harmonie des Ganzen anstrebte, war dies Anlass genug, sich mit dem Problem der konfessionellen Zugehörigkeit zu beschäftigen. Es ging ihm dabei um nichts Geringeres als die Einheit der christlichen Kirchen. Seine Bemühungen bezogen sich dabei sowohl auf die Vereinigung der evangelischen und katholischen Glaubensvorstellungen als auch auf eine Zusammenführung von Lutheranern und Reformierten innerhalb der evangelischen Kirche. Um sein Ziel der Reunion der christlichen Kirchen zu erreichen, greift Leibniz vielfach in Verhandlungen mit Befürwortern der katholischen Kirche und Vertretern der lutherischen sowie der reformierten Seite ein.

• Leibniz' Briefkorrespondenz

Leibniz' Briefkorrespondenz lässt sich zusammenfassend in drei Richtungen (katholisch, evangelisch-lutherisch, evangelisch-reformiert) aufteilen. Auf *katholischer Seite* pflegte Leibniz einen recht engen Kontakt zu dem Franzosen Antoine Arnauld sowie zu Jacques Bénigne Bossuet. Auch der Kontakt zu Paul Pellisson-Fontanier ist in diesem Zusammenhang zu nennen. Auf evangelischer Seite führte Leibniz einen Briefwechsel mit Gerhard Wolter Molanus, *evangelisch-lutherischer* Abt des Klosters Loccum sowie mit dem Enkel von Comenius, Daniel Ernst Jablonski, der der *evangelisch-reformierten* Seite zuzuordnen ist.

Obgleich Leibniz' Bemühungen um die Reunion der christlichen Kirchen politisch betrachtet ohne nennenswerten Erfolg blieben, kann die Bedeutung seiner Bemühungen in ethisch-religiöser Hinsicht nicht hoch genug bewertet werden. Das Miteinander der Konfessionen, die sich nicht nur unterscheiden, sondern gerade auch viele Gemeinsamkeiten vorzuweisen haben, ist auch heute noch ein wichtiges Thema.

• Einheit der Religionen

Die Einheit des Christentums lag Leibniz sehr am Herzen, und gleichzeitig strebte er nicht nur eine Einigung innerhalb des Christentums an, sondern erkannte auch Gemeinsamkeiten zwischen dem Judentum, dem Islam und dem Christentum. Ein vollkommenes Gebet für alle drei Religionen, lange Zeit seiner Verfasserschaft zugeschrieben, wurde ihm neuesten Erkenntnissen zufolge zwar lediglich von seinem engsten Briefpartner in religiösen Fragen, Landgraf Ernst von Hessen-Rheinfels, übersandt, drückt aber seine Haltung gut aus und findet deshalb auch Eingang in dieses Lehrwerk.[1]

• Reunion damals – Ökumene heute

Die Reunionsbemühungen von Leibniz und auch seine Bemühungen um eine Harmonie zwischen den Religionen insgesamt spiegeln Werte wider, die heute in unserer Gesellschaft im Umgang mit Religion erstrebenswert erscheinen und die wir auch im Religionsunterricht an Kinder und Jugendliche vermitteln wollen. Es geht uns um Toleranz gegenüber anderen Religionen, um Verständnis und Verständigung, um einen Austausch von Tradition und um Nächstenliebe, die jeder Konfession und jeder Religion inhärent ist. Wir sprechen heute von ➔ Ökumene, wenn es darum geht, die Gemeinsamkeiten der einzelnen Konfessionen zu betonen. Sicherlich wären gemeinsame Gottesdienste und ein gemeinsames Abendmahl im Sinne von Leibniz gewesen. Und so führen wir sein Projekt in Form der Ökumene weiter, und obgleich wir, wie Leibniz damals, auf Widerstand und Intoleranz stoßen, halten wir an einem gemeinsamen Dialog fest.

ÜBERBLICK RELIGION

---

1   Die Herausgeberinnen danken Prof. Dr. Ulrich Becker, Hannover, für diese Mitteilung.

Didaktische Legitimation

Curricularer Leitbegriff (mit Landesnachweis)	Jahrgangs-stufe	Leibniz-Einheit und Kurzbeschreibung	Materialien
„Mensch sein in Freiheit und Verantwortung" (NRW; katholische Religion)	5–10	**Freiheit des Menschen und Vorhersicht Gottes (Th. I)** Der Mensch ist frei geschaffen; die Welt funktioniert nach dem Prinzip der prästabilierten Harmonie	Sek. I: Th. I M5, 7, 13–18
„Kompetenzbereich Gott: Glaube, Erkenntnis, Zweifel" (Niedersachsen; evangelische Religion) Basistext: Hiob	9/10	**Wo warst du, Gott? (Th. II)** Mit Leibniz die eigenen Zweifel an der Güte Gottes einordnen; Gottes Gerechtigkeit angesichts des Übels in der Welt verteidigen	Sek. II: Th. II M1-7 (Material zu Hiob)
„Kirche, die Kirchen und das Werk des Geistes Gottes" (Baden-Württemberg; katholische Religion)	8	**Die Idee der Vereinigung der christlichen Kirchen (Ök. I)** Harmonie zwischen den Konfessionen	Sek I: Ök. I M1, 7-11
„Der Mensch und sein Handeln" (Kerncurriculum Sachsen; evangelische Religion)	11/12	**Wo waren wir Menschen? (Th. II)** Notwendigkeit der Vervollkommnung – Verantwortung für die Schöpfung	Sek II: Th.II M11-16

Intentionen, Methodik

Intentionen

Die SchülerInnen sollen in Bezug auf die Theodizee

- Grundkenntnisse über Gottfried Wilhelm Leibniz erlangen und ihn als Menschen mit christlichen Wurzeln wahrnehmen
- ausgehend von eigenen Erfahrungen den Sinn des Leides und des Bösen in der Welt nach Leibniz erklären und mit dem Gedanken der besten aller möglichen Welten in Verbindung bringen
- die Begriffspaare Vernunft und Glaube, Freiheit und Determination, Gerechtigkeit und Harmonie in Bezug auf Leibniz und in Abgrenzung zueinander definieren
- erkennen, dass Verantwortung für die Schöpfung nicht nur Gott zukommt, sondern auch jedem einzelnen Menschen und aus diesem Gedanken heraus alternative Handlungsweisen entwickeln

Die SchülerInnen sollen in Bezug auf die Ökumene

- Grundkenntnisse über Gottfried Wilhelm Leibniz erlangen und ihn als Menschen mit christlichen Wurzeln wahrnehmen
- die geschichtliche Entwicklung von Luther bis zum Westfälischen Frieden sowie deren Auswirkungen auf Leibniz nachvollziehen
- den Gedanken der Einheit aller christlichen Kirchen nachvollziehen und die Möglichkeit einer Umsetzung dieser Idee in der heutigen Gesellschaft abwägen
- Gemeinsamkeiten zwischen den Konfessionen herausarbeiten und produktiv (zum Beispiel in einer Projektarbeit) umsetzen

ÜBERBLICK RELIGION

Methodik

- Erschließung der Themen erfolgt durch Arbeitsblätter, Folien und Tafelbilder
- Anknüpfung an die existenziellen Fragen des Lebens
- Bezug zu den Erfahrungen der SchülerInnen, Anknüpfung an deren Diskussionsbedürfnisse in Bezug auf aktuelle gesellschaftliche Probleme
- Praktische Anwendung der Leibniz'schen Gedanken auf die eigene Lebenswelt und auf die Probleme der Gesellschaft
- Projektarbeit in Bezug auf das Thema „Leibniz und die Ökumene"
- Systematische Verknüpfung der Bereiche Gott, Mensch und Welt

Struktur der Unterrichtseinheiten / Vorschläge zur Gestaltung

Hinweis zur Nutzung von „Leibniz im Religions-Unterricht": Die beschriebenen Unterrichtsstunden können sowohl einzeln umgesetzt werden, als auch im Kontext einer gesamten Unterrichtseinheit zur Anwendung kommen.

Leibniz und die Theodizee:
Sek. I (Jg. 7–9)

1. Stunde: Wo warst du, Gott? (Th. I M1, Th. I M2, Th. I M3, Th. I M4)
2. Stunde: Leibniz' Motive als Christ: Gerechtigkeit, Rechtfertigung, Gott (Th. I M5, Th. I M6, Th. I M7, Th. I M8)
3. Stunde: Die drei Arten des Übels nach Leibniz (Th. I M9, Th. I M10, Th. I M11, Th. I M12)
4. Stunde: Freiheit des Menschen und Vorhersicht Gottes (Th. I M13, Th. I M14, Th. I M15)
5. Stunde: Wo waren wir Menschen? (Th. I M16, Th. I M17, Th. I M18, Th. I M19)

1. Stunde: Wo warst du, Gott? (Th. I M1, Th. I M2, Th. I M3, Th. I M4)

Einstieg:

- Bilder und Fotos, die das Leid in der Welt darstellen (Krieg in Afghanistan, Tsunami in Südostasien etc.), werden als Folie gezeigt. (Th. I M1)
- Die Schülerinnen formulieren Fragen und Gedanken zu den Bildern, die auch die Fragen der Theodizee sind. Diese Fragen werden an der Tafel festgehalten. (Th. I M2)
- *Variante:* Ausschnitte aus dem Psalm 22 können auf Folie gezeigt werden, um die Frage der Theodizee aufzuwerfen (Th. I M3); alternativ können die SchülerInnen den Psalm 22 auch in der Bibel selbst nachschlagen.

Hauptteil:

- Die SchülerInnen sollen das Problem der Theodizee mit G. W. Leibniz als Denker verknüpfen. (Th. I M4)
- Es soll eine argumentative Verteidigung zweier konträrer Positionen vorgenommen werden: 1. Position: Die von Gott geschaffene Welt ist schlecht, *weil* so viel Schlechtes in ihr passiert. 2. Position: Die von Gott geschaffene Welt ist die beste aller möglichen Welten, *obwohl* so viel Schlechtes in ihr passiert.
- Hierfür können zunächst gemeinsam an der Tafel einige Argumente gesammelt werden; alternativ können die SchülerInnen in Gruppen aufgeteilt werden, wobei beispielsweise eine Gruppe für die erste Position Argumente sammelt und eine zweite Gruppe für die zweite Position Argumente sammelt; die Argumente bilden die Grundlage für eine Diskussion im Klassenplenum.
- Möglicher Impuls für eine anschließende Diskussion über die verschiedenen Positionen: Welche Position zu vertreten fällt euch leichter?

Schluss:

- Die SchülerInnen notieren je zwei Sätze: Gott ist gerecht, weil ...
- Gott ist ungerecht, weil ...

2. Stunde: Leibniz' Motive als Christ: Gerechtigkeit, Rechtfertigung, Gott
(Th. I M5, Th. I M6, Th. I M7, Th. I M8)

Einstieg:

- Die SchülerInnen lesen die von ihnen in der letzten Stunde formulierten Sätze vor: Gott ist gerecht, weil...

Hauptteil:

- Die Theorie von Leibniz, die Rechtfertigung Gottes und der Gedanke der besten aller möglichen Welten werden mithilfe eines fiktiven Interviews erarbeitet. (Th. I M5)
- In Form eines Arbeitsblattes und auf der Grundlage des fiktiven Interviews erarbeiten sich die SchülerInnen die Kernthesen von Leibniz und können auch produktiv tätig werden, indem sie selbst ein fiktives Interview verfassen. (Th. I M6)
- Die Ergebnisse von Aufgabe 1 des Arbeitsblattes können als Tafelbild im Unterrichtsgespräch festgehalten werden. (Th. I M7)
- *Weitere Differenzierung/Erweiterung des Themas:* Epikur stellt die Allmacht Gottes infrage, sodass eine Kontrastierung zwischen Leibniz und Epikur anhand von Zitaten möglich ist. (Th. I M8)

Schluss:

- Die SchülerInnen geben ihrem Tischnachbarn mündlich eine kurze Zusammenfassung des Gelernten.

3. Stunde: Die drei Arten des Übels nach Leibniz (Th. I M9, Th. I M10, Th. I M11, Th. I M12)

Einstieg:

- Zwei der Bilder, die bereits in der ersten Stunde gezeigt wurden, werden erneut aufgegriffen und näher beschrieben; es handelt sich um zwei verschiedene Formen von Übeln (physisches Übel und moralisches Übel), die auf Folie gezeigt und von den SchülerInnen voneinander differenziert werden. (Th. I M9)
- Die SchülerInnen sollen die Unterschiede der beiden Übel anhand der Bilder benennen und auf der Folie eintragen.

Hauptteil:

- Gruppenarbeit mit Zitaten von Leibniz: Die SchülerInnen erhalten ein Arbeitsblatt, auf dem verschiedene Zitate von Leibniz abgedruckt sind, die die verschiedenen Übel beschreiben. (Th. I M10)
- *Alternative:* Falls die Arbeit mit Originalzitaten sich als zu schwierig herausstellen sollte, kann auf eine schülerfreundlichere Textversion zurückgegriffen werden. (Th. I M11)
- In einem anschließenden Unterrichtsgespräch wird eine Systematisierung in Form eines Tafelbildes vorgenommen. (Th. I M12)

Schluss:

- Kontroverse Diskussion über die Notwendigkeit der verschiedenen Übel

4. Stunde: Freiheit des Menschen und Vorhersicht Gottes (Th. I M13, Th. I M14, Th. I M15)

Einstieg:

- Fantasiereise in eine von Leid und Übeln befreite Welt; das Gedankenspiel wirft die Frage nach der Möglichkeit bzw. Unmöglichkeit einer solchen Welt auf. (Th. I M13)
- *Hinweis:* Das dazugehörige Arbeitsblatt kann von der Lehrperson auch erst im Anschluss an die Fantasiereise ausgeteilt werden; die Lehrperson liest dann zum Beginn der Fantasiereise die ersten Sätze des einleitenden Textes auf dem Arbeitsblatt vor.
- *Impulsfrage:* Ist eine Welt denkbar, in der es kein Leid gibt, die Menschen aber dennoch frei handeln?

Hauptteil:

- Die Frage nach der Möglichkeit einer Welt ohne Leiden soll weiter differenziert und anhand der Kurzgeschichte „Der Tag, an dem Gott das Leid wegnahm" von Eckhart Haase behandelt werden. (Th. I M14)
- Ein anschließendes Tafelbild greift die Problematik der Kurzgeschichte auf, verortet den Menschen zwischen Freiheit und Determination und stellt eine Verbindung zu Leibniz' Vorstellung eines moralischen Übels her. (Th. I M15)

Schluss:

- Die SchülerInnen formulieren einen Merksatz und antworten so auf die Frage: Was bedeutet Freiheit nach Leibniz?

5. Stunde: Wo waren wir Menschen? (Th. I M16, Th. I M17, Th. I M18, Th. I M19)

- Leibniz sieht die Verantwortung für die Schöpfung beim Menschen, der stets etwas zur Vervollkommnung der Welt beitragen kann.

ÜBERBLICK RELIGION

Einstieg:

• Der Begriff der Verantwortung als zentraler Begriff der christlichen Ethik und als notwendige Konsequenz der Leibniz'schen Gedanken wird an die Tafel geschrieben; die SchülerInnen nennen im Brainstorming-Verfahren ihre Assoziationen zu diesem Begriff. (Th. I M16)

Hauptteil:

• Vernunft und Glaube widersprechen sich nicht! Anhand eines Arbeitsblattes, auf dem verschiedene Zitate von Leibniz abgedruckt sind, erarbeiten die SchülerInnen die Begriffe Verantwortung, Glaube und Vernunft und erkennen, dass diese notwendig zusammenhängen. (Th. I M17)

• Eine Systematisierung durch ein Tafelbild kann im Anschluss erfolgen und stellt die Begriffe noch einmal graphisch dar. (Th. I M18)

Schluss:

• Um die gesamte Unterrichtseinheit noch einmal zusammenzufassen und den SchülerInnen einen Überblick über das Gelernte zu geben, kann die Lehrperson das Leibniz-Rätsel verteilen, welches die wichtigsten Begriffe und Schlagwörter aufgreift. Das Rätsel kann auch gleichzeitig als Lernzielkontrolle verwendet werden, da die SchülerInnen die Begriffe nur enträtseln können, wenn sie mit ihnen vertraut sind. (Th. I M19)

Leibniz und die Theodizee:
Sek. II (Jg. 10–12)

1. Stunde: Wo warst du, Gott? (Th. II M1, Th. II M2, Th. II M3, Th. II M4)
2. Stunde: Leibniz' Motive als Christ: Gerechtigkeit, Rechtfertigung, Gott (Th. II M5, Th. II M6, Th. II M7)
3. Stunde: Die drei Arten des Übels nach Leibniz (Th. II M8, Th. II M9a und b, Th. II M10, Th. II M11, Th. II M12)
4. Stunde: Freiheit des Menschen und Vorhersicht Gottes (Th. II M13)
5. Stunde: Wo waren wir Menschen? (Th. II M14, Th. II M15, Th. II M16)

1. Stunde: Wo warst du, Gott? (Th. II M1, Th. II M2, Th. II M3, Th. II M4)
Verbindung zum Basistext Hiob (Kerncurriculum Niedersachsen); Hiob hielt an Gott fest, obgleich alles nur erdenkliche Leid über ihn kam.

Einstieg:
- Eine Abbildung von Hiob auf dem Höhepunkt seines Leidensweges wird auf Folie gezeigt und mit einem Zitat von Leibniz in Verbindung gebracht. (Th. II M1)
- Die SchülerInnen stellen die Frage nach der Gerechtigkeit Gottes angesichts von Hiobs Leid und setzen sich mit den Gedanken von Leibniz (Güte und Allmacht Gottes) auseinander.
- *Variante:* Verschiedene Ausschnitte aus Zeitungsartikeln und Schlagzeilen, die das Leiden in der Welt thematisieren, werden auf Folie gezeigt. (Th. II M2) Die Frage nach der Güte Gottes kann anhand der Zeitungstexte kontrovers diskutiert werden.

Hauptteil:
- Die SchülerInnen erhalten einen Textauszug aus der Hiobsgeschichte sowie ein Zitat von Leibniz auf einem Arbeitsblatt. (Th. II M3)
- Ziel ist es, dass der Kontrast zwischen dem Leiden Hiobs und der Leibniz'schen Annahme eines gerechten Gottes deutlich wird.
- *Variante:* Der Einstieg über die Zeitungsausschnitte wird vertieft, indem ein Artikel in voller Länge bearbeitet und in Verbindung mit Leibniz gebracht wird. (Th II M4)

Schluss:
- Die SchülerInnen lesen ihre Ergebnisse der von ihnen bearbeiteten Aufgaben vor.

2. Stunde: Leibniz' Motive als Christ: Gerechtigkeit, Rechtfertigung, Gott
(Th. II M5, Th. II M6, Th. II M7)

Einstieg:
- Ein Auszug aus einer Predigt vom früheren Bischof Horst Hirschler, die angesichts des Zugunglücks von Eschede gehalten wurde, kann von der Lehrperson vorgetragen oder von den SchülerInnen in Partnerarbeit bearbeitet werden. (Th. II M5)
- Die Predigt zeigt aus theologischer Perspektive, wie zentral die Frage nach der Gerechtigkeit Gottes für jeden einzelnen Menschen ist.

Hauptteil:

- Bearbeitung eines Textauszuges aus der Theodizee von Leibniz, der eine Systematisierung des eher emotional geprägten Einstiegs ermöglicht. (Th. II M6)
- Auch Leibniz sah das Leid in der Welt und fragte, wie Gott gerecht sein kann; dies hat ihn als Christ *emotional* ebenso bewegt, wie uns als Christen heute; eine mögliche und immer ungenügende Antwort ist für Leibniz trotzdem über eine *vernunftorientierte* Herangehensweise möglich.

Schluss:

- Die Ergebnisse werden in Form eines Tafelbildes festgehalten, das Gott zwischen Rechtfertigung und Gerechtigkeit verortet. (Th. II M7)

3. Stunde: Die drei Arten des Übels nach Leibniz (Th. II M8, Th. II M9a und b, Th. II M10, Th. II M11, Th. II M12)

Einstieg:

- Auf einer Folie, auf der die Begriffe ‚physisch‘, ‚moralisch‘ und ‚metaphysisch‘ als Unterscheidung der einzelnen Übel aufgeführt sind, sollen die SchülerInnen ihre Assoziationen dazu notieren. Hierzu kann auch das Zitat von Leibniz oben auf der Folie, welches die drei Übel näher definiert, eine Unterstützung geben. Möglich wäre bereits an dieser Stelle, dass die Lehrperson kurze Infos über die drei Übel, wie sie Leibniz definiert, gibt (siehe Glossar). (Th. II M8)
- In einem zweiten Schritt zeigt die Lehrperson eine weitere Folie mit verschiedenen Aussagen über das Leid, die den drei Kategorien von Übeln (physisch, moralisch u. metaphysisch) richtig zugeordnet werden müssen. (Th. II M9a und b)
- *Variante* zur Vertiefung der Beschäftigung mit dem metaphysischen Übel: Ein Gedankenexperiment wird durchgeführt, das die Vorstellung einer vollkommenen Welt herausfordert und zu einer Auseinandersetzung mit dem metaphysischen Übel führt, da der Mensch im Unterschied zu Gott notwendig unvollkommen ist. (Th. II M 10)
- *Impulsfrage:* Ist Gott möglicherweise nicht auch unvollkommen?
- Eine Zusammenfassung der Ergebnisse an der Tafel kann erfolgen, die den Menschen und Gott in ein Verhältnis zum metaphysischen Übel setzt. (Th. II M11)

Hauptteil:
- Die Geltung der verschiedenen Übel soll mithilfe eines Textes von Norbert Hoerster problematisiert werden; es werden verschiedene Gruppen gebildet, wobei jede Gruppe einen Absatz des Textes bearbeitet. (Th. II M12)
- Idee für die Bearbeitung: Die SchülerInnen fertigen eine Liste von Argumenten für und gegen die Existenz der drei Übel an.

Schluss:
- Die SchülerInnen stellen ihre Ergebnisse der Gruppenarbeit vor, sodass über den Text diskutiert werden kann.

4. Stunde: Freiheit des Menschen und Vorhersicht Gottes (Th. II M13)
- Zwar ist die Welt durch Gott ausgewählt und Gott hat alles nach dem Prinzip der prästabilierten Harmonie geordnet und somit vorhergesehen, dennoch kann der Mensch frei entscheiden, wie er handeln möchte.

Einstieg:
- Die zentralen Begriffe *Freiheit, Vorhersicht, Vervollkommnung* und *Verantwortung* sollen von den SchülerInnen mit Assoziationen ausgefüllt werden.

Anschlussimpuls:
Überlegt, wie Leibniz zu diesen Aspekten stehen würde und wie er Freiheit definiert.

Hauptteil:
- Ein Tafelbild verdeutlicht die Verknüpfung der verschiedenen Begriffe bei Leibniz. (Th. II M13)
- *Weiterer Input:* Das Thema kann durch ein Zitat von Leibniz, welches verdeutlicht, dass Gott den Menschen zwar lenkt, ihm aber dennoch die Möglichkeit der freien Handlung lässt, vertieft werden.

Schluss:
- Unterrichtsgespräch mit dem Schwerpunktthema: Verantwortung, die sich aus der Freiheit ergibt; der Mensch hat Verantwortung für sich selbst, für andere Menschen und für die Schöpfung.

5. Stunde: Wo waren wir Menschen? (Th. II M14, Th. II M15, Th. II M16)

- Es soll eine Verbindung zwischen der Schöpfungsgeschichte und den Annahmen von Leibniz (Vervollkommnung, Verantwortung für die Welt) hergestellt werden.

Einstieg:
- Auszüge aus der Schöpfungsgeschichte werden auf einer Folie gezeigt, die den Menschen als Ebenbild Gottes darstellen und ihm die Verantwortung für die Schöpfung zukommen lassen. (Th. II M14)
- *Impuls:* Welche Rolle spielt die Verantwortung in Bezug auf die Schöpfungsgeschichte und in Verbindung mit Leibniz?

Hauptteil:
- Der Begriff der Verantwortung soll differenzierter betrachtet werden, indem die Schöpfungsgeschichte den Gedanken von Leibniz (zum Beispiel Vervollkommnung) gegenübergestellt wird. Hierzu kann ein christliches Gedicht aus dem 14. Jahrhundert dienen, das an die Schöpfungsgeschichte und den Menschen als Ebenbild Gottes anknüpft. (Th. II M 15) Möglich wäre auch eine Systematisierung durch ein Tafelbild, das in einer Tabelle das 2. Buch *Mose* und Leibniz gegenüberstellt. (Th. II M 16)

Schluss:
- Fasse deine Erkenntnisse in Bezug auf Leibniz und die Theodizee zusammen. Welche Möglichkeiten der Anwendung siehst du für dein Leben oder auch für die Gesellschaft?

Leibniz und die Ökumene:
Sek. I (Jg. 6–8)

1. Stunde: Leibniz als Christ (Ök. I M1, Ök. I M2)
2. Stunde: Die Liebe Gottes bei Leibniz und Luther (Ök. I M3, Ök. I M4)
3. Stunde: Die Idee der Vereinigung der christlichen Kirchen bei Leibniz (Ök. I M5, Ök. I M6, Ök. I M7, Ök. I M8)

4. Stunde: Leibniz und die Ökumene heute: Das Gemeinsame (Ök. I M9, Ök. I M10)

5. Stunde: Fortsetzung Projektarbeit

1. Stunde: Leibniz als Christ (Ök. I M1, Ök. I M2)

Die SchülerInnen lernen Leibniz nicht nur als Philosophen kennen, sondern auch als Mensch mit christlichen Wurzeln.

Einstieg:

- Das von Leibniz' Briefpartner Landgraf Ernst von Hessen-Rheinfels übersandte Einheitsgebet für alle Religionen wird den SchülerInnen vorgetragen oder auf einer Folie gezeigt.
- Vergleichend dazu wird das *Vaterunser* vorgetragen oder auf Folie gezeigt, sodass die SchülerInnen Gemeinsamkeiten und besondere Merkmale der beiden Gebete herausstellen können.

Hauptteil:

- Die beiden Gebete werden mithilfe eines Arbeitsblattes bearbeitet, wobei die SchülerInnen auch selbst produktiv werden, indem sie ebenfalls ein Gebet verfassen. (Ök. I M1)
- *Variante:* Ein Arbeitsblatt, das verschiedene Zitate von Leibniz beinhaltet, die Leibniz als Christ beschreiben, wird von den SchülerInnen bearbeitet. (Ök. I M2)

Schluss:

- Einige der Gebete, die die SchülerInnen geschrieben haben, werden vorgetragen; welche gemeinsamen Merkmale tauchen darin auf?

2. Stunde: Die Liebe Gottes bei Leibniz und Luther (Ök. I M3, Ök. I M4)

Sowohl Luther als auch Leibniz machen den Begriff der individuellen Liebe zu Gott stark. Luther kritisiert die katholische Kirche; Leibniz, der durch die Trennung der Kirchen stark geprägt wurde, möchte eine Zusammenführung der Kirchen ermöglichen.

Einstieg:

- Eine Folie, die je ein Zitat von Luther und eines von Leibniz zeigt und die SchülerInnen dazu auffordert, sich zum Thema Liebe zu äußern, wird aufgelegt. (Ök. I M3)
- In Stichpunkten kann die Lehrkraft die verschiedenen Gedanken der SchülerInnen zu diesen beiden Zitaten auf einer Folie sammeln, den Begriff der Liebe als das Gemeinsame betonen und das Ziel Leibniz' der Vereinigung herausstellen.

Hauptteil:

- Das Verhältnis von Leibniz und Luther zur Liebe wird durch einen fiktiven Dialog zwischen beiden Denkern konkretisiert. (Ök. I M4)
- *Idee:* Der fiktive Dialog kann in verteilten Rollen von den SchülerInnen szenisch umgesetzt werden.

Schluss:

- Die SchülerInnen reflektieren in Partnerarbeit die Position von Leibniz und von Luther mündlich, indem sie ihrem Nachbarn erklären, wie Leibniz und Luther Liebe definieren.

3. Stunde: Die Idee der Vereinigung der christlichen Kirchen bei Leibniz
(Ök. I M5, Ök. I M6a und b, Ök. I M7, Ök. I M8)

Einstieg:

- Das Zeichen der Ökumene wird zusammen mit einem Zitat von Leibniz und einem Zitat aus der Bibel auf Folie gezeigt. (Ök. I M5)
- *Variante:* Es werden verschiedene Gruppen gebildet, die jeweils ein Zitat von Leibniz oder aus der Bibel in Puzzleteilen erhalten und diese dann enträtseln müssen; anschließend werden die Zitate von den SchülerInnen um das Symbol der Ökumene herum notiert. (Ok. I M6a und b)
- Ein Tafelbild verdeutlicht die Bedeutung des Symbols; die Graphik (Ök. I M7) kann dabei als erste Annäherung an eine vertiefende Arbeit mit verschiedenen Konfessionsmerkmalen verstanden werden. (Ök. I M7)

Hauptteil:

- Ein Arbeitsblatt ermöglicht es, ein differenziertes Verständnis von Leibniz' Bemühungen um die Reunion zu erlangen. (Ök. I M8)

- Leibniz' Wirken und Tun in Bezug auf die Einheit der christlichen Kirchen spiegelt sich in erster Linie in verschiedenen Briefkorrespondenzen wider, was durch das Arbeitsblatt verdeutlich werden kann.
- *Mögliche produktive Arbeit:* Die SchülerInnen verfassen einen Brief an einen von Leibniz' Briefpartnern, indem sie das Anliegen der Reunion beschreiben.

Schluss:

- Notiere zwei bis drei Sätze, in denen du erklärst, inwiefern Leibniz' Tun für dein Leben von Bedeutung ist.

4. Stunde: Leibniz und die Ökumene heute: Das Gemeinsame (Ök. I M9a und b, Ök. I M10)

Die SchülerInnen sollen Gemeinsamkeiten und Unterschiede der verschiedenen Konfessionen herausarbeiten.

Einstieg:

- Ein Schreibgespräch, eine schriftliche Unterhaltung in 4er Gruppen, zu folgender Fragestellung: Was fällt euch bei den Begriffen ‚katholisch‘ und ‚evangelisch‘ ein? Ist euch eure Konfession wichtig?

Hauptteil:

- Systematische Erarbeitung der Konfessionsmerkmale, die auf einer Folie gesammelt werden sollen. (Ök. I M9a und b)

Schluss:

- Rückbezug zu Leibniz; Ankündigung der Projektarbeit; Besprechung und Verteilung von Projektaufgaben. (Ök. I M10)

5. Stunde: Fortsetzung Projektarbeit

- In dieser Stunde entwerfen die SchülerInnen in verschiedenen Gruppen Plakate, auf denen wichtige Symbole und Bilder mit Erklärungen zur Ökumene bzw. zur Reunion der Kirchen aufgeklebt werden.

ÜBERBLICK RELIGION

- Die SchülerInnen formulieren Gedanken für gemeinsame Gottesdienste etc. und auch die am Anfang des Unterrichts zum Thema „Leibniz und die Ökumene" verfassten Gebete der SchülerInnen findet auf dem Plakat Platz.
- Anknüpfungsmöglichkeit: Dialog der Religionen; die Beschäftigung mit anderen Religionen kann sich anschließen (Besuch einer Synagoge etc.)

Leibniz und die Ökumene:
Sek. II (Jg. 10–12)

1. Stunde: Leibniz als Christ (Ök. II M1, Ök. II M2, Ök. II M3)
2. Stunde: Die Idee der Vereinigung der christlichen Kirchen bei Leibniz (Ök. II M4, Ök. II M5, Ök. II M6, Ök. II M7, Ök. II M8, Ök. II M9)
3. Stunde: Liebe als Schlüsselbegriff der Ökumene (Ök. II M10, Ök. II M11, Ök. II 12, Ök. II M13, Ök. II M13a)
4. Stunde: Die ökumenische Bewegung und Leibniz (Ök. II M14a–e)
5. Stunde: Ökumene heute (Ök. II M15, Ök. II M16)

1.Stunde: Leibniz als Christ (Ök. II M1, Ök. II M2, Ök. II M3)

Leibniz soll mit seinen lebensgeschichtlichen Hintergründen und im historischen Kontext dargestellt werden.

Einstieg:
- Verschiedene Zitate und Ausschnitte von Leibniz und seiner Korrespondenz mit anderen kirchlichen Vertretern werden als Folie gezeigt und regen zu einem Gespräch im Plenum über Leibniz' Haltung zur Religion und zu Gott an. (Ök. II M1) Sinnvoll wäre eine Kombination dieser Folie mit der einführenden Folie aus „Leibniz im Philosophieunterricht", die Leibniz als Universalgelehrten vorstellt. In einem kurzen Lehrervortrag kann die Lehrperson die wichtigsten Daten aus Leibniz' Leben vermitteln.

Hauptteil:
- Die SchülerInnen erhalten einen informierenden Text, der Leibniz und seine Meinung zum Glauben, zu den Konfessionen und zum Einheitsgedanken vorstellt und

dies in Verbindung zu den historischen Ereignissen des Dreißigjährigen Krieges und des Westfälischen Friedens setzt. (Ök. II M2)

- Ein daran anknüpfendes Tafelbild fasst die Inhalte des Textes zusammen und geht dabei auch auf Leibniz als Christ ein. (Ök. II M3)

Schluss:

- Rechercheaufgaben; die SchülerInnen sind aufgefordert zu den verschiedenen historischen Ereignissen eine Recherche durchzuführen, die dann auch für den Einstieg in die nächste Stunde hilfreich sein kann.

2. Stunde: Die Idee der Vereinigung der christlichen Kirchen bei Leibniz
(Ök. II M4, Ök. II M5, Ök. II M6, Ök. II M7, Ök. II M8, Ök. II M9)

Einstieg:

- Eine Folie, auf der verschiedene Begriffe (Westfälischer Frieden, Dreißigjähriger Krieg, Augsburger Religionsfriede) bildlich dargestellt sind, knüpft an die Inhalte der letzten Stunde an. (Ök. II M4) Hier haben die SchülerInnen Gelegenheit, ihre Rechercheergebnisse vorzustellen.
- Leibniz steht in der Mitte als Zeichen dafür, dass ihn all diese historischen Ereignisse in seinem Denken und seinem Wunsch der Reunion beeinflusst haben.
- *Variante:* Es kann mit verschiedenen Bibelzitaten zum Thema *Einheit* begonnen werden, die die Relevanz der Ökumene aus religiöser Sicht aufzeigen; hier kann auch Bezug zum Symbol der Ökumene genommen werden. (Ök. II M5)
- *Variante:* In Form einer Mindmap werden die Stichworte der SchülerInnen zur Einheit des Glaubens und der Religionen an der Tafel gesammelt. (Ök. II M6)

Hauptteil:

- Ein informierender Text mit Arbeitsaufträgen, der den Leibniz'schen Gedanken der Reunion expliziert, wird an die SchülerInnen ausgeteilt und von ihnen bearbeitet. (Ök. II M7)
- Zusätzlich zu dem informierenden Text erhalten die SchülerInnen anschließend einen Originaltext von Leibniz aus der Schrift „Über die Reunion der Kirchen", den sie lesen und mithilfe von Arbeitsaufträgen bearbeiten sollen. (Ök. II M8)
- Es schließt sich ein Tafelbild an, das die Briefkontakte von Leibniz in einer Graphik zusammenfasst. (Ök. II M9)

Schluss:

- Eine Diskussion könnte auf die Schwierigkeiten und Möglichkeiten interreligiösen Zusammenlebens in der Gegenwart eingehen.

3. Stunde: Liebe als Schlüsselbegriff der Ökumene (Ök. II M10, Ök. II M11, Ök. II 12, Ök. II M13, Ök. II M13a)

Einstieg:

- Das vollkommene Gebet, Leibniz von seinem vertrauten Briefpartner Landgraf Ernst von Hessen-Rheinfels übersandt, wird den SchülerInnen auf Folie gezeigt. (Ök. II M10)
- Impulsfragen: An wen richtet sich der Text? (Gläubige monotheistischer Religionen); um was für einen Text handelt es sich? (Gebet)

Hauptteil:

- Drei Texte (alle von Hartmut Rudolph) werden zur inhaltlichen Erarbeitung des Begriffes der *Liebe* als Schlüsselbegriff der Ökumene von den SchülerInnen in Gruppen bearbeitet:
- 1. Leibniz' Ausgangsposition (Ök. II M11)
- 2. Caritas – Liebe als Schlüsselbegriff der ökumenischen Methode (Ök. II M12)
- 3. Die Vernunft als Instrument der Kirchenvereinigung (Ök. II M13)
- Jede Gruppe bearbeitet einen Text; möglich wäre eine anschließende Vorstellung der Ergebnisse im Plenum. Alternativ können die SchülerInnen sich gegenseitig innerhalb der Gruppe die Inhalte erklären, indem die einzelnen Gruppenmitglieder jeweils als Experten für einen Text in eine andere Gruppe gehen.
- Zentrale Aufgabenstellung kann sein: „Erarbeiten Sie die zentralen Inhalte des Textes."
- Daran kann sich eine Erarbeitung im Plenum in Form eines Tafelbildes anschließen. (Ök. II M13 a)

Schluss:

- Die SchülerInnen erhalten die Aufgabe, sich über die Ökumenische Bewegung zu informieren.

4. Stunde: Die Ökumenische Bewegung und Leibniz (Ök. II M14a–e)

Die SchülerInnen sollen die Ökumenische Bewegung der Gegenwart kennenlernen und zu Leibniz' Position in Beziehung setzen.

Einstieg:

- Rückbezug zum Symbol der Ökumene, welches noch einmal auf Folie gezeigt und in seiner Bedeutung erläutert werden kann.
- Blitzlichtrunde zu der Fragestellung: Was verbinden Sie mit dem Begriff Ökumene?

Hauptteil:

- Die SchülerInnen sollen die Ökumenische Bewegung und insbesondere den Ökumenischen Rat der Kirchen kennenlernen; Texte zum Thema Ökumene werden von den SchülerInnen in Gruppen bearbeitet. (Ök. II M14a, b, c, d) *Achtung: hoher Schwierigkeitsgrad!*
- Jede Gruppe bearbeitet einen Text und erstellt auf der Grundlage dieses Textes ein Informationsplakat. Nachdem alle Gruppen ihre Plakate erstellt haben, erfolgt ein Gallery Walk (Galeriespaziergang) im Klassenzimmer.
- *Impuls* für ein vertiefendes Unterrichtsgespräch: „Wie würde Leibniz zum Ökumenischen Rat der Kirchen stehen?

Schluss:

- Als Hausaufgabe schreiben die SchülerInnen einen Brief an einen Vertreter der aktuellen ökumenischen Bewegung, indem es um die Grenzen und Möglichkeiten der Ökumene heute gehen könnte.

5. Stunde: Ökumene heute (Ök. II M15, Ök. II M16)

Die SchülerInnen sollen diskussionsorientiert beispielhaft am Problem des gemeinsamen Abendmahls über die Relevanz von Ökumene sprechen und Möglichkeiten und Chancen herausstellen; hierbei kann Bezug genommen werden zu den Briefen, die die SchülerInnen schreiben sollten.

Einstieg:

- Einer oder zwei Briefe werden vorgelesen und diskutiert; dabei geht die Lehrperson auf die Unterschiede und Gemeinsamkeiten zwischen den Konfessionen ein. Im Anschluss erfolgt ein freies Schreiben (Freewriting) der SchülerInnen zu den Begriffen ‚katholisch‘, ‚evangelisch‘ und ‚ökumenisch‘.

Hauptteil:
- Die Beschäftigung mit der Problematik des Abendmahls steht weiterhin im Zentrum; die SchülerInnen erhalten einen informierenden Text, auf den dann eine Diskussion aufbauen kann. (Ök. II M15 *und/oder* 16)
- Impuls: Argumentieren Sie mit Leibniz: Warum sollte es ein gemeinsames Abendmahl geben?
- *Idee:* Einen Brief an den Papst schreiben und aus der Sicht von Leibniz argumentieren

Schluss:
- Blitzlicht: Jeder sagt einen Satz dazu, was sie/er aus der Unterrichtseinheit „Leibniz und die Ökumene" mitgenommen hat.

Zum Abschluss:
Die Beschäftigung mit dem Problem der Theodizee und mit der Ökumene ist grundlegend, nicht nur für SchülerInnen, sondern für jeden Menschen, denn wir alle wollen in einer Gesellschaft leben, die dem Leid in der Welt etwas entgegensetzen kann, und wir alle wollen, dass diese Gesellschaft durch einen gemeinsamen ökumenischen (die verschiedenen Konfessionen betreffenden) Dialog, aber auch durch einen interkulturellen (die verschiedenen Religionen betreffenden) Dialog geprägt ist. Mit Leibniz gehen wir diesen Weg.

Zusammenfassung Leibniz im Religions-Unterricht

- Leibniz glaubte an die Gerechtigkeit und Güte Gottes und wollte diese verteidigen.
- Leibniz glaubte nicht an eine perfekte Welt ohne Leid.
- Das Zweifeln an Gott wie das Verzweifelt-Sein über das Leid sind Teil des Lebens.
- Der Mensch hat die Aufgabe, zur Vervollkommnung der Welt beizutragen.

- Glaube und Vernunft schließen sich nicht aus, sondern ergänzen einander.
- Die Frage nach der Einheit der Kirchen wird aktuell immer wieder aufgegriffen und ist Teil der Lebenswelt eines jeden einzelnen Menschen.
- Die Liebe Gottes verbindet die Konfessionen und alle Menschen.

Fächerverbindung

Verweisfach	Thema	Beschreibung	Materialien
Philosophie	Theodizee	Bestimmung des Weltbildes	**Sek. II:** Th. II M2, 4, 6, 7–12
Mathematik	Dyadik	0 und 1 als Bild der göttlichen Vollkommenheit	**Sek. II:** Th. II M11
Geschichte	Dreißigjähriger Krieg	Historische Ereignisse als Ausgangspunkt für die Überlegungen der Ökumene	**Sek. I:** Ök. I M8 **Sek. II:** Ök. II M2–4
Deutsch	Die beste aller möglichen Welten	Goethes *Faust*: Die Wette zwischen dem Herrn und Mephisto im *Prolog im Himmel*	**Sek. I:** Th. II M4–7 **Sek II:** Th. II M4
Französisch	Die beste aller möglichen Welten	Voltaires Kritik: „Wenn das die beste aller Welten ist, dann möchte ich erst die übrigen sehen."	**Sek. I:** Th. II M4–7 **Sek II:** Th. II M4
Musik	Prästabilierte Harmonie zwischen Glaube und Vernunft	Gott hat alles perfekt aufeinander abgestimmt; Harmonie stellt auch das Ordnungsprinzip der Musik dar	**Sek. I:** Th. II M17, 18

ÜBERBLICK RELIGION

Literatur *[mit Kurztiteln, falls in den Materialien verwendet]*

Primärliteratur

Leibniz, Gottfried Wilhelm: Die Theodizee von der Güte Gottes, der Freiheit des Menschen und dem Ursprung des Übels [1710].Hrsg. u. übers. von Herbert Herring. Darmstadt 1985. [Theodizee]

Leibniz, Gottfried Wilhelm: Über die Reunion der Kirchen. Eingel. von Ludwig A. Winterswyl. Freiburg 1939. [Über die Reunion der Kirchen]

Leibniz, Gottfried Wilhelm: In der Vernunft begründete Prinzipien der Natur und Gnade. In: Philosophische Schriften. Bd. 1: Kleine Schriften zur Metaphysik. Hrsg. u. übers. v. Hans Heinz Holz. Frankfurt a. M. 1996. S. 414–439. [Prinzipien der Natur und Gnade]

Leibniz, Gottfried Wilhelm: Irenica. In: Gott, Geist, Güte. Eine Auswahl aus seinen Werken. Hrsg. v. Carl Heinz Ratschow. Gütersloh 1947. S. 279–299. [Irenica]

Hess, Gerhard (Hrsg.): Leibniz korrespondiert mit Paris. Hamburg 1940. [Leibniz korrespondiert mit Paris]

Leinkauf, Thomas (Bearb.): Leibniz. Diederichs Philosophie jetzt, hrsg. von Peter Sloterdijk. München 1996. [Leinkauf]

Müller, H. (Hrsg.): Gottfried Wilhelm Leibniz – Jaques Bénigne Bossuet. Briefwechsel. 3. Bände. Diss.masch. Göttingen 1968.

Sekundärliteratur zur Theodizee (in Auswahl)

Evers, Dirk: Gott und mögliche Welten. Studien zur Logik theologischer Aussagen über das Mögliche. Tübingen 2006 (Religion in Philosophy and Theology).

Gräfrath, Bernd: Es fällt nicht leicht ein Gott zu sein. Ethik für Weltenschöpfer von Leibniz bis Lem. München 1998.

Hildebrandt, Kurt: Leibniz und das Reich der Gnade. Haag: Martinus Nijhoff 1953.

Holze, Erhard: Gott als Grund der Welt im Denken des Gottfried Wilhelm Leibniz. Stuttgart 1991 (Studia Leibnitiana; Heft 20).

Hösl, Thomas: Das Verhältnis von Freiheit und Rationalität bei Martin Luther und Gottfried Wilhelm Leibniz. Frankfurt am Main 2003.

Knoche, Hansjürgen: Beste oder schlechteste Welt? Neue Überlegungen zur Theodizee. 2., verb. Aufl. Norderstedt 2010.

Knoche, Hansjürgen: Die schlechteste mögliche Welt? Versuch einer Weiterführung der Theodizee. Münster 2002 (Glauben und Leben; Bd. 5).

Lorenz, Stefan: De Mundo Optimo. Studien zu Leibniz' Theodizee und ihrer Rezeption in Deutschland (1710–1791). Stuttgart 1997 (Studia Leibnitiana Supplementa).

Sans, Georg: Ist Gott noch zu rechtfertigen? 300 Jahre *Theodizee* von Gottfried Wilhelm Leibniz. In: Stimmen der Zeit 228 (2010). S. 459–468.

Schilling, Susanne: Das Problem der Theodizee bei Leibniz und Kant. Nordhausen 2009.

Schnübbe, Otto: Die Liebe Gottes und das Übel in der Welt. Was hat uns Gottfried Wilhelm Leibniz hierzu zu sagen? Hannover 1997.

Sekundärliteratur zur Reunion der Kirchen (in Auswahl)

Cook, Daniel J. u. a. (Hrsg.): Leibniz und das Judentum. Stuttgart 2008 (Studia Leibnitiana; Bd. 34).

Eisenkopf, Paul: Leibniz und die Einigung der Christenheit. Überlegungen zur Reunion der evangelischen und katholischen Kirche. München 1975 (Beiträge zur ökumenischen Theologie; Bd. 11).

Rudolph, Hartmut: Leibniz' Bemühungen um eine Reunion der Kirchen. In: Die Reunionsgespräche im Niedersachsen des 17. Jahrhunderts. Rojas y Spinola – Molan – Leibniz. Hrsg. v. Hans Otte u. a. Göttingen 1999. S.156–172.

Wo warst du, Gott ...?

Panzer in Afghanistan © Randolf Grindau

Den Opfern der Gewaltherrschaft © Thomas Remme / www.remme.de

Trauer in Winnenden © Mark Frantz

Tsunami verwüstet Landschaft © Alexio Caprara

... in Afghanistan, als Krieg ausbrach?

... in Auschwitz oder Bergen-Belsen, als die Nazis unsere Mitmenschen jüdischen Glaubens umbrachten?

... in Winnenden, als ein Amokläufer Kinder und Lehrer tötete?

... in Südostasien, als der Tsunami Häuser zerstörte und Menschen tötete?

Hätte Gott nicht eine bessere Welt
erschaffen können?

Warum lässt Gott das Böse in der Welt zu?

Gibt es Gott überhaupt?

Ist Gott wirklich gerecht?

Theodizee

Liebt Gott die Menschen eigentlich noch?

Wenn Gott allmächtig ist, wieso greift er nicht ein?

Warum müssen die Menschen leiden?

Textausschnitte aus dem Psalm 22

„Mein Gott, mein Gott, warum hast du mich verlassen? Ich schreie, aber meine Hilfe ist fern."

„Mein Gott, des Tages rufe ich, doch antwortest du nicht, und des Nachts, doch finde ich keine Ruhe."

„Sei nicht ferne von mir, denn Angst ist nahe, denn es ist hier kein Helfer."

„Aber du, Herr, sei nicht ferne; meine Stärke, eile, mir zu helfen!"

„Sie werden kommen und seine Gerechtigkeit predigen dem Volk, das geboren wird."

Gottfried Wilhelm Leibniz (1646–1716)

„Gäbe es nicht die beste aller möglichen Welten, hätte Gott überhaupt keine erschaffen."[1]
(Theodizee)

- deutscher Philosoph und Mathematiker

- prägte den Begriff „Theodizee", der auch gleichzeitig der Titel eines seiner Werke ist

- wollte Gottes Gerechtigkeit und Güte angesichts des Bösen in der Welt verteidigen

1   Theodizee, Erster Teil, § 8, S. 101.

Sagen Sie mal, Herr Leibniz ...

... wie kann es sein, dass es Böses in der Welt gibt, wenn Gott doch allmächtig, allgütig und allwissend ist?

Leibniz: Nun, diese Frage hat mich auch sehr lange beschäftigt. Ich bin überzeugt, dass Gott ein liebenswerter Gott ist, der nur das Beste, was möglich ist, für die Menschen möchte.

Sie sagen, dass Gott die beste aller möglichen Welten geschaffen hat. In so einer perfekten Welt darf es aber doch kein Übel geben.

Leibniz: Da haben Sie mich leider, wie schon so viele vor Ihnen, falsch verstanden. Ich spreche schließlich nicht davon, dass die Welt perfekt ist, sondern, dass Gott von denen, die er zur Auswahl hatte, die Beste ausgewählt hat.

Das müssen Sie schon noch etwas genauer erklären. Hatte Gott denn mehrere zur Auswahl?

Leibniz: Aber ja, da waren auch einige Modelle dabei, die aber total eintönig waren, weil es gar keine Individualität und Unterschiede gab. Dann gab es andere, wo es diese Individualität zwar gab, wo aber alles durcheinander ging und nichts zusammen harmonierte. Das wäre wohl nicht gut gewesen, wenn Gott so eine Welt ausgewählt hätte.

Aber war denn gar keine Welt dabei, auf der es kein Übel gibt?

Leibniz: Oh doch, eine war dabei, auf der es kein Übel gegeben hätte, aber die Menschen dort hätten wie Marionetten funktioniert, wären ohne einen freien Willen geschaffen worden.

Die Freiheit ist uns Menschen ja schon ziemlich wichtig...

MATERIALIEN RELIGION
Leibniz und die Theodizee (Sek. I)

Leibniz: … und Gott auch. Deswegen hat er diese Welt genommen, die am besten geordnet ist und gleichzeitig viele verschiedene Möglichkeiten eröffnet.

Das finde ich aber ziemlich schwierig. Also müssen wir das Böse etwa in Kauf nehmen?

Leibniz: Zu Gottes Verteidigung möchte ich sagen: Gott hat das Böse nicht gewollt. Aber er muss es zulassen, weil der Mensch sonst nicht frei ist. Trotzdem sollen wir das Böse nicht einfach nur so hinnehmen. Dass Gott die beste aller möglichen Welten geschaffen hat, beinhaltet auch die Möglichkeit der Weiterentwicklung. Jeder Mensch kann an sich arbeiten und dazu beitragen, dass nicht so viel Schreckliches in der Welt passiert und wenn es doch passiert, helfen, dass es besser wird.

Das ist sehr konsequent und vernunftgemäß gedacht, Herr Leibniz. Vielen Dank für das Gespräch.

Gottfried Wilhelm Leibniz (1646–1716)

„**Gäbe es nicht die beste aller möglichen Welten, hätte Gott überhaupt keine erschaffen.**"[1]
(*Theodizee*)

Aufgabe 1:
Leibniz wollte Gottes Gerechtigkeit angesichts des Übels in der Welt verteidigen. Schreibe die wichtigsten Begriffe, die Leibniz in dem Interview erwähnt, heraus und erstelle eine Mindmap.

Aufgabe 2:
Überlege dir Fragen …
… an Leibniz und zu seiner Verteidigung;
… an Gott und warum er das Übel in der Welt zulässt.

Aufgabe 3:
Schreibe ein weiteres fiktives Interview, das du mit Gott führst. Dabei soll es darum gehen, ob Gott die Theorie von Leibniz bestätigt. Die Fragen, die du dir ausgedacht hast, kannst du in deinem Interview verwenden.

1   Theodizee, Erster Teil, § 8, S. 101.

Leibniz: Die beste aller möglichen Welten

- Gott hat die beste der möglichen Welten, die er zur Auswahl hatte, ausgewählt

- sie ist am besten geordnet und dabei trotzdem vielfältig

- sie bietet dem Menschen die Möglichkeit der Entwicklung

- sie ermöglicht dem Menschen, frei zu handeln

- in ihr vereint sich die größte Mannigfaltigkeit mit der größten Ordnung

- diese ist die beste der möglichen Welten, weil sie als großes Ganzes auf das Ziel der Vervollkommnung ausgerichtet ist

- in dieser Welt gibt es das Übel, weil es zur Vervollkommnung der Welt insgesamt beiträgt

Rechtfertigung Gottes

Epikurs Problem:

„Entweder will Gott die Übel beseitigen und kann es nicht: dann ist Gott schwach, was auf ihn nicht zutrifft, oder er kann es und will es nicht: dann ist Gott missgünstig, was ihm fremd ist, oder er will es nicht und kann es nicht: dann ist er schwach und missgünstig zugleich, also nicht Gott, oder er will es und kann es, was alleine für Gott ziemt: Woher kommen dann die Übel und warum nimmt er sie nicht weg?"[1]

Leibniz' Antwort:

„In Beziehung auf Gott ist nichts zweifelhaft und kann nichts der Regel vom Besten entgegengesetzt sein. In diesem Sinne erlaubt Gott die Sünde; er würde gegen das, was er sich seiner Weisheit, Güte und Vollkommenheit schuldig ist, verstoßen, wenn er nicht dem großen Ergebnis all seiner zum Guten tendierenden Kräfte folgte und nicht das unbedingt Beste auswählte."[2]

Aufgaben:

1. Erkläre mit deinen eigenen Worten, warum Epikur Gottes Allmacht infrage stellt.

2. Erkläre mit deinen eigenen Worten, warum Leibniz trotz des Bösen in der Welt an Gottes Gerechtigkeit glaubt. Tipp zum Textverständnis: Schlage im Glossar unter „Prinzip des Besten" nach!

3. Schreibe mithilfe des Zitates von Leibniz einen Brief an Epikur, indem du begründest, warum Gott zugleich allmächtig und gerecht ist.

1 Epikur: Fragmente über die Götter. In: Ders.: Von der Überwindung der Furcht. Zürich 1949, S. 80.
2 Theodizee, Erster Teil, § 25, S. 113.

MATERIALIEN RELIGION
Leibniz und die Theodizee (Sek. I)

Zerstörung durch einen Tsunami

Tsunami verwüstet Landschaft © Alexio Caprara

Trauer um die Opfer eines Amoklaufs

Trauer in Winnenden © Mark Frantz

Drei Arten des Übels nach Leibniz

Gott hat die Übel in der Welt nicht gewollt. Aber dennoch musste er sie zulassen, damit die Menschen freie Entscheidungen treffen können. Weil die Menschen frei sind, können sie sich natürlich auch für das Böse entscheiden, und weil sie unvollkommen sind, können ihnen Fehler passieren.

Nach Leibniz gibt es drei verschiedene Arten von Übel, die notwendig sind, damit wir uns dadurch immer weiterentwicklen.

Drei Arten des Übels:

„Man kann das Übel metaphysisch, physisch und moralisch auffassen. Das metaphysische Übel besteht in der bloßen Unvollkommenheit, das physische Übel im Leiden, das moralische Übel in der Sünde."[1]

„Wir antworten, man muss sie [die Quelle des Bösen] in der idealen Natur der Geschöpfe aufsuchen. Es gibt nämlich im Menschen eine ursprüngliche Unvollkommenheit vor aller Sünde, weil Begrenzung zum Wesen des Menschen dazugehört."[2]

„Gott lässt die Sünden zu, weil er weiß, daß das, was er zuläßt, nicht gegen das allgemeine Wohl ist, sondern, daß diese Dissonanz auf andere Weise aufgewogen wird. Der Mensch aber, der tödlich sündigt, weiß, soweit er selbst urteilen kann, daß sein Handeln gegen das allgemeine Wohl verstößt."[3]

Existenzbegründung des Übels:

„Der beste Entschluss [ist] nicht immer der […], welcher das Übel zu vermeiden strebt, da das Übel ja von einem größeren Gut begleitet sein kann."[4]

1 Theodizee, Erster Teil, § 21, S. 110.
2 Theodizee, Erster Teil, § 20, S. 110.
3 Bekenntnisse des Philosophen. In: Leinkauf, S. 61.
4 Theodizee, Abriss, S. 413.

„Allerdings kann man sich mögliche Welten ohne Sünde und Elend vorstellen [...], aber diese Welten würden im übrigen der unseren bedeutend nachstehen."[1]

Arbeitsaufträge Gruppenarbeit:

1. Einigt euch in der Gruppe darauf, wer welches Zitat lesen und bearbeiten möchte.
2. Schreibt die wichtigsten Begriffe und Kernaussagen in euren eigenen Worten auf und findet Beispiele für die verschiedenen Formen von Übeln.
3. Erklärt den anderen Gruppenmitgliedern, was das jeweilige Zitat aussagt.
4. Stellt die drei Übel in einer Graphik dar.

1   Theodizee, Erster Teil, §10, S. 102.

Drei Arten des Übels nach Leibniz

Zusammen mit der Königin Sophie Charlotte hat Leibniz darüber nachgedacht, warum Gott das Böse in der Welt zulässt. Er erklärt Sophie Charlotte, dass Gott die Übel in der Welt nicht gewollt hat. Aber dennoch musste er sie zulassen, damit die Menschen freie Entscheidungen treffen können. Weil die Menschen frei sind, können sie sich natürlich auch für das Böse entscheiden, und weil sie unvollkommen sind, können ihnen Fehler passieren.

Leibniz sagt, dass es drei verschiedene Arten von Übel gibt, die notwendig sind, damit wir uns dadurch immer weiterentwickeln.

Da wäre zunächst das metaphysische Übel. Es schränkt uns Menschen ein, weil wir im Unterschied zu Gott unvollkommen sind.

Dann gibt es das physische Übel, das sind die Übel, auf die der Mensch keinen Einfluss hat. Wir Menschen müssen Leid ertragen, für das wir nicht direkt etwas können. So gibt es auf der Welt beispielsweise Naturkatastrophen. Dieses Leid soll uns aber dazu bringen uns weiterzuentwickeln und nach Vollkommenheit zu streben.

Das dritte Übel, das aus Leibniz' Sicht das entscheidende Übel ist, ist das moralische Übel. Damit sind die schlechten Taten der Menschen gemeint, die sie tun, weil sie die Freiheit haben zwischen Gut und Böse zu wählen.

Aufgaben:

1. Lest den Text, in dem die drei verschiedenen Arten des Übels nach Leibniz beschrieben werden, und unterstreicht die wichtigsten Begriffe und Kernaussagen.
2. Schreibt die jeweiligen Merkmale der einzelnen Übel heraus.
3. Findet eigene Beispiele für das metaphysische, das physische und das moralische Übel.
4. Stellt die drei Übel in einer Graphik dar.

MATERIALIEN RELIGION
Leibniz und die Theodizee (Sek. I)

Die drei Arten des Übels

Metaphysisches Übel	Physisches Übel	Moralisches Übel
Unvollkommenheit des Menschen	Leid des Menschen	Sünde des Menschen
Menschen sind in ihren Fähigkeiten eingeschränkt (sie können z.B. schlechter hören als Tiere)	Schmerzen → Strafe für schlechtes Verhalten	schlechte Taten → der Mensch kann sich frei entscheiden, ob er Gutes oder Schlechtes tun möchte
nur Gott ist vollkommen	Naturkatastrophen, Krankheiten	das Schlechte kann auch wieder Gutes bewirken
→ die Menschen sollen sich durch die Erfahrung des Leids zur Vervollkommnung entwickeln		

Fantasiereise in eine Welt ohne Leid und Böses

Stell dir vor, wie es wäre, wenn es kein Leid mehr auf der Welt gäbe. Alle Menschen würden genug zu essen haben; keiner müsste hungern oder verdursten. Alle Menschen wären frei und es gäbe keine Gewalt. Denk an die vielen schrecklichen Dinge, über die du in den letzten Wochen und Monaten in der Zeitung gelesen hast. So etwas würde es in einer Welt ohne Leid nicht mehr geben.

Aber nicht nur das Leiden in der Welt, sondern auch deine eigenen Ängste und Probleme würde es nicht mehr geben. Heute ist der erste Tag in dieser neuen Welt ohne Leid, du wachst auf und beginnst den Tag. Wie stellst du dir den weiteren Verlauf des Tages vor und wie wird es in einigen Jahren sein. Wie werden deine Freunde in dieser Welt ohne Leid sich verhalten?

Arbeitsauftrag:

Wenn du deine Fantasiereise beendet hast, öffne die Augen und schreibe deine Erlebnisse auf.

_____

_____

_____

_____

_____

_____

_____

_____

_____

_____

_____

Der Tag, an dem Gott das Leid wegnahm[1]

(Eine Geschichte von Eckart Haase)

Der Tag war gekommen. Die ganze Menschheit hatte ihn erwartet. Heute würde der Tag sein, an dem Gott das Leid von der Erde entfernen würde. So oft hatten sich die Menschen darüber beschwert, dass Gott das Leid zulassen würde. Kriege, Terror, [...] Mord und Totschlag – es würde ganze Bände füllen, wenn man jede Grausamkeit auflisten müsste, zu der ein Mensch fähig wäre.

Und der Schuldige war für die Menschen ausgemacht: Gott. Denn, so meinten die Menschen, es könne doch nicht sein, dass ein gütiger und barmherziger Gott so vieles an Leid zulassen würde. Nein, die Welt eines solchen Gottes müsse frei sein vom Leid. Diese Auffassung hatte sich, gestützt durch Medien und Politik auf der Erde beinahe flächendeckend durchgesetzt. Der ganze Protest richtete sich gegen Gott. Die Zeitungsredaktionen wurden überhäuft mit Beschwerdebriefen, im Fernsehen reihte sich eine Debatte an die andere. Das Thema immer dasselbe: Gott muss jetzt endlich eingreifen und das Leid auf der Welt beenden.

Und nun war es also soweit. Gott hatte der Menschheit angekündigt, ihr Begehren zu erhören. Er legte einen Tag fest, an dem er alles Leid auf der Erde entfernen wollte. Und dieser Tag war heute. Alle Stationen waren live auf Sendung. Und schon kurz nach Mitternacht geschah das Unglaubliche: Gott nahm tatsächlich sämtliches Leid von der Erde weg. Alle noch laufenden Kriege hörten auf der Stelle auf. Geplante Terroranschläge wurden nicht durchgeführt. Entführungsopfer aller Kontinente gelangten augenblicklich in Freiheit. Misshandelte Kinder wurden vor ihren Peinigern gerettet und Folteropfer kamen in Freiheit. Kurzum – das Leid verschwand global von der Erde. Die Politiker hielten daraufhin bewegende Gedenkreden. Der Tag wurde zum weltweiten Feiertag erklärt. Die Uno hielt eine Vollversammlung ab, in der der Menschheit ein Quantensprung in ihrer Entwicklung bescheinigt wurde. Man hatte es geschafft,

---

1 Haase, Eckart: Der Tag, an dem Gott das Leid wegnahm. In: http://www.christliche-autoren.de/der-tag-an-dem-gott-das-leid-wegnahm.html.

Gott den Willen der Menschen ausführen zu lassen. Mit solch einem Gott ließe es sich aushalten.

Etwa drei Tage ging das Ganze gut. Doch dann geschah das Unfassbare. Vereinzelt fingen Menschen wieder mit Kriegereien an. Es wurden wieder erste Opfer gemeldet. Auch Kindern wurde wieder Leid zugefügt. Es begann langsam genauso zu werden wie zuvor. Es dauerte nicht lange und es war kein Unterschied zu früher mehr festzustellen. Die Menschen waren zutiefst erbost. Sie beschwerten sich nun noch mehr über Gott. Auf den Straßen gab es riesige Protestveranstaltungen.

Dies spitzte sich zu, bis der Augenblick kam, an dem der Allmächtige genug davon hatte und den Menschen erschien. Mit Macht und Herrlichkeit offenbarte sich am Himmel Jesus Christus, Gottes Sohn. Nicht ein Mensch konnte sich dieser gewaltigen Erscheinung entziehen. Einfach jeder konnte beobachten, was dort geschah. Dann ergriff Jesus das Wort. Mit mächtiger Stimme sprach er die folgenden Worte: *„Menschenkinder, mein Vater im Himmel hat euren Wunsch erfüllt. Er hat alles Leid von der Erde entfernt. Doch was habt ihr gemacht? Nur kurz danach habt ihr genauso weitergemacht wie zuvor. Ihr habt euch nicht geändert. Nun wollt ihr Gott dafür verantwortlich machen? Wer hat wieder damit begonnen, Leid zu verüben, Gott oder ihr? […] Selbst wenn Gott das Leid noch zehnmal entfernen würde, ihr würdet doch wieder mit den bösen Taten beginnen. Und nun hört ganz genau zu: Der Vater im Himmel erwägt nun verschiedene Möglichkeiten. Wenn das Leid nachhaltig von der Erde verschwinden soll, muss er euch […] zu willenlosen Marionetten machen. Eine andere Möglichkeit gibt es nicht. Oder aber Gott belässt euch so wie bisher auf der Erde. Dann wird Gott auch schweren Herzens das Leid weiter zulassen […]. Auch den freien Willen möchte Gott euch nicht nehmen. […]"*
Die Menschen schwiegen verschämt. Sie sahen nun ein, dass sie selbst und nicht Gott für das Leid verantwortlich ist. […] Und so ist es auch heute noch, liebe Leser. […]

MATERIALIEN RELIGION
Leibniz und die Theodizee (Sek. I)

Freiheit des Menschen und Vorhersicht Gottes

- Aus der Freiheit des Menschen, die er von Gott bekommen hat, resultiert Verantwortung (für die Schöpfung und für andere Menschen).

- Leibniz: Die Welt kann nicht ohne Leid sein, weil die Menschen durch die ihnen gegebene Freiheit sich auch für das Böse entscheiden können.

- Nicht Gott ist in erster Linie für das Leid auf der Erde verantwortlich, sondern die Menschen.

- Leibniz: Gott hat zwar die Welt im Gesamten vorherbestimmt (Prinzip der Harmonie), aber jeder Mensch im Einzelnen muss selbst entscheiden.

- Leibniz: Jeder Mensch muss an sich selbst arbeiten, dass er zur Vervollkommnung der Welt und zur Minimierung des Bösen seinen Beitrag leistet.

für andere Menschen

für die Schöpfung

vor Gott

Verantwortung

für mich selbst

vor dem Gesetz

für alle Lebewesen

für die Zukunft und die Vergangenheit

Vernunft – Verantwortung – Glaube

Leibniz:

„Es genügt also dieses Vertrauen in Gott zu haben, daß er alles zum Besten tut und daß denen, die ihn lieben, nichts schaden kann. Die Gründe aber im Einzelnen zu erkennen, die ihn bewogen haben mögen, diese Ordnung des Universums zu wählen, die Sünden zu dulden, [...] das überschreitet die Kräfte eines endlichen Geistes."[1]

„Was die Streitfrage angeht, ob wir alles in Gott schauen [...] oder ob wir eigene Ideen haben, so muss man wissen, daß es, wenn wir auch **alles in Gott schauen** würden, dennoch notwendig wäre, daß wir auch **eigene Ideen** haben [...]."[2]

„Ich nehme an, daß zwei Wahrheiten sich nicht widersprechen können, daß der Gegenstand des Glaubens die Wahrheit ist, welche Gott auf außergewöhnliche Art und Weise offenbart hat, und daß die Vernunft die Verkettung der Wahrheiten ist [...]"[3]

Aufgaben:

1. Schreibe in dein Heft, wie Leibniz sich die Verbindung von Glaube und Vernunft vorstellt.
2. Erst wenn ein Mensch sowohl gläubig als auch vernünftig handelt, kann er Verantwortung übernehmen und zur Verbesserung und Vervollkommnung der Welt beitragen. Überlege dir, was du zur Vervollkommnung der Welt beitragen kannst und notiere deine Ideen in dein Heft.

1 Metaphysische Abhandlungen (1686). In: Leinkauf, S. 151.
2 Betrachtungen über die Erkenntnis, die Wahrheit und die Ideen (1684). In: Leinkauf, S. 130.
3 Theodizee, Einl. Abh., § 1, S.69.

Vernunft – Verantwortung – Glaube

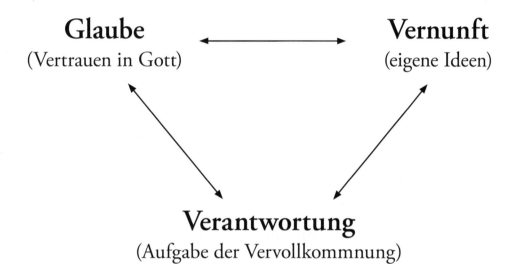

Glaube   ⟵——————⟶   **Vernunft**
(Vertrauen in Gott)   (eigene Ideen)

Verantwortung
(Aufgabe der Vervollkommnung)

Das Leibniz-Rätsel

T	W	Q	M	I	U	K	A	C	G	L	A	U	B	E
I	H	V	O	Z	U	P	F	H	J	A	I	G	N	A
C	M	E	T	A	P	H	Y	S	I	S	C	H	H	V
V	B	M	O	J	O	L	A	S	K	H	T	A	I	H
Z	I	G	H	D	L	B	R	S	G	O	T	T	Z	X
A	T	L	P	I	I	N	G	K	S	D	B	U	S	L
L	G	E	O	L	O	Z	V	T	Z	D	J	B	A	E
L	B	I	L	T	F	R	E	I	H	E	I	T	T	I
M	M	B	S	H	K	J	R	E	S	B	I	O	I	D
A	N	N	S	E	A	N	N	A	E	L	R	L	V	B
C	F	I	T	I	E	G	U	E	B	E	L	P	W	K
H	O	Z	I	W	G	R	N	N	P	E	S	F	E	A
T	Y	T	R	S	A	M	F	M	P	E	M	R	E	T
W	G	E	R	E	C	H	T	I	G	K	E	i	T	A
Z	P	Y	H	L	A	P	A	I	M	F	W	U	N	P

Das Leibniz-Rätsel

T	W	Q	M	I	U	K	A	C	G	L	A	U	B	E
I	H	V	O	Z	U	P	F	H	J	A	I	G	N	A
C	M	E	T	A	P	H	Y	S	I	S	C	H	H	V
V	B	M	O	J	O	L	A	S	K	H	T	A	I	H
Z	I	G	H	D	L	B	R	S	G	O	T	T	Z	X
A	T	L	P	I	I	N	G	K	S	D	B	U	S	L
L	G	E	O	L	O	Z	V	T	Z	D	J	B	A	E
L	B	I	L	T	F	R	E	I	H	E	I	T	T	I
M	M	B	S	H	K	J	R	**E**	S	B	I	O	I	D
A	N	N	S	E	A	N	N	A	E	L	R	L	V	B
C	F	I	T	I	E	G	U	E	B	E	L	P	W	K
H	O	Z	I	W	G	R	N	N	P	E	S	F	E	A
T	Y	T	R	S	A	M	F	M	P	E	M	R	E	T
W	G	E	R	E	C	H	T	I	G	K	E	I	T	A
Z	P	Y	H	L	A	P	A	I	M	F	W	U	N	P

Warum lässt Gott das zu?

Hiob vom Teufel mit dem Aussatz geschlagen

Hiobs Klage

„Wohin mein Leben führt, ist mir verborgen, mit einem
Zaun hält Gott mich eingeschlossen. Nur unter
Stöhnen esse ich mein Brot, mein Klagen hört nicht auf.
[…] Ich habe keinen Frieden, keine Ruhe, nur Plage über
Plage fällt mich an."
(*Hiob* 3, 23–26)

Gottfried Wilhelm Leibniz:

„Diese einfache ursprüngliche Substanz (Gott) muß […] die Vollkommenheiten einschließen. So wird sie die Macht, die Erkenntnis und den Willen besitzen, das heißt sie
wird über Allmacht, Allwissen und höchste Güte verfügen".[1]

---

1 Prinzipien der Natur und der Gnade § 10, S. 427.

Warum lässt Gott das zu?

Wo warst Du, lieber Gott, in Eschede?

Am 3. Juni erschüttert das **Zugunglück von Eschede** die Bundesrepublik Deutschland. 101 Menschen sterben, als der ICE Wilhelm Conrad Röntgen von München nach Hamburg mit Tempo 200 an einer Brücke zerschellt.

(Quelle: Bild-Zeitung, 1998)

Gott will nicht, dass Kinder so leben.

100 Tage Beben-Hölle von Haiti

(Quelle: Bild-Zeitung, 2010)

Gottfried Wilhelm Leibniz:

„Gäbe es nicht die beste aller möglichen Welten,
hätte Gott überhaupt keine erschaffen."[1]

(Theodizee)

Das Nachbeben

Südostasien 2004 – Lissabon 1755: Die Frage nach der Liebe und Allmacht Gottes

Von Helmut Frank

Über 165.000 Tote, zerstörte Dörfer und Städte: Ausgerechnet am Weihnachtsfest kam grenzenloses Leid über die Menschen, die in Südostasiens Küstenregionen leben oder dort Urlaub machten. Christen fragen sich: Wie kann Gott das zulassen? Spätestens seit dem verheerenden Erdbeben von Lissabon vor 250 Jahren wird bei Naturkatastrophen Gottes Liebe und Allmacht in Frage gestellt.

(Quelle: Sonntagsblatt Bayern, 2005)

MATERIALIEN RELIGION
Leibniz und die Theodizee (Sek. II)

---

1 Theodizee, Erster Teil, § 8, S. 101.

Hiobs Leid und Leibniz' Rechtfertigung

„Der Satan antwortete dem Herrn und sprach: Meinst du, dass Hiob Gott umsonst fürchtet?" *(Hiob 1,9)*

Hiobs Geschichte:

„**1,1** Es war ein Mann im Lande Uz, sein Name war Hiob. Und dieser Mann war rechtschaffend und redlich und gottesfürchtig und mied das Böse. **1,2** Ihm wurden sieben Söhne und drei Töchter geboren. **1,3** Und sein Besitz bestand aus siebentausend Schafen und dreitausend Kamelen und fünfhundert Gespannen Rinder und fünfhundert Eselinnen, und [sein] Gesinde war sehr zahlreich, so daß dieser Mann größer war als alle Söhne des Ostens.

1,6 Und es geschah eines Tages, da kamen die Söhne Gottes, um sich vor dem HERRN einzufinden. Und auch der Satan kam in ihrer Mitte. […]**1,8** Und der HERR sprach zum Satan: Hast du acht gehabt auf meinen Knecht Hiob? Denn es gibt keinen wie ihn auf Erden – ein Mann, so rechtschaffend und redlich, der Gott fürchtet und das Böse meidet! **1,9** Der Satan antwortete dem Herrn und sprach: Meinst du, dass Hiob Gott umsonst fürchtet? Da sprach der HERR zum Satan: Siehe, alles, was er hat, ist in deiner Hand. Nur gegen ihn [selbst] strecke deine Hand nicht aus! Und der Satan ging vom Angesicht des HERRN fort.

1,13 Und es geschah eines Tages, als seine Söhne und seine Töchter im Haus ihres erstgeborenen Bruders aßen und Wein tranken, **1,14** da kam ein Bote zu Hiob und sagte: Die Rinder waren gerade beim Pflügen, und die Eselinnen weideten neben ihnen, **1,15** da fielen Sabäer ein und nahmen sie weg und die Knechte erschlugen sie mit der Schärfe des Schwertes. **1,16** Noch redete der, da kam ein anderer und sagte: Feuer Gottes fiel vom Himmel, brannte unter den Schafen und den Knechten und verzehrte sie. **1,17** Noch redete der, da kam ein anderer und sagte: [Die] Chaldäer hatten drei Abteilungen aufgestellt und sind über die Kamele hergefallen und haben sie weggenommen, und die Knechte haben sie mit der Schärfe des Schwertes erschlagen. **1,18** Während der [noch] redete, da kam ein anderer und sagte: Deine Söhne und deine Töchter aßen und tranken Wein im Haus ihres erstgeborenen Bruders. **1,19** Und siehe, ein starker Wind kam von jenseits der Wüste her und stieß an die vier Ecken des Hauses. Da fiel es auf die jungen Leute, und sie starben. **1,20** Da stand Hiob auf und zerriß sein Obergewand und schor sein Haupt; und er fiel auf die Erde und betete. **1,21** Und er sagte: Nackt bin ich aus meiner Mutter Leib gekommen, und nackt kehre ich dahin zurück. Der HERR hat gegeben, und der HERR hat genommen, der Name des HERRN sei gepriesen!

2,1 Und es geschah eines Tages, da kamen die Söhne Gottes, um sich vor dem HERRN einzufinden. Und auch der Satan kam in ihrer Mitte, um sich vor dem HERRN einzufinden. **2,3** Und der HERR sprach zum Satan: Hast du acht gehabt auf meinen Knecht Hiob? Denn es gibt keinen wie ihn auf Erden, – ein Mann, so rechtschaffend und redlich, der Gott fürchtet und das Böse meidet! Und noch hält er fest an seiner Rechtschaffenheit. Und dabei hattest du mich gegen ihn aufgereizt, ihn ohne Grund zu verschlingen. **2,6** Da sprach der HERR zum Satan: Siehe, er ist in deiner Hand. Nur schone sein Leben! **2,7** Und der Satan ging vom Angesicht des HERRN fort und schlug Hiob mit bösen Geschwüren, von seiner Fußsohle bis zu seinem Scheitel. **2,8** Und er nahm eine Tonscherbe, um sich damit zu schaben, während er mitten in der Asche saß. **2,9** Da sagte seine Frau zu ihm: Hältst du noch fest an deiner Vollkommenheit? Fluche Gott und stirb! **2,10** Er aber sagte zu ihr: Wie eine der Törinnen redet, so redest auch du. Das Gute nehmen wir von Gott an, da sollten wir das Böse nicht auch annehmen? […]"[1]

Leibniz' Rechtfertigung Gottes:

„Dieser letzte Grund der Dinge wird Gott genannt. Diese einfache ursprüngliche Substanz muß die Vollkommenheiten einschließen, die in den abgeleiteten Substanzen, ihren Wirkungen, enthalten sind. Sie wird in vollkommenem Maße die Macht, die Erkenntnis und den Willen besitzen, das heißt sie wird über Allmacht, Allwissen und höchste Güte verfügen. Da die Gerechtigkeit, ganz allgemein genommen, nichts anderes ist als die mit der Weisheit übereinstimmende Güte, so muß es in Gott auch höchste Gerechtigkeit geben.

Der Grund, der die Dinge durch ihn existieren ließ, läßt sich auch in ihrer Existenz und in ihrem Wirken von ihm abhängig sein. Und sie erhalten dauernd von ihm das, was

1 Hiob 1,1–2,10

ihnen irgendeine Vollkommenheit verleiht. Was aber an Unvollkommenheit in ihnen bleibt, stammt aus der wesenhaften und ursprünglichen Begrenztheit des Geschöpfs.

Es folgt aus der höchsten Vollkommenheit Gottes, daß er, als er das Weltall hervorbrachte, den bestmöglichen Plan auswählte, bei dem es die größte Vielfalt im Rahmen der größten Ordnung gab.“[1]

Aufgaben:

1. Fassen Sie die wichtigsten Inhalte der Geschichte von Hiob, die für das Theodizee-Problem von Bedeutung sind, kurz zusammen.

2. Erläutern Sie die Argumentation von Leibniz, indem Sie die Kernthesen herausschreiben.

3. Vergleichen Sie die Geschichte von Hiob mit der Rechtfertigung Gottes durch Leibniz und arbeiten Sie dabei die Bedeutung beider Texte für das Theodizee-Problem heraus.

---

1   Prinzipien der Natur und der Gnade. § 10, S. 427.

Das Leid in der Welt und Leibniz' Rechtfertigung

Das Nachbeben
Südostasien 2004 – Lissabon 1755: Die Frage nach der Liebe und Allmacht Gottes[1]
Von Helmut Frank

Über 165.000 Tote, zerstörte Dörfer und Städte: Ausgerechnet am Weihnachtsfest kam grenzenloses Leid über die Menschen, die in Südostasiens Küstenregionen leben oder dort Urlaub machten. Christen fragen sich: Wie kann Gott das zulassen? Spätestens seit dem verheerenden Erdbeben von Lissabon vor 250 Jahren wird bei Naturkatastrophen Gottes Liebe und Allmacht in Frage gestellt.

Am Morgen des 1. November 1755 machen sich die Menschen in Lissabon auf, um in den Kirchen ihrer Stadt zu beten. Es ist Allerheiligen, und an diesem Tag sind die Gotteshäuser gut besucht. Doch die Feiern enden jäh. Um 9.40 Uhr erschüttert ein gewaltiger Erdstoß die Stadt. Kirchenmauern wackeln, Glockentürme und Gewölbe stürzen auf die Gottesdienstbesucher hinunter.

Hunderte sterben in den Trümmern. Die noch lebend nach draußen gelangen, erleben dort den zweiten Erdstoß. Im Gassengewirr werden viele von herabstürzenden Steinen getroffen. Häuser, Paläste, Brücken und Türme fallen in sich zusammen.
Die dritte und heftigste Erschütterung versetzt der Hauptstadt des ehemaligen portugiesischen Weltreiches den Todesstoß. Eine Staubwolke verdunkelt den Himmel, bevor alles in Flammen aufgeht. Brennende Öllampen und offene Kochstellen entfachen einen Feuersturm, der sich drei Tage durch die Trümmer frisst. Menschen, die das Beben überlebt haben, fliehen zum Hafen. Dort hat sich das Wasser weit ins Meer zurückgezogen. Doch dann kommt das Meer zurück. Mehrere bis zu zwölf Meter hohe Wellen rollen über das Hafenviertel und reißen Schiffe, Häuser und Menschen hinaus ins offene Meer. Ein apokalyptischer Schlussakkord.

MATERIALIEN RELIGION
Leibniz und die Theodizee (Sek. II)

---

1   Frank, Helmut: Das Nachbeben. Südostasien 2004 – Lissabon 1755. Die Frage nach der Liebe und Allmacht Gottes. In: Bayrisches Sonntagsblatt vom 09.01.2005. (http://www.sonntagsblatt-bayern.de/news/aktuell/2005_02_01_01.htm).

Erschütterter Fortschrittsglaube

[...] Wie das Seebeben in Südostasien in diesen Tagen und Wochen Menschen in aller Welt nahe geht, so war damals der Untergang Lissabons bald in ganz Europa Gesprächsthema. Menschen auf der Straße diskutierten über das Unglück, Pfarrer richteten ihre Gottesdienste danach aus. Der Schock saß tief, Theologen und Philosophen kamen durch das Unglück gleichermaßen in Erklärungsnöte. Die Pest, blutige Religionskriege und andere Katastrophen galten als Sache der Vergangenheit, man glaubte Gott und die Welt im Griff zu haben. Die Weltanschauung des 18. Jahrhunderts, bestimmt von Fortschritt, Optimismus und Wohlstand, war gewaltig erschüttert, das Selbstverständnis des aufgeklärten Menschen tief getroffen.

Theodizee

O. R. BOSSERT — LEIBNIZ

Der Begriff »Theodizee«, geprägt vom deutschen Philosophen Gottfried Wilhelm Leibniz im Jahre 1710, leitet sich von der Kombination der griechischen Substantive »theós« (Gott) und »diké« (Gerechtigkeit) ab. Dabei geht es um die Frage der Rechtfertigung Gottes angesichts des Übels in der Welt. Wenn es einen Gott gibt, warum verhindert er nicht das Böse? Skeptiker kommen dabei zu einer doppelten Schlussfolgerung: Wenn er es nicht verhindern kann, ist Gott nicht allmächtig, wenn er es nicht verhindern will, ist er nicht der Gott der Liebe und Güte.

Schwacher, missgünstiger Gott?

Gott fand sich nach Lissabon auf der Anklagebank der Geschichte wieder, aber ganz neu war das Problem freilich nicht. Bereits der griechische Philosoph Epikur (341–270 v. Chr.) formulierte: *„Entweder will Gott die Übel beseitigen und kann es nicht: dann ist Gott schwach, was auf ihn nicht zutrifft. Oder er kann es und will es nicht: dann ist Gott missgünstig, was ihm fremd ist. Oder er will es nicht und kann es nicht: dann ist er schwach und missgünstig zugleich, also nicht Gott.“*

Der deutsche Philosoph Gottfried Wilhelm Leibniz antwortete darauf 1710 mit seiner These von der „besten aller möglichen Welten“. Gott habe aus einer unendlichen Anzahl möglicher Welten nur eine geschaffen, nämlich die Vollkommenste, in der das Übel den kleinsten Raum hat. Mit dem Übel meint er die Endlichkeit und die Unvollkommenheit der Geschöpfe überhaupt. Gäbe es diese Unvollkommenheit nicht, wäre der Mensch wie Gott. Sünde und Schmerz dienen nach Leibniz dem höheren Zweck, das Gute hervorzubringen und das Versöhnungswerk Christi auszulösen.

Auch gläubige Christen waren irritiert vom Widerspruch zwischen der Allmacht und Liebe Gottes auf der einen Seite und dem Leid in der Welt auf der anderen Seite. Warum macht Gott nicht mit allem Chaos einfach ein Ende, mit Kriegen, Hunger und Krankheiten? Die Frage stellt sich nach dem Seebeben von Südostasien heute nicht anders. Die Bibel sagt unzweideutig, dass Gott gut ist (Jakobus 1,17), dass er Licht ist und keine Finsternis in ihm (1. Johannes 1,5). An die Stelle der Verzweiflung über das Leid tritt die Glaubensgewissheit der neuen Welt Gottes (Offb. 21,4). Und das Evangelium bezeugt, dass aus der Katastrophengeschichte der Welt letztlich doch eine Heilsgeschichte werden wird.

Ist Gott gerecht?

Ehemaliger Landesbischof von Hannover Dr. Horst Hirschler
Ansprache in der zentralen Trauerfeier für die Opfer und Angehörigen des Zugunglücks
von Eschede am Sonntag, dem 21.6.1998 in der Stadtkirche zu Celle:

Der Psalm 22 beginnt mit den Worten: Mein Gott, mein Gott, warum hast Du mich
verlassen? Ich schreie, aber meine Hilfe ist ferne. Und Paulus schreibt in Römer 8,31–39:
Was wollen wir nun hierzu sagen? Ist Gott für uns, wer kann gegen uns sein? Der seinen
eigenen Sohn nicht verschont hat, sondern hat ihn für uns alle dahingegeben – wie sollte
er uns mit ihm nicht alles schenken? […]

Liebe Trauergemeinde!

I.

Die Bilder des Unglücks, sie stehen uns noch vor Augen und das tiefe Erschrecken zittert
noch nach in uns. In den Zeitungen standen die Anzeigen, die einem ans Herz gingen.
Eine nur für viele: „Bei dem Bahnunglück habe ich meine Familie verloren, meine Frau
und meine Kinder. Wer sie gekannt hat, kann meinen Schmerz ermessen."
[…]
Wir gedenken den Toten und ihres Lebens. Alle haben ihren einmaligen Lebensweg. Wir
denken an sie als die Angehörigen. […] Wir denken an die Verletzten, deren Gesundheit
auf lange Zeit, vielleicht auf Dauer beeinträchtigt ist. Wir denken an jene, die noch einmal mit dem Schrecken, manchmal mit lange andauerndem Schrecken, manchmal ein
Leben lang, davongekommen sind. Wir gedenken auch derjenigen bei der Bahn, in Technik und Wissenschaft, die in großer Verantwortlichkeit wirken, und sich doch mit der
Frage quälen, welches Stück Mitverantwortung muss ich mir aufs Gewissen fallen lassen.
Und wir denken selbst immer wieder an dem Geschehen herum. […] Warum musste das
so laufen? Warum, lieber Gott, warum? […] Warum diese irre Verkettung von Unwahr-
scheinlichkeiten: der Radreifen, die Weiche, die Brücke. Warum musste das so laufen?
Das sieht einen Augenblick aus wie eine Frage nach dem technischen warum. […]
Aber viel stärker ist darin die Frage enthalten nach dem warum, das Gott gilt. Denn die
Frage nach dem warum, die Frage, die Gott gilt, sie kann keine direkte Antwort finden.
Aber wir Menschen können zeigen, daß wir für den liebenden Gott einstehen […].

II.

Der Psalmist dieses 22. Psalms gibt uns seine Lebenserfahrung weiter. Er lehrt uns zu leben. Er schreit seine Not zwischen das Geschehen, das ihn trifft. Er betet. Wie in diesen Tagen oft gebetet wurde, oft „warum" gefragt wurde. Der Psalmist hadert mit Gott. Das gehört zu unserem Glauben. Ich schreie, aber meine Hilfe ist ferne. Das ist unsere Erfahrung.

[…]

Es gilt was Paulus sagt: Denn ich bin gewiß, daß weder Tod noch Leben uns scheiden kann von der Liebe Gottes, die in Jesus Christus ist, unserm Herrn. Amen.

MATERIALIEN RELIGION
Leibniz und die Theodizee (Sek. II)

Leibniz' Theodizee

„Deshalb muss man annehmen, dass Gott unter den nicht unbedingt notwendigen allgemeinen Regeln die wählt, welche die natürlichsten sind, welche am leichtesten sich rechtfertigen lassen und mittelst derer noch andere Dinge gerechtfertigt werden können. Dies ist offenbar das schönste und das Gefälligste und wenn das System der vorherbestimmten Harmonie nicht schon außerdem notwendig wäre, […] so würde Gott es doch gewählt haben, weil es das harmonischste ist. Die Wege Gottes sind die einfachsten und gleichmäßigsten, deshalb wählt er Regeln, die sich einander am wenigsten beschränken; sie sind auch die fruchtbarsten in Betracht der Einfachheit der Wege […]. Man kann selbst diese beiden Bedingungen, die Einfachheit und die Fruchtbarkeit, auf einen Vorteil zurückführen, nämlich die möglichste Vollkommenheit hervorzubringen […].

Wenn sonach alles auf die höchste Vollkommenheit hinausläuft, so gelangt man zu meinem Gesetze, des Besten, denn die Vollkommenheit befasst nicht bloß das moralische und physische Gute der verständigen Geschöpfe, sondern auch das Gute, was nur metaphysisch ist und was auch die vernunftlosen Dinge der Schöpfung befasst. Daraus folgt, dass das bei den vernünftigen Geschöpfen vorkommende Übel nur als mitbegleitend vorkommt, nicht vermöge eines nachfolgenden Willens, indem es in dem möglichst besten Plane mit eingeschlossen ist. Die Regeln sind das, was der allgemeine Wille verlangt; je mehr man Regeln findet, desto mehr gibt es Regelmäßigkeiten; die Einfachheit und die Fruchtbarkeit sind das Ziel der Regeln. Man wird mir entgegnen, dass [dies] ein sehr einheitliches System ohne Unregelmäßigkeiten sein werde. Ich antworte, dass es eine Unregelmäßigkeit sein würde, wenn es zu einheitlich wäre; dies würde der Regel der Harmonie schaden. […]

Ich glaube, dass Gott einen einfachen, fruchtbaren und regelmäßigen Plan befolgen kann, aber ich glaube nicht, dass der beste und regelmäßigste Plan zugleich allen Geschöpfen der behaglichste sein wird und ich schließe dies a posteriori, weil der von Gott erwählte Plan nicht ein solcher ist. […]"[1]

Aufgaben:

1. Lesen Sie den Textauszug aus der *Theodizee* von Leibniz und notieren Sie die wichtigsten Gedanken und Begriffe in Form einer Mind-Map.
2. Rekonstruieren Sie die Argumentation von Leibniz schriftlich und in ganzen Sätzen.

---

1   Theodizee, Zweiter Teil, § 208, S. 263.

Gottes Gerechtigkeit – Leibniz' Rechtfertigung

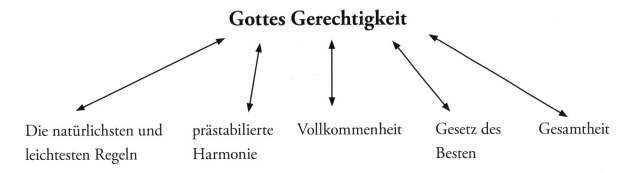

Gottes Gerechtigkeit

Die natürlichsten und leichtesten Regeln

prästabilierte Harmonie

Vollkommenheit

Gesetz des Besten

Gesamtheit

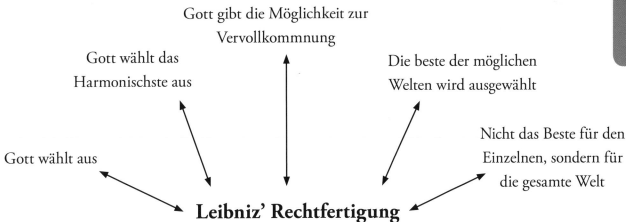

Gott gibt die Möglichkeit zur Vervollkommnung

Gott wählt das Harmonischste aus

Die beste der möglichen Welten wird ausgewählt

Gott wählt aus

Nicht das Beste für den Einzelnen, sondern für die gesamte Welt

Leibniz' Rechtfertigung

Drei Arten des Übels nach Leibniz

„Man kann das Übel metaphysisch, physisch und moralisch auffassen.
Das metaphysische Übel besteht in der bloßen Unvollkommenheit,
das physische Übel im Leiden, das moralische Übel in der Sünde."[1]

physisches Übel:

_____

_____

_____

_____

_____

moralisches Übel:

_____

_____

_____

_____

_____

metaphysisches Übel:

_____

_____

_____

_____

_____

1   Theodizee, Erster Teil, § 21, S. 110.

Drei Arten des Übels nach Leibniz

Menschen wissen nicht alles und machen auch **Fehler**.

Erdbeben von Haiti 2010; 300 000 Menschen sterben aufgrund einer Laune der Natur.

Im März 2010 explodierte eine **Bohrinsel im Golf von Mexiko**, weil Menschen die Sicherheit vernachlässigten.

1986 kam es zu einer Kernschmelze in **Tschernobyl**; die radioaktive Verseuchung, die durch menschliches Fehlverhalten passierte, kostete Hunderte von Menschen das Leben und wirkt bis heute nach.

Hurrikan Cathrina zerstörte 2005 ganz New Orleans; 1800 Menschen kamen ums Leben.

2010 wird Mirco, 10 Jahre jung, von einem Mann **entführt** und **getötet**. Die Polizei findet die Leiche im Januar 2011.

MATERIALIEN RELIGION
Leibniz und die Theodizee (Sek. II)

Drei Arten des Übels nach Leibniz

Menschen wissen nicht alles und machen auch **Fehler.**
(metaphysisches Übel)

Erdbeben von Haiti 2010; 300 000 Menschen sterben
aufgrund einer Laune der Natur.
(physisches Übel)

Im März 2010 explodierte eine **Bohrinsel im Golf von Mexiko,** weil Menschen die Sicherheit vernachlässigten.
(moralisches Übel)

1986 kam es zu einer Kernschmelze in **Tschernobyl**; die radioaktive Verseuchung, die durch menschliches Fehlverhalten passiert, kostete Hunderte von Menschen das Leben und wirkt bis heute nach.
(moralisches Übel oder metaphysisches Übel)

Hurrikan Cathrina zerstörte 2005 ganz New Orleans; 1800 Menschen kamen ums Leben.
(physisches Übel)

2010 wird Mirco, 10 Jahre jung, von einem Mann **entführt** und **getötet.** Die Polizei findet die Leiche im Januar 2011.
(moralisches Übel)

Die vollkommene Welt

Stellen Sie sich vor, es gäbe weder physische noch moralische Übel auf der Welt. Es gäbe also keine Verbrechen und keine Sünde mehr und kein Mensch würde je wieder eine bösartige Handlung durchführen können. Alle Menschen würden moralisch gut und richtig handeln. Es gäbe auch keinen Schmerz mehr, keine schlechten Gefühle, keine Ängste, keinen Hass und keine Wut.

Sämtliche Umweltprobleme würden beseitigt werden und Naturkatastrophen kämen nicht mehr vor, weil die Natur absolut perfekt und vollkommen organisiert ist. Der Mensch an sich macht dann keine Fehler mehr und muss dementsprechend auch nichts mehr lernen. Er ist perfekt und funktioniert völlig nach Plan, ohne Hinderlichkeiten wie einen eigenen Willen oder Ähnliches.

Stellen Sie sich vor, Sie würden in so einer Welt existieren. Was bedeutet das für Ihr Leben? Was bedeutet das für Gott? Verweilen Sie in Ihren Gedanken…

_____

_____

_____

_____

_____

_____

_____

_____

MATERIALIEN RELIGION
Leibniz und die Theodizee (Sek. II)

Aufgaben:

1. Ist eine vollkommene Welt ohne Leid denkbar? Notieren Sie Ihre Gedanken und Fantasien.
2. Leibniz geht davon aus, dass das Übel Teil der Welt sein muss. Beschreiben Sie die innere Zerrissenheit des Menschen, der zwischen der Erfahrung des Leids als Notwendigkeit und dem Wunsch, in einer vollkommenen Welt zu leben, steht.

Das metaphysische Übel

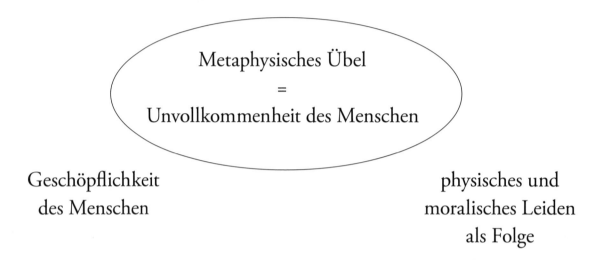

Metaphysisches Übel
=
Unvollkommenheit des Menschen

Geschöpflichkeit
des Menschen

physisches und
moralisches Leiden
als Folge

Allgüte

Allwissenheit

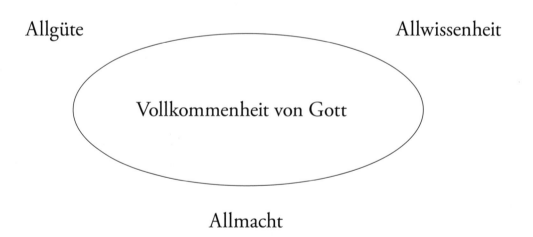

Vollkommenheit von Gott

Allmacht

- Aber: wenn Gott allmächtig ist, warum kann er dann nicht auch in die Naturgesetz-
lichkeiten eingreifen?

Unlösbarkeit des Theodizee-Problems[1]

(Von Norbert Hoerster)

Das Wort „Theodizee" kommt aus dem Griechischen und bedeutet „Rechtfertigung Gottes". Gemeint ist mit dem sogenannten „Theodizee-Problem" in der philosophischen und theologischen Diskussion somit das Problem der Rechtfertigung Gottes, genauer gesagt: das Problem der Lehre von der Güte Gottes angesichts der Übel in einer von Gott abhängigen Welt. Schon aus dieser knappen Begriffserläuterung geht hervor, daß das Theodizee-Problem nicht unter allen Umständen und für jedermann, sondern nur auf dem Hintergrund eines ganz bestimmten Weltbildes tatsächlich ein Problem darstellt. Dieses Weltbild ist durch die folgenden Überzeugungen – Überzeugungen, die insbesondere für das Christentum charakteristisch sind – gekennzeichnet:

1. Es gibt einen Gott, d.h. ein intelligentes, personales Wesen, das die Welt erschaffen hat und erhält.
2. Dieser Gott ist allmächtig und allwissend, d.h. er besitzt ein Maximum an Macht und Wissen.
3. Dieser Gott ist allgütig, d.h. er besitzt ein Maximum an Güte.
4. Es gibt in der Welt, so wie wir sie aus der Erfahrung kennen, Übel.

Natürliches und moralisches Übel

Es hat sich im Laufe der Behandlung, die das Theodizee-Problem in der Geschichte der abendländischen Philosophie und Theologie erfahren hat, als zweckmäßig erwiesen, die Gesamtheit des Übels, das in der Welt vorhanden ist, in zwei große Klassen einzuteilen: die Klasse des „natürlichen" Übels und die Klasse des „moralischen" Übels. […] Der Unterschied zwischen den beiden Arten besteht in folgendem: Das moralische Übel ist definiert als Übel, das in unmoralisch-schuldhaftem Handeln menschlicher (oder men-

1 Hoerster, Norbert: Unlösbarkeit des Theodizee-Problems. In: Theologie und Philosophie Vierteljahresschrift. 60, H. 3 (1985). S. 400–409.

schenähnlicher) Wesen oder in den Folgen eines solchen Handelns besteht. Das moralische Übel umfaßt also Phänomene wie Haß, Grausamkeit, Neid, Habgier sowie deren unheilvolle Auswirkungen. Das natürliche Übel ist demgegenüber definiert als Übel, das in keinem Zusammenhang mit unmoralischem menschlichen Handeln besteht. Es umfaßt solche Phänomene wie unabwendbare Krankheiten, Seuchen, Naturkatastrophen.

Ich möchte den Unterschied zwischen moralischem und natürlichem Übel noch verdeutlichen anhand eines Beispiels aus der Belletristik und mit diesem Beispiel gleichzeitig in die Erörterung der Problematik selbst überleiten. Das Beispiel stammt aus dem 1933 erschienenen Roman „Miss Lonelyhearts" des Amerikaners Nathaniel West. Im Mittelpunkt des Romans steht ein junger Journalist, der als Briefkastenonkel – unter dem Pseudonym „Miss Lonelyhearts" – Leserbriefe für eine New Yorker Tageszeitung zu beantworten hat und der an der Fülle von Leid zerbricht, das in diesen, oft hilflos formulierten, Briefen zum Ausdruck kommt. Einer dieser Briefe lautet: *„Liebe Miss Lonelyhearts, ich bin jetzt sechzehn Jahre alt und weiß nicht, was ich machen soll. [...] Als ich noch klein war, da ging es noch, weil ich mich daran gewöhnte, daß die Nachbarskinder sich über mich lustig machten, aber jetzt möchte ich Freunde haben wie die anderen Mädchen auch und am Samstagabend ausgehen. Doch niemand will mit mir ausgehen, da ich von Geburt aus keine Nase habe [...] Ich sitze den ganzen Tag da, schaue mich an und weine. Mitten im Gesicht habe ich ein großes Loch, das die Leute abschreckt, sogar mich selber; man kann es den Jungen nicht verdenken, wenn sie nicht mit mir ausgehen wollen. Meine Mutter hat mich gern, aber sie weint furchtbar, wenn sie mich anschaut. Womit habe ich nur dieses furchtbare Schicksal verdient? Selbst wenn ich manchmal schlecht war, dann jedenfalls nicht, bevor ich ein Jahr alt war; und ich bin so geboren. Ich habe meinen Vater gefragt, und er sagt, er weiß es auch nicht. Er meint, vielleicht habe ich in der anderen Welt etwas getan, ehe ich geboren wurde, oder vielleicht werde ich für seine Sünden bestraft. Das glaube ich aber nicht, er ist nämlich sehr nett. Soll ich Selbstmord begehen? Mit besten Grüßen, N. N."* Der hier geschilderte Fall einer angeborenen Mißbildung ist offenbar ein typisches Beispiel eines natürlichen Übels. Interessant ist jedoch [...], daß nicht wenige Menschen offenbar instinktiv dazu neigen, ein natürliches Übel nicht als nackte Tatsache hinzunehmen, sondern nach irgendeinem menschlichen Verschulden für dieses Übel zu forschen, es also als ein nur scheinbar natürliches, in Wirklichkeit jedoch moralisches Übel zu erweisen. Doch ein solches [...] ist offenbar häufig fruchtlos: Es gibt in einem Fall wie dem vorliegenden keinerlei Anhaltspunkte für irgendein menschliches Verschulden im Zusammenhang mit dem Übel.

Das Problem des natürlichen Übels

[…] Eine Welt, die in ihrem Verlauf bestimmten Regelmäßigkeiten, also Naturgesetzen folgt, ist besser als eine Welt, in der jedes konkrete Ereignis auf einen göttlichen Willensakt zurückginge. Wenn es aber Naturgesetze in der Welt gibt, dann ist es unvermeidlich, daß diese Naturgesetze sich in diesem oder jenem konkreten Fall auch einmal negativ für den Menschen auswirken. Ein Beispiel wäre etwa das Gravitationsgesetz: Es wirkt sich ohne Zweifel positiv auf die Möglichkeit des Menschen aus, sich rational planend in der Welt zu orientieren, kann jedoch hin und wieder – man denke etwa an Flutkatastrophen – auch einmal unliebsame Konsequenzen haben. Dieses Argument ist den Einwänden ausgesetzt:

[…] Selbst wenn man zugesteht, daß eine Welt mit Naturgesetzen unter sonst gleichen Umständen besser ist als eine Welt ohne […], so ist damit keineswegs schon gesagt, daß jene spezifischen Naturgesetze, die unsere tatsächlich existente Welt regieren, nicht besser sein könnten als sie es sind. […] Man darf in diesem Zusammenhang nicht vergessen, daß ein allmächtiger Schöpfergott keinerlei Beschränkungen unterliegen kann, beliebige – also auch in ihren Auswirkungen optimale – Naturgesetze in Kraft zu setzen. Es ist nicht einzusehen, warum Gott nicht etwa jenes Naturgesetz, das zum Entstehen von Krebs führt, so hätte modifizieren können, daß die (möglicherweise vorhandenen) positiven Auswirkungen dieses Gesetzes von seinen krebserzeugenden Auswirkungen isoliert geblieben wären. […]

Die Übel dieser Welt, so heißt es, finden für die davon Betroffenen im Jenseits eine angemessene Kompensation.[…] Selbst wenn wir von der an sich schon recht fraglichen These eines jenseitigen Lebens nach dem Tode ausgehen, so erscheint doch die zusätzliche These, dieses Jenseits werde wesentlich erfreulicher als das Diesseits beschaffen sein, als vollkommen willkürlich. Wir kennen nämlich aus der Erfahrung nichts als das Diesseits und können legitimerweise allein aus diesem Diesseits, wenn überhaupt, auf das Jenseits schließen. […] Es ist die These, daß Gott zwar durchaus eine völlig übelfreie Welt hätte erschaffen können, daß eine solche Welt jedoch, insgesamt gesehen, schlechter wäre als die tatsächlich von ihm erschaffene Welt. Und zwar ist die tatsächlich erschaffene Welt deshalb besser, so lautet die These, weil die partiellen Übel, die diese Welt ohne Zweifel enthält, im Wege des Kontrastes und der Ergänzung zu ihrem optimalen Gesamtbild einen notwendigen Beitrag leisten. So behauptet **Leibniz** in diesem Zusammenhang etwa, selbst die christliche Glaubensannahme, daß der Großteil der Menschen dieser Erde sich am Ende der Tage im ewigen Höllenfeuer wiederfinden wird, sei kein Argument gegen diese Version einer Theodizee, da man davon ausgehen dürfe, daß in anderen Teilen des

Universums (etwa auf anderen Planeten) die Zahl der Seligen die Zahl der Verdammten deutlich übersteigt. Die Verdammten dieser Erde haben also, so darf man sein Argument paraphrasieren, die Funktion eines einzigen dissonanten Akkords im Rahmen der gerade wegen dieses Akkords um so eindrucksvoller klingenden göttlichen Weltsymphonie. Dieses Argument ist folgenden Einwänden ausgesetzt.

[…] *Zweitens* bezieht die […] These ihre gesamte Plausibilität aus einer Analogie zum ästhetischen Bereich: Ein Gemälde oder eine Symphonie können in der Tat insgesamt optimal sein – trotz oder gerade auch wegen einiger (in Isolation betrachtet) häßlich aussehender bzw. klingender Partien. Ist diese Analogie aber nicht fehl am Platze, wenn es um die Allgüte Gottes geht – eine Allgüte, die doch zumindest auch als moralische Allgüte und nicht nur als ästhetischer Inbegriff überragender Künstlerqualitäten verstanden werden muß? […]

Drittens schließlich: Wäre Leibniz konsequenterweise nicht zu der Auffassung genötigt, jede menschliche Anstrengung zur Beseitigung irgendwelcher Übel habe zu unterbleiben, da eine solche Beseitigung ja – ähnlich wie etwa die späteren „Glättungen" einer Bruckner-Symphonie – die grandiose Wucht und Schönheit des Ganzen verderben würde? Die letzte Brückenthese zur Rechtfertigung des natürlichen Übels, die ich erörtern möchte, ist so geartet, daß sie zum Problem der Rechtfertigung des moralischen Übels, […] überleitet. Diese These besteht in der Behauptung, das natürliche Übel in der Welt sei ein notwendiges Mittel zu einem ganz bestimmten, nämlich moralischen Zweck und dieser Zweck sei derartig hochwertig, daß der negative Wert des Mittels, also des natürlichen Übels, dadurch mehr als aufgewogen wird. Und zwar liege dieser Zweck in der Ermöglichung und Ausbildung gewisser moralischer Tugenden – wie etwa Solidarität, Mitgefühl, Tapferkeit und Ausdauer. Wie ist diese These zu beurteilen? Es ist zuzugeben, daß eine Welt gänzlich ohne natürliche Übel – also ohne solche Phänomene wie Krankheiten, Seuchen, Mißbildungen, Naturkatastrophen – für die genannten moralischen Tugenden kein rechtes Betätigungsfeld hätte und daß diese Tugenden insofern ohne die betreffenden Übel gar nicht entstehen könnten. […] Die Welt bzw. die Menschen in ihr sind de facto so beschaffen, daß selbst jene natürlichen Übel, die ihrer Natur nach vom Menschen bewältigt werden können, keineswegs immer im positiven Sinne bewältigt werden und damit zur Ausbildung moralischer Tugenden führen. Wohl ebenso häufig werden diese Übel gerade nicht positiv bewältigt. Sie werden vielmehr zum Nährboden moralischer Untugenden oder Laster (wie Egoismus, Kleinmut, Hartherzigkeit, Grausamkeit […].

Das Problem des moralischen Übels

Wie ist nun die Lage im Falle des moralischen Übels? [...] Offenbar gibt es Formen moralischen Übels nicht nur dort, wo der Mensch auf die Tatsache des natürlichen Übels inadäquat – also etwa mitleidlos oder gar schadenfroh – reagiert. Selbst wenn es keinerlei auf natürlichen Ursachen beruhendes Übel gäbe, würde es immer noch jenes moralische Übel geben, das in dem Verstoß des Menschen gegen die Forderungen der Sittlichkeit und seinen oft katastrophalen Folgen liegt. Man denke etwa an die Massenmorde der Nazis. [...]

Das einschlägige Argument lautet wie folgt: Moralische Übel – welcher Art im Einzelnen auch immer – beruhen auf schuldhaften Verstößen des Menschen (oder anderer, menschenähnlicher Personen) gegen die Forderungen der Moral. Solche schuldhaften Verstöße gegen die Forderungen der Moral aber sind eine unvermeidliche Folge der Tatsache, daß der Mensch einen freien Willen besitzt. Nur Wesen ohne einen freien Willen könnten so beschaffen sein, daß sie stets und immer nur das Gute tun. Wesen dieser Art jedoch wären keine Menschen mehr, so wie wir sie kennen, sondern seelenlose Automaten. Eine Welt aber, die anstelle von sich frei entscheidenden Menschen von stets richtig handelnden Automaten bevölkert wäre, wäre alles in allem schlechter als die tatsächliche Welt. Daß Gott die Welt so geschaffen hat, wie sie ist, also einschließlich sich frei (mal für das Gute, mal für das Böse) entscheidender, personaler Wesen, ist also mit seiner überragenden Macht und Güte durchaus vereinbar. Dieses Argument ist den folgenden kritischen Einwänden ausgesetzt. Zunächst einmal: Selbst wenn man zugesteht, daß die Existenz freier, zum Bösen fähiger Menschen trotz der damit verbundenen moralischen Fehltritte dieser Menschen den Wert der Welt erhöht, hätte ein allmächtiger Gott die Welt dann nicht trotzdem so einrichten können, daß die Versuchungen des Menschen zum Bösen – in Intensität und Häufigkeit – geringer wären, als sie es tatsächlich sind? Es gibt keinen Grund für die Annahme, daß ein solches Vorgehen Gottes der menschlichen Willensfreiheit Abbruch getan hätte. [...] Dieser Einwand aber läßt sich noch radikalisieren: hätte Gott eigentlich die Welt nicht von vornherein so einrichten können, daß die Menschen zwar einen freien Willen haben, sich also für das Böse entscheiden können, daß sie sich de facto aber stets für das Gute entscheiden? [...]

Wenn Gott die Dinge doch offenbar so gestalten kann, daß etwa ,Herr Meier' – ohne seine Willensfreiheit einzubüßen – in einer konkreten Situation der Versuchung zum Diebstahl widersteht, warum kann ein allmächtiger Gott die Dinge dann nicht ebenso gut so gestalten – wiederum unter voller Wahrung der menschlichen Willensfreiheit –, daß nicht nur ,Herr Meier' in dieser Situation der Versuchung zum Diebstahl, sondern daß alle Menschen immer allen Versuchungen zum Bösen Widerstand leisten? […] Man könnte versucht sein zu argumentieren, wenn der Mensch de facto nie sündige, dann könne das nur darauf beruhen, daß er von Gott so geschaffen sei, daß er eben nicht sündigen könne. Mit anderen Worten: Er sei durch den göttlichen Schöpfungsakt ein für allemal am Sündigen gehindert worden. Folglich sei er unter dieser Voraussetzung kein freies Wesen.

Dieses Argument ist jedoch deshalb nicht schlüssig, weil es in Wahrheit keinerlei Widerspruch bedeutet zu sagen: Gott hat den Menschen zwar mit einem freien Willen, der sich für das Böse entscheiden kann, geschaffen; er hat jedoch gleichzeitig – aufgrund seiner Allmacht und seiner Allwissenheit – die Randbedingungen des menschlichen Lebens so arrangiert, daß de facto nie ein Mensch von seiner Möglichkeit zum Bösen Gebrauch macht.

Etwas anderes würde allenfalls unter jener Voraussetzung gelten, daß man den Begriff der Willensfreiheit so versteht, daß Willensfreiheit nicht nur mit strikter kausaler Determiniertheit unvereinbar wäre, sondern daß bereits jeder kausale Faktor, der sich in Anlage oder Umwelt des handelnden Menschen findet und der seine Entscheidung zum Guten oder zum Bösen beeinflußt, die Willensfreiheit ausschlösse. Denn unter dieser Voraussetzung bestünde für Gott in der Tat nicht die Möglichkeit, die Randbedingungen des menschlichen Lebens so festzulegen, daß die Menschen de facto nie sündigen, aber trotzdem Willensfreiheit besitzen. In diesem Sinn „frei" wären dann nur solche Handlungen, die sich unter kausaler Betrachtung vollkommen zufällig, d.h. ohne irgendwie mit dem Charakter oder den Lebensumständen des Handelnden verknüpft zu sein, ereignen.

Ein solcher Freiheitsbegriff jedoch hätte nicht nur mit dem, was wir gewöhnlich unter „Freiheit" verstehen, nur noch wenig zu tun. Es wäre auch für das apologetische Unterfangen des Gläubigen bei näherem Hinsehen denkbar ungeeignet. Denn welcher Wert ließe sich einer dem reinen Zufall überlassenen Freiheit – einer Freiheit, die mit dem individuellen Charakter des Handelnden nichts zu tun hat – plausiblerweise noch zuschreiben? Will man tatsächlich behaupten, daß eine derartige Freiheit jene Fülle von moralischem Übel, die sie im Gefolge hat, wertmäßig aufwiegen kann?

Wenn aber doch – entgegen diesem Argument – ein gewisses Maß an faktischer Unmoral zur Realisierung der menschlichen Freiheit unerläßlich sein sollte: Warum hat Gott den Menschen und seine Umwelt dann nicht so geschaffen, daß die faktische Unmoral sich ausschließlich auf solche oben bezeichneten Handlungen beschränkt, die zwar gegen ein Gottesgebot verstoßen, die aber keine darüber hinausgehenden Übel bewirken? Wäre eine Welt, in welcher der „freie Wille" sich anstatt in Massenvernichtungslagern und

Kriegen ausschließlich etwa in verbotenem Sexualverhalten gegen Gott auflehnt, nicht um einiges besser als die tatsächliche Welt? Es mag sein, daß sich in einer solchen fiktiven Welt weniger Menschen die ewige Höllenstrafe verdienen würden als in unserer tatsächlichen Welt. Doch wäre nicht auch diese Konsequenz eher zu begrüßen?

[...]

Wer nicht bereit ist, sein Weltbild aus der Tradition seiner Gesellschaft unbesehen zu übernehmen, wird auf die Forderung nach rationaler Begründbarkeit seiner Überzeugungen gerade im weltanschaulichen Bereich nicht verzichten wollen. Ein Hiob, der, von der Macht Gottes überwältigt, diesem Gott schon deshalb auch Güte zuzusprechen und Verehrung entgegenzubringen bereit ist, kann einem Menschen, der intellektuelle Redlichkeit und Konsequenz schätzt, kein Vorbild sein. Dieser Mensch wird einem Gott, der sich auf solche Weise wie der biblische Gott gegenüber Hiob der Zustimmung seiner Geschöpfe versichert, vielmehr mit besonderer Skepsis und besonderer moralischer Reserve gegenüberstehen.

Freiheit des Menschen und Vorhersicht Gottes

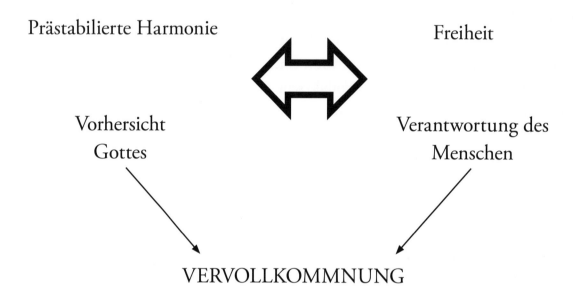

Prästabilierte Harmonie   Freiheit

Vorhersicht   Verantwortung des
Gottes   Menschen

VERVOLLKOMMNUNG

„Beim Menschen wie auch sonst überall ist also alles gewiß und im voraus bestimmt und die menschliche Seele ist eine Art geistiger Automat, wenn auch die zufälligen Handlungen im allgemeinen und die freien Handlungen im besonderen nicht im Sinne einer absoluten Notwendigkeit notwendig sind, denn das wäre mit der Zufälligkeit ganz unvereinbar. […] Bei der Zukünftigkeit und der Voraussicht gibt man dies […] zu, und da der göttliche Beschluß einzig und allein in dem Entschluße besteht, nach einem Vergleiche aller möglichen Welten die beste von ihnen auszuwählen und ihr mitsamt allem Inhalt Existenz zu geben […], so liegt es auf der Hand, daß dieser Beschluß nichts an der Beschaffenheit der Dinge ändert und daß er sie in dem Zustande beläßt, indem sie sich schon als reine Möglichkeiten befanden."[1]

1   Theodizee, Erster Teil, § 52, S. 129f.

Verantwortung des Menschen aus christlicher Perspektive

Das Erste Buch Mose (Genesis 1)

Die Schöpfung

Am Anfang schuf Gott Himmel und Erde. Und die Erde war wüst und leer, und es war finster aus der Tiefe: und der Geist Gottes schwebte auf dem Wasser.

Und Gott sprach: Es werde Licht! Und es ward Licht.

[…]

Und Gott sprach: Lasset uns Menschen machen, ein Bild, das uns gleich sei, die da herrschen über die Fische im Meer und über die Vögel unter dem Himmel und über das Vieh und über alle Tiere des Feldes und über alles Gewürm, das auf Erden kriecht.

Und Gott schuf den Menschen zu seinem Bilde, zum Bilde Gottes schuf er ihn; und schuf sie als Mann und Weib.

Und Gott segnete sie und sprach zu ihnen:Seid fruchtbar und mehret euch und füllet die Erde und machet sie euch untertan und herrschet über die Fische im Meer und über die Vögel unter dem Himmel und über das Vieh und über alles Getier, das auf Erden kriecht.

[…]

Und Gott sah an alles, was er gemacht hatte, und siehe, es war sehr gut.

MATERIALIEN RELIGION
Leibniz und die Theodizee (Sek. II)

Aufgaben:

1. Vergleichen Sie den Auszug aus der Schöpfungsgeschichte mit der Leibniz'schen Auffassung von Welt und Weltentstehung.

2. Erklären Sie, warum der Mensch aus christlicher Perspektive die Verantwortung für die Schöpfung trägt und wie sich der Begriff der Verantwortung bei Leibniz darstellt.

Verantwortung des Menschen aus christlicher Perspektive

Christus hat keine Hände,
nur unsere Hände,
um seine Arbeit heute zu tun.
Er hat keine Füße,
nur unsere Füße,
um Menschen auf
seinen Weg zu führen.

Christus hat keine Lippen,
nur unsere Lippen,
um Menschen von
ihm zu erzählen.
Er hat keine Hilfe,
nur unsere Hilfe,
um Menschen an
seine Seite zu bringen.

Gebet aus dem 14. Jahrhundert

Leibniz und die Schöpfungsgeschichte

Leibniz (Vervollkommnung)	**Erstes Buch Mose** (Verantwortung)
der Mensch ist unvollkommen	Der Mensch ist als Abbild Gottes geschaffen
Größtmögliche Vielheit und Harmonie in der Welt	„und siehe, es war sehr gut"
Der Mensch steht als vernunftbegabt über den Tieren und anderen Lebewesen	Sonderstellung des Menschen
Aufgabe der Vervollkommnung der Welt	Verantwortung gegenüber der Schöpfung

Das vollkommene Gebet

Das Vaterunser:

Vater unser im Himmel,
geheiligt werde dein
Name. Dein Reich komme.
Dein Wille geschehe
wie im Himmel so auf Erden.

Unser tägliches Brot gib uns heute.
Und vergib uns unsere Schuld,
wie auch wir vergeben unsern Schuldigern.

Und führe uns nicht in Versuchung,
sondern erlöse uns von dem Bösen.

Denn dein ist das Reich und die Kraft und
die Herrlichkeit in Ewigkeit.
Amen.

Das vollkommene Gebet, Leibniz von seinem Briefpartner Landgraf Ernst übersandt:

„O einziger, ewiger, allmächtiger, allwissender und allgegenwärtiger Gott, du einziger, wahrhaftiger und unbeschränkt regierender Gott:
ich, dein armes Geschöpf, ich glaube und ich hoffe auf dich, ich liebe dich über alles, ich bete dich an, ich lobe dich, ich danke dir, und ich gebe mich auf an dich.
Vergib mir meine Sünde und gib mir, sowie allen Menschen, was nach deinem heutigen Willen nützlich ist […] und bewahre uns vor allem Übel! Amen.“[1]

---

1 Ernst v. Hessen-Rheinfels an Leibniz, 13./23.3.1685. In: Sämtliche Schriften und Briefe. Bd. I, 4, S. 361f.

Landgraf Ernst von Hessen-Rheinfels berichtet Leibniz von einer Diskussion über das vollkommene Gebet:

„Da mich die Rede darauf brachte, sprach ich […] von einem kurzen Gebete, von der Länge etwa des Vaterunsers, indem durchaus alles, und zwar, was noch wichtiger sei, in einer **gewissen Ordnung** enthalten wäre. Dieses Gebet ist so beschaffen, daß nicht nur jeder Christ, sondern auch jeder Jude und jeder Mohammedaner es sagen kann."[1]

Aufgaben:

1. Lies das *Vaterunser* und das *vollkommene Gebet* und vergleiche die Gebete miteinander. Wo gibt es Unterschiede und wo Gemeinsamkeiten?

2. Leibniz wollte ein Gebet verfassen, das alle Menschen unabhängig von ihrer Religion beten können. Notiere in dein Heft, welche Bitten für so ein Gebet wichtig sind.

3. Lies das Zitat von Leibniz und diskutiere mit deinem Nachbarn darüber, welche Kriterien ein Gebet nach Leibniz vollkommen macht.

4. Schreibe ein vollkommenes Gebet, das die Bitten berücksichtigt, die dir wichtig sind.

MATERIALIEN RELIGION
Leibniz und die Ökumene (Sek. I)

---

1   Ernst v. Hessen-Rheinfels an Leibniz, 13./23.3.1685. In: Sämtliche Schriften und Briefe. Bd. I, 4, S. 361f.

Leibniz als Christ

(Gottfried Wilhelm Leibniz 1646–1716)

„Unsere Absicht ist es, die Menschen von ihren falschen Vorstellungen abzubringen, als ob Gott ein absoluter Fürst sei, nach Willkür verfährt und wenig geeignet und würdig ist, geliebt zu werden."[1]

„Gäbe es nicht die beste aller möglichen Welten, dann hätte Gott überhaupt keine erschaffen."[2]

„Ich nehme an, daß zwei Wahrheiten sich nicht widersprechen können, daß der Gegenstand des Glaubens die Wahrheit ist, welche Gott auf außergewöhnliche Weise offenbart hat, und daß die Vernunft die Verkettung der Wahrheiten ist […]."[3]

Aufgaben:

1. Der Glaube an Gott war für Leibniz sehr wichtig. Notiere dir die wichtigsten Merkmale, die den Glauben für Leibniz auszeichnen.
2. Wie stellt sich Leibniz Gott vor?

1 Theodizee, Erster Teil, § 6, S. 99.
2 Theodizee, Erster Teil, § 8, S. 101.
3 Theodizee, Einleitung, S. 33.

Die Liebe Gottes bei Leibniz und Luther

(Martin Luther 1483–1546)

Martin Luther:
„Ein Christenmensch [lebt] nicht in sich selbst [...], sondern in Christus und in seinen Nächsten; in Christus durch den Glauben, im Nächsten durch die Liebe.“[1]

Leibniz:
„Die wahre und wesentliche Gemeinschaft, die bewirkt, daß wir zu dem Körper Jesu Christi gehören, ist die Liebe.“[2]

MATERIALIEN RELIGION
Leibniz und die Ökumene (Sek. I)

1 Martin Luther: Von der Freiheit eines Christenmenschen (1520). In: Ders.: Ausgewählte Schriften. Hrsg. v. Karin Bornkamm u. Gerhard Ebeling. Frankfurt a. M.: Insel 1982, S. 263.
2 Leibniz an Marie de Brinon (1691). In: Gott, Geist, Güte, S. 299.

Leibniz und Luther im Dialog

Leibniz: Lieber Herr Luther, da ich ja eigentlich 100 Jahre nach Ihrem Tod erst geboren wurde, hatte ich nie die Gelegenheit Sie zu fragen, warum Sie eigentlich die Kirchenspaltung herbeigeführt haben. Doch dieser fiktive Dialog bietet mir die Möglichkeit, Sie direkt danach zu fragen. Wie konnte das passieren, wo doch die christlichen Kirchen so viele Gemeinsamkeiten haben und doch eigentlich zusammengehören?

Luther: Eigentlich wollte ich gar nicht, dass alles so kommt. Aber ich musste, was ich erkannt hatte, weitergeben, nämlich dass kein Mensch, sondern nur Gott Heil geben kann. Leider war ich da nicht einer Meinung mit dem Papst und der katholischen Kirche, die durch Ablasshandel versucht haben, die Menschen zu betrügen, als wenn man durch Geld zu Gott kommen könnte. Dabei hat kein Mensch es nötig, sich freizukaufen von seinen Sünden. Wer voll und ganz auf Gott vertraut, kann auch darauf vertrauen, dass er zu Gott gehört.

Leibniz: Die Harmonie zwischen Gott und den Menschen ist mir auch sehr wichtig. Aber besonders am Herzen liegt mir die Harmonie des Ganzen. Schon während meiner Kindheit musste ich noch die fürchterlichen Auswirkungen des Dreißigjährigen Krieges erfahren. Sollten wir nicht versuchen, das Gemeinsame unseres Glaubens zu betonen? Herr Luther, wenn Sie sich heute noch einmal entscheiden könnten, würden Sie dann die Trennung von der katholischen Kirche erneut herbeiführen?

Luther: Was ich getan habe, ist aus Überzeugung geschehen. Und auch wenn ich gewusst hätte, was für Konflikte durch mein Tun entstehen würden, würde ich es niemals rückgängig machen wollen. Die Verbindung des Gläubigen zu Gott ist eine direkte Verbindung, da bin ich mir sicher.

Leibniz: Ja, und genau aus diesem Grund spielt es auch keine Rolle, welcher Konfession wir angehören, denn vor Gott sind wir alle gleich. Ich selbst bin zwar evangelisch-lutherisch, aber für die Reunion der Kirchen würde ich auch darauf verzichten. Nun gibt es also vieles, das uns trennt. Verbindet uns denn gar nichts?

Luther: Doch, lieber Herr Leibniz, die Liebe Gottes zu den Menschen ist es, die uns verbindet und die auch alle Gläubigen verbindet. Erst diese Liebe befreit uns; als Christen geben wir sie weiter. Sie sehen, mir geht es nicht in erster Linie um Trennung. *Ein Christenmensch lebt nicht in sich selbst, sondern in Christus und in seinen Nächsten; in Christus durch den Glauben, im Nächsten durch die Liebe.*

Leibniz: Das stimmt, *die wahre und wesentliche Gemeinschaft, die bewirkt, daß wir zu dem Körper Jesu Christi gehören, ist die Liebe.*

Luther: Wissen Sie, Herr Leibniz, ich denke, das sollten wir allen Menschen sagen.

Aufgaben für Gruppenarbeit:

1. Lest euch das Gespräch zwischen Leibniz und Luther durch und notiert die Argumente in einer Liste.
2. Überlegt euch weitere Argumente. Wie könnte das Gespräch weitergehen?
3. Bestimmt zwei SchülerInnen aus der Gruppe, die Leibniz und Luther in einem Dialog spielen.

Leibniz und die Ökumene

„Alle sollen eins sein.
Du, Vater, bist in mir,
und ich in dir.
So sollen sie in uns sein.
Sie sollen miteinander eins sein,
wie wir miteinander eins sind."
(*Johannes* 17,21–22)

Leibniz:
„Denen, die nicht die Einheit der Kirche lieben, mangelt es an Caritas [brüderlicher Liebe]."[1]

„Wie liebenswert die Einheit der Kirche ist und wie schwere Schäden aus der Kirchenspaltung erwachsen, werden verständige Männer, die auch nur ein wenig Gefühl für Frömmigkeit haben, nicht bestreiten."[2]

1 Sämtliche Schriften und Briefe. Bd. IV, 3, S. 284.
2 Irenica. In: Gott, Geist, Güte, S. 279.

Leibniz und die Ökumene

An unserem Leib sind viele Glieder. Jedes Glied hat eine andere Aufgabe. So ist das auch mit uns: Der Leib, das ist Christus. Wir, die vielen, sind die Glieder. Wir gehören zusammen. Jeder von uns hat andere Fähigkeiten. Jeder von uns hat andere Aufgaben. (Nach *Römer* 12,4–6)

„Die wahre und wesentliche Gemeinschaft, die bewirkt, daß wir zu dem Körper Jesu Christi gehören, ist die Liebe.“[1]

„Denen, die nicht die Einheit der Kirche lieben, mangelt es an Caritas.“[2]

„Wie liebenswert die Einheit der Kirche ist und wie schwere Schäden aus der Kirchenspaltung erwachsen, werden verständige Männer, die auch nur ein wenig Gefühl für Frömmigkeit haben, nicht bestreiten.“[3]

1 Leibniz an Marie de Brinon (1691). In: Gott, Geist, Güte, S. 299.
2 Sämtliche Schriften und Briefe. Bd. IV, 3, S. 284.
3 Irenica. In: Gott, Geist, Güte, S. 279.

• • • • • • • • • • • • • • **Religion: Leibniz und die Ökumene (Sek. I)** • • • • • • • • • • • • • | **Ök. I M6b** | •

Folie

Leibniz und die Ökumene

Das Symbol der Ökumene

Ökumene:

- Oikoumene → griechisch oikos = Haus; bewohnte Erde
- Ziel: die Zusammenführung, die Einheit und das Zusammenleben aller konfessionell, national, kulturell und sozial gespaltenen Kirchen und Christen

Kreuz

- Symbol für Jesus
- Jesus verbindet die Christen untereinander

Boot

- alle sitzen in einem Boot
- alle müssen zusammenhalten
- alle Christen sind miteinander verbunden

Wellen

- manchmal ist das Boot durch Wellengang bedroht
- damit das Schiff nicht untergeht, müssen alle gut zusammenarbeiten

MATERIALIEN RELIGION
Leibniz und die Ökumene (Sek. I)

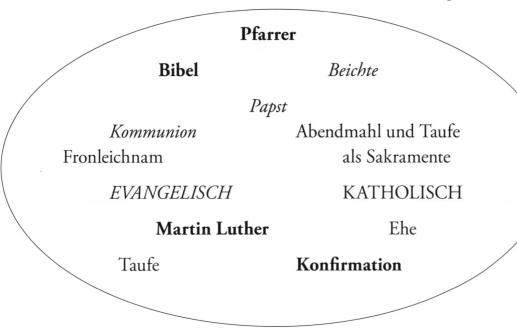

Pfarrer

Bibel *Beichte*

Papst

Kommunion Abendmahl und Taufe
Fronleichnam als Sakramente

EVANGELISCH KATHOLISCH

Martin Luther Ehe

Taufe **Konfirmation**

*Institution Kirche als höchste
Autorität*
Reformationstag

Leibniz im Dialog mit den christlichen Kirchen

Als Leibniz noch sehr jung war, erlebte er die Auswirkungen des Dreißigjährigen Krieges. Als Dreißigjährigen Krieg bezeichnet man einen Konflikt zwischen verschiedenen europäischen Mächten. Dabei ging es auch besonders um die Gegensätze zwischen Protestanten und katholischen Gläubigen.

Leibniz konnte nicht verstehen, weswegen die verschiedenen christlichen Kirchen nicht in Harmonie miteinander leben konnten. In seiner Idealvorstellung waren die Kirchen wieder in der Liebe Gottes vereint. Diesen Gedanken immer im Kopf verfasste Leibniz sogar eine Friedensschrift, die für alle Christen gelten sollte: die Irenica.

Dass es nicht immer so einfach ist, die Menschen im Glauben zusammenzuführen, merkte Leibniz aber unter anderem an den Briefkontakten, die er mit den verschiedenen Vertretern einzelner Konfessionen führte.

Leibniz schrieb viele Briefe:

LEIBNIZ

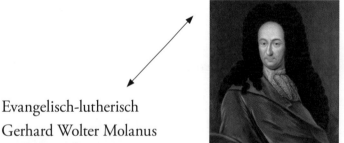

Evangelisch-lutherisch
Gerhard Wolter Molanus

Katholisch
Jacques Bénigne Bossuet

Aufgaben:

1. Beschreibe in einigen Sätzen schriftlich, was Leibniz' Ziel war.
2. Recherchiere einige biographische Daten über Molanus und Bossuet.

Katholisch und Evangelisch

Evangelisch   Katholisch

Bibel

Beichte

Abendmahl

Katholisch und Evangelisch

Bibel:

Katholisch: Für die katholische Kirche ist neben der Bibel die Tradition Quelle des Glaubens. Das rechte Verständnis der Bibel ist nach katholischer Lehre durch die ununterbrochene Glaubenstradition des Gottesvolkes und durch das kirchliche Lehramt gesichert.

Evangelisch: Für die evangelische Kirche ist die Bibel die alleinige Quelle des Glaubens und des Lebens. Der evangelische Glaube hält sie allein für klar genug, um daran alle Lehren zu überprüfen (Hl. Schrift legt sich selbst aus).

Beichte:

Katholisch: Nach einem Gespräch unter vier Augen kann der Priester den Beichtenden im Namen Christi von seinen Sünden lossprechen. Katholiken sollten einmal im Jahr zur Beichte gehen, besonders zur Osterzeit.

Evangelisch-lutherisch: Auch in der evangelisch-lutherischen Kirche gibt es die Beichte. An die Stelle der Einzelbeichte mit Handauflegung ist in den Gottesdiensten jedoch vielfach die „Allgemeine Beichte", ein Rüstgebet (Confiteor, die gemeinsame Bitte um Vergebung) getreten. Außerdem gibt es spezielle Buß- und Beichtgottesdienste.

Abendmahl:

Katholisch: Für die Katholiken findet bei der Hl. Messe während der Wandlung eine substanzielle Veränderung von Brot und Wein statt, sie werden zu Leib und Blut Jesu Christi, und zwar ist das durchaus konkret gemeint. Die Gaben bleiben äußerlich sichtbar unverändert, ihre innere „Substanz" aber, ihr Wesen, verändert sich. Das geschieht durch die Gebete der Wandlungsliturgie an den heiligen Geist.

Evangelisch-lutherisch: Für die lutherischen Christen findet beim Abendmahl ebenfalls eine Art Wandlung statt, nach Martin Luther bewirkt durch die Einsetzungsworte Jesu „.. das ist mein Leib ... das ist mein Blut ...". Durch diese Worte wurde das Sakrament von Jesus gestiftet und die Wiederholung seiner Worte am Altar ist das, was aus Brot und Wein Leib und Blut Jesu macht. Das geschieht nicht durch die Kraft eines Priesters, sondern durch den Willen Gottes.

Arbeitsaufträge für eine Projektarbeit

Arbeitsaufträge für alle:

1. Tragt die wichtigsten Informationen, die ihr zum Thema „Leibniz und die Ökumene" gesammelt habt, zusammen und erweitert diese noch durch eigene Recherchen.

2. Gestaltet ein Plakat, das die wichtigsten Informationen und Produktionen des Unterrichts anschaulich darstellt.

3. Entwickelt weitere eigene kreative Ideen (zum Beispiel einen Brief an Leibniz schreiben, etc.).

Gruppe 1: Besuch in der Kirche

Arbeitsauftrag:

Besucht als Gruppe einen katholischen und/oder evangelischen Gottesdienst. Ihr könnt auch ein Gespräch mit dem Pastor/Pfarrer führen und ihm einige Fragen zum Thema Ökumene stellen. Eure Erfahrungen sollt ihr auf eurem Plakat darstellen.

Gruppe 2: Ökumene fotografieren

Arbeitsauftrag:

Mithilfe einer Digitalkamera könnt ihr verschiedene Gegenstände, Menschen und Symbole fotografieren, die für katholisch, evangelisch oder ökumenisch stehen. Die Fotos sollt ihr dann auf euer Plakat kleben und die einzelnen Abbildungen beschreiben.

Gruppe 3: Interviews durchführen

Arbeitsauftrag:

Überlegt euch Fragen zur Ökumene auch in Verbindung mit Leibniz. Sucht euch eine oder mehrere Personen (Mutter, Vater, Geschwister etc.) und interviewt sie. Was denken andere Menschen über Konfessionen und über den Leibniz'schen Gedanken der Reunion der Kirchen?

MATERIALIEN RELIGION
Leibniz und die Ökumene (Sek. I)

Leibniz als Christ

„Unsere Absicht ist es, die Menschen von ihren falschen Vorstellungen abzubringen, als ob Gott ein absoluter Fürst sei, nach Willkür verfährt und wenig geeignet und würdig ist, geliebt zu werden."[1]

„Warum alles bis zum Äußersten treiben und Mittel und Wege verwerfen, die allein mit den eigentlichen Prinzipien der Katholizität vereinbar scheinen […]? Doch Gott weiß, welche Wunden dieser Streit dem Christentum schlagen würde."[2]

„Wahrlich die Liebe […], das Verlangen nach Frieden, wozu Jesus Christus so ermahnt hat, … fordern, daß man nun nichts unterläßt, was in unserer Macht steht, und was dazu dienen kann, die unglückliche Spaltung zu beseitigen oder zu mindern."[3]

„Wie liebenswert die Einheit der Kirche ist und wie schwere Schäden aus der Kirchenspaltung erwachsen, werden verständige Männer, die auch nur ein wenig Gefühl für Frömmigkeit haben, nicht bestreiten."[4]

„Ich tue, was ich kann, und wenn mir kein Erfolg beschieden ist, werde ich trotzdem zufrieden sein. Gott wird seinen heiligen Willen vollziehen und ich habe meiner Pflicht genügt."[5]

1 Theodizee, Erster Teil, § 6, S. 99.
2 Leibniz an Bossuet (September 1700). In: Leibniz korrespondiert mit Paris, S. 67.
3 Leibniz an Ernst v. Hessen-Rheinfels (November 1687). In: Sämtliche Schriften und Briefe, I, 5, S. 18.
4 Irenica. In: Gott, Geist, Güte, S. 279.
5 Leibniz an Bossuet (September 1700). In: Leibniz korrespondiert mit Paris, S. 67.

Leibniz und der Dreißigjährige Krieg

„Augsburger Religionsfriede zwischen Lutheranern und Katholiken (Friedensgemälde 1655)" von Melchior Küsel; Kupferstich auf Flugblatt zum 100-jährigen Jubiläum, Staats- und Stadtbibliothek Augsburg.

Zwei Jahre vor dem Westfälischen Frieden geboren, erlebte Leibniz die Folgen der zahlreichen Religionskriege sowie das Leiden der Menschen. Von *Luthers 95 Thesen* 1517 über den *Augsburger Religionsfrieden 1555*, der die konfessionelle Zugehörigkeit der Menschen vom Glauben des jeweiligen Landesherrn abhängig machte und letztendlich in den *Dreißigjährigen Krieg* führte, bis hin zum *Westfälischen Frieden 1648* ist das Land einen langen Weg gegangen. Obgleich der Westfälische Frieden den Krieg beendete und den Augsburger Religionsfrieden inhaltlich bestätigte, blieben die Differenzen zwischen den Konfessionen bestehen und hinter die Spaltung der Kirche in katholische und evangelisch-lutherische Gläubige konnte man nicht zurück.

Für Leibniz, der philosophisch immer eine Harmonie des Ganzen anstrebte, war dies Anlass genug, sich mit dem Problem der Kirchenspaltung zu beschäftigen. Es ging ihm dabei um nichts Geringeres als die Einheit der christlichen Kirchen. Seine Bemühungen bezogen sich dabei sowohl auf die Einheit zwischen evangelischen und katholischen Glaubensvorstellungen als auch auf eine Zusammenführung von Lutheranern und Reformierten innerhalb der evangelischen Kirche.

Leibniz konnte nicht verstehen, weswegen die verschiedenen christlichen Kirchen nicht in Harmonie miteinander leben konnten. In seiner Idealvorstellung waren die Kirchen wieder in der Liebe Gottes vereint. Diesen Gedanken immer im Kopf verfasste Leibniz sogar eine Friedensschrift, die für alle Christen gelten sollte: die Irenica.

Leibniz selbst war evangelisch lutherisch getauft, konnte sich jedoch mit seinen konfessionellen Wurzeln nie identifizieren. Er fühlte sich vielmehr als Repräsentant des Ganzen, weswegen er auch das Angebot, in die katholische Kirche einzutreten, ablehnte. Sein Lebensziel, das er jedoch nicht erreichen konnte, bestand in der Herstellung einer Harmonie zwischen den Konfessionen und letztlich auch zwischen den Religionen.

Wir sprechen heute von Ökumene, wenn es darum geht, die Gemeinsamkeiten der Konfessionen zu betonen. Insofern sollte Leibniz auch heute noch, was den Umgang mit Religion angeht, ein Vorbild für alle Menschen sein.

MATERIALIEN RELIGION
Leibniz und die Ökumene (Sek. II)

Leibniz und der Dreißigjährige Krieg

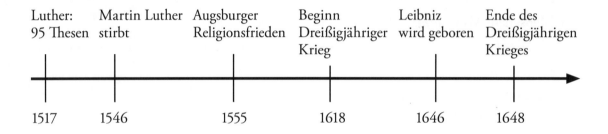

Luther: 95 Thesen	Martin Luther stirbt	Augsburger Religionsfrieden	Beginn Dreißigjähriger Krieg	Leibniz wird geboren	Ende des Dreißigjährigen Krieges
1517	1546	1555	1618	1646	1648

Leibniz als Christ:

- war sehr gläubig; der Glaube nahm einen großen Stellenwert ein
- erlebte die Folgen des Dreißigjährigen Krieges (Armut, Hungersnot)
- schrieb eine Friedensschrift, die für alle Christen gelten sollte (Irenica)
- wollte die unterschiedlichen Konfessionen wieder zusammenführen
- führte verschiedene Briefwechsel mit Vertretern der katholischen und evangelischen Kirche

Leibniz und der Dreißigjährige Krieg

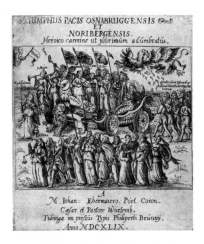

Triumph des Friedens (allegorische Darstellung des Westfälischen Friedens, 1649)

Augsburger Religionsfriede zwischen Lutheranern und Katholiken

Gottfried Wilhelm Leibniz (1646–1716)

Der Dreißigjährige Krieg (1618–1648)

Luther auf dem Reichstag zu Worms 1521

Der Gedanke der Einheit in der Bibel

Jesus spricht:

„An unserem Leib sind viele Glieder.
Jedes Glied hat eine andere Aufgabe.
So ist das auch mit uns:
Der Leib, das ist Christus.
Wir, die vielen sind die Glieder.
Wir gehören zusammen.
Jeder von uns hat andere Fähigkeiten.
Jeder von uns hat andere Aufgaben."
(Nach *Römer* 12,4–6)

„Alle sollen eins sein.
Du, Vater, bist in mir,
und ich in dir.
So sollen sie in uns sein.
Sie sollen miteinander eins sein,
wie wir miteinander eins sind."
(*Johannes* 17,21–22)

„Alle, die gläubig geworden waren, hielten zusammen.
Alles hatten sie gemeinsam.
Sie verkauften Hab und Gut
Und teilten davon allen mit, jedem,
wie er es nötig hatte. Tag für Tag verharrten
sie einmütig im Tempel. Sie brachen
in ihren Häusern das Brot und aßen
miteinander in Freude."
(*Apostelgeschichte* 2, 44–47)

Der vollkommene Glaube

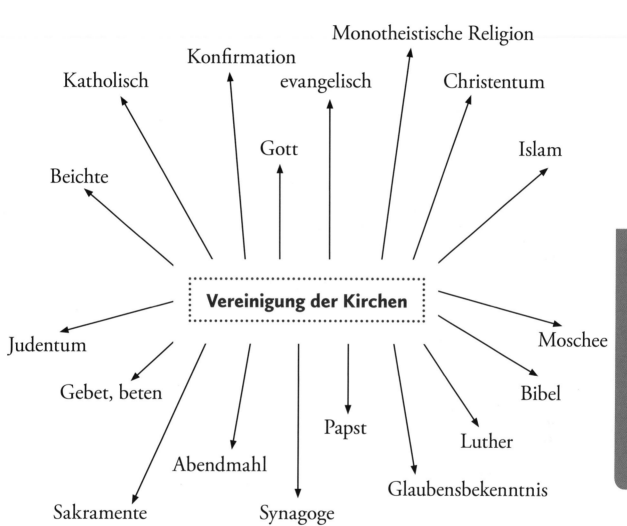

Frage:

Kann es einen vollkommenen Glauben oder eine vollkommene Religion geben, nach der sich alle Menschen richten können?

Bemühungen um die Reunion der christlichen Kirchen

(Aus: Vortrag A. v. Boetticher: Gottfried Wilhelm Leibniz, ein Europäer)

Leibniz' Friedensüberlegungen wären unvollständig dargestellt, berücksichtigte man nicht seine Bemühungen um eine Wiedervereinigung, eine Reunion, der christlichen Kirchen, ein Anliegen, das ihn zeit seines Lebens beschäftigen sollte. In seinem Mainzer Dienstherren, dem Kurfürsten Johann Philipp von Schönborn, und dem 1652 zum Katholizismus konvertierten Landgrafen Ernst von Hessen-Rheinfeld fand Leibniz zwei engagierte Verfechter der Reunion. In seine Mainzer Zeit fiel auch die Abfassung seiner „Irenica", seiner Friedensschrift für eine vereinigte Christenheit.

In Frankreich waren es auf katholischer Seite der Philosoph, Theologe und Jansenist Antoine Arnauld, weiterhin der Bischof von Meaux und Erzieher des französischen Dauphin, Jacques Bénigne Bossuet, und Paul Pellisson-Fontanier, der Berater Ludwigs XIV., mit denen Leibniz einen intensiven Briefkontakt aufbaute und der ihn zum führenden Verfechter der Reunion auf „deutscher" Seite werden ließ. Als Vertreter auf kaiserlicher Seite verhandelte Leibniz mit dem Bischof der Wiener Neustadt, Christobal de Spinola y Rojas, und auf lutherischer Seite mit dem evangelischen Abt des Klosters Loccum, Gerhard Wolter Molanus, mit denen Gespräche auch in Hannover stattfanden. Beide, Spinola und Molanus unternahmen tatsächlich den ernsthaften Versuch zu einer Wiedervereinigung der christlichen Kirchen, die auch der Kaiser Leopold I. befürwortete. Mit dem Tode Spinolas brachen die Verhandlungen jedoch zunächst wieder ab.

Die Grundgedanken von Leibniz' Reunionsbestrebungen lassen sich in fünf Punkten benennen:

- Es sollte zunächst einmal um eine von politischen Winkelzügen befreites Bemühen um die „Wahrheit" gehen.
- Die Verhandlungen sollten unter dem christlichen Ethos der Frömmigkeit (pietas) und der Nächstenliebe (caritas) auf der Grundlage von Mäßigung und Toleranz geführt werden.
- An den Verhandlungen sollten die fähigsten und gelehrtesten Männer (auch Laien) mitwirken.

- Weiterhin sollte klargestellt sein, dass es letztlich nur um einen Streit der Worte und nicht um eine Differenz in der Sache ging.
- Ein erster Annäherungsschritt sollte in der Schaffung einer Präliminarunion erfolgen, um danach die Verhandlungen dogmatischer Fragen auf einem Konzil zu klären.

Gerade in diesem letzten Punkt war mit den katholischen Vertretern auf französischer Seite keine Verständigung zu erzielen, sodass die Gespräche ins Stocken gerieten [...].

Doch war bei den Reunionsbemühungen nicht nur der protestantisch-römisch-katholische Gegensatz zu überwinden, auch innerhalb des protestantischen Lagers gab es zwischen Lutheranern und Reformierten, die seit dem Westfälischen Frieden als eigene Konfessionen anerkannt waren, schier unüberbrückbare Gegensätze (Abendmahl, Prädestination). Auch hier versuchte Leibniz, zu vermitteln.

[...]

Dass Leibniz in seinen Bemühungen scheiterte, dürfte ihm kaum zum Vorwurf gemacht werden, denn bis heute ist dieses Problem nicht gelöst. [...]

Leibniz selbst sah kaum die Chance für eine Wiedervereinigung noch zu seinen Lebzeiten. Seine Bemühungen sah er vielmehr darin: „damit ein grund gelegt würde, darauff vielleicht die Nachwelt bawen könnte."

[...]

MATERIALIEN RELIGION
Leibniz und die Ökumene (Sek. II)

Aufgaben:

1. Erarbeiten Sie anhand des Textes die verschiedenen Briefkontakte, die Leibniz zwecks seiner Bemühungen um eine Reunion der Kirche führte, und stellen Sie diese graphisch dar.
2. Erläutern Sie die Problematik bei diesem Vorhaben und nehmen Sie dabei auch auf aktuelle Diskussionen Bezug.
3. Warum sind die Bemühungen von Leibniz noch heute für uns und die Gesellschaft von Bedeutung? Verfassen Sie einen kurzen Text.

Leibniz' Reunion der Kirchen

„Von allen Methoden, die man vorgeschlagen hat, um das große, noch jetzt herrschende Schisma des Westens zu beheben, das ein so großes Vorurteil gegen die Christenheit geschaffen und so viel geistliche und weltliche Übelstände verursacht hat, finde ich die des Herrn Bischofs von Tina, jetzt von Neustadt [Spinola] [...] am vernünftigsten. Obwohl ich zugebe, daß ohne einen großen Entschluß, großen Eifer und außerordentliche Einsicht eines Papstes, eines Kaisers oder einiger der ersten Fürsten, sowohl katholischer wie protestantischer, es unmöglich sein wird, die Schwierigkeiten zu überwinden, die sich in der Praxis einstellen werden.

Lassen wir den Weg der gegenseitigen Toleranz und des bürgerlichen Friedens beiseite, mit dem man stets beginnen müsste [...], so wird man mir zugeben, daß der Weg der Strenge nicht immer statthaft, noch auch sicher ist [...]; der Weg des Disputes ist unwirksam, sofern es keinen Richter und keine geregelte Form gibt, zu deren genauer Innehaltung die Streitenden verpflichtet wären [...].

Es scheint auch, daß für den Weg der Anpassung fast alle Zugänge verbaut sind. [...] Indessen bleibt noch ein Weg offen, der das Gute an allen vorhergehenden friedlichen Wegen umfasst und der dies für sich hat, daß er sich mit den Prinzipien der Katholiken ebenso vereinbaren läßt wie mit denen der Protestanten.

Soviel ich habe begreifen können, ist Folgendes der Angelpunkt. Das große Prinzip der Katholiken besagt, daß ein Christ in der inneren Gemeinschaft der Kirche und weder Häretiker noch Schismatiker ist, wenn er im *Geiste der Unterwerfung lebt, bereit zu glauben und begierig zu erfahren, was Gott offenbart* [...]. So sind diejenigen, die sich im Zweifel darüber befinden, ob ein solches Konzil ökumenisch oder nicht ist, [...] keine Häretiker [...]."[1]

---

1 Leibniz an Ernst v. Hessen-Rheinfels. In: Über die Reunion der Kirchen, S. 32–35.

Infokasten Ökumenisches Konzil

- Unter einem ökumenischen Konzil versteht man ein Treffen der ranghohen Kirchenvertreter der katholischen Kirche und der evangelisch-lutherischen sowie der evangelisch-reformierten Kirche.
- Die ersten Konzile fanden in der Spätantike statt und führten zur Herausbildung der katholischen Kirche.
- Mit der Kirchenspaltung entstand eine Notwendigkeit, das Verhältnis zwischen den Konfessionen neu zu bestimmen.
- Deswegen forderte Leibniz ein ökumenisches Konzil in Europa, um die bestehenden Gemeinsamkeiten der Kirchen herauszuarbeiten.
- Immer gab es Versuche, Vertreter aller Konfessionen auf einem ökumenischen Konzil zusammenzuführen, allerdings ist bis heute kein solches Konzil zustande gekommen.
- Die katholische Kirche spricht beim II. Vatikanischen Konzil (1960) allerdings von einem ökumenischen Konzil, auch wenn nur Katholiken daran teilnahmen, da es auch innerhalb der katholischen Kirche verschiedene Strömungen gibt.

MATERIALIEN RELIGION
Leibniz und die Ökumene (Sek. II)

Aufgaben:

1. Beschreiben Sie in Stichworten die Argumentationsstruktur von Leibniz.
2. Erläutern Sie, welche Schwierigkeiten die Wege der Strenge, des Disputs und der Anpassung mit sich bringen, und stellen Sie heraus, welche Lösung für Leibniz sinnvoll wäre.
3. Vergleichen Sie Leibniz' Bemühungen um ein ökumenisches Konzil mit den Bemühungen heute und diskutieren Sie auch die Probleme.

Leibniz' Briefkontakte

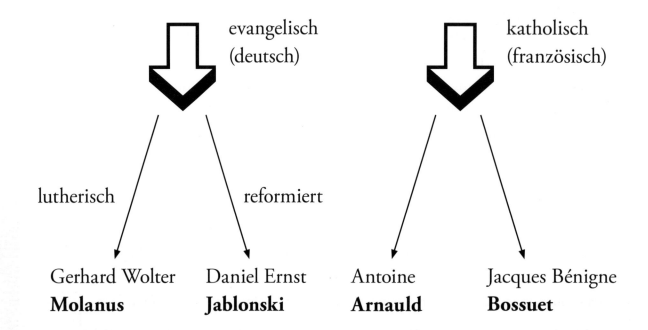

| evangelisch (deutsch) | | katholisch (französisch) |

lutherisch / reformiert

Gerhard Wolter **Molanus**   Daniel Ernst **Jablonski**   Antoine **Arnauld**   Jacques Bénigne **Bossuet**

Das vollkommene Gebet

Leibniz übersandt von Ernst v. Hessen-Rheinfels

„O einziger, ewiger, allmächtiger, allwissender und allgegenwärtiger Gott, du einziger, wahrhafter und unbeschränkt regierender Gott: ich, dein armes Geschöpf, ich glaube und ich hoffe auf dich, ich liebe dich über alles, ich bete dich an, ich lobe dich, ich danke dir, und ich gebe mich auf an dich. Vergib mir meine Sünde und gib mir, sowie allen Menschen, was nach deinem heutigen Willen nützlich ist für unser zeitliches wie für unser ewiges Wohl, und bewahre uns vor allem Uebel! Amen."[1]

MATERIALIEN RELIGION
Leibniz und die Ökumene (Sek. II)

1   Ernst v. Hessen-Rheinfels an Leibniz, 13./23.3.1685. In: Sämtliche Schriften und Briefe. Bd. I, 4, S. 361f.

Leibniz' Ausgangsposition[1]

(Von Hartmut Rudolph)

Leibniz war ein Kind seiner Zeit; als er geboren wurde, war der Dreißigjährige Krieg noch zugange als historisch sinnfälliges zerstörerisches und mörderisches Signal dafür, wohin konfessionalistische Engstirnigkeit und überhaupt religiöser Wahn führen können. In allen Konfessionen bildeten sich Richtungen heraus, die stärker auf das abzielten, was den christlichen Kirchen und Denominationen gemeinsam ist, als darauf, wie sie sich in ihren Bekenntnisunterschieden profilieren wollten.

Im Luthertum waren es Theologen wie Georg Calixt (gest. 1656), der führende Kopf der irenischen Theologie, die ihr Zentrum an der Helmstedter Universität gefunden hatte und in scharfem Gegensatz zu den strengen Lutheranern vor allem in Wittenberg (Abraham Calov und Johann Hülsemann) und Leipzig stand. Die Gegensätze schlugen sich im sogenannten Synkretistischen Streit nieder. Calixt war entscheidend geprägt von den großen Humanisten der Reformationszeit, allen voran von Philipp Melanchthon, aber auch dem Straßburger Martin Bucer, dem Lehrer Calvins, und von den katholischen Theologen Gropper und Pflug. Calixt und andere Ireniker wollten die widerstreitenden religiösen Parteien dadurch zusammenzuführen, dass sie auf das Wesentliche, das Wesenhaft-Christliche abhoben.

Darunter verstanden die meisten von ihnen die Glaubensinhalte, wie sie allen Kirchen in der Christenheit der ersten Jahrhunderte gemeinsam und in den altkirchlichen Bekenntnissen formuliert worden waren. Die Gegner dieser Synkretisten kritisierten, der von Luther wiederentdeckte Kern des biblischen Glaubens gehe bei solcher Irenik verloren. [...] Der Streit spaltete auch Leibniz' Familie: Bruder und Schwager zählten zu den streng konfessionalistischen Lutheranern, während sich der 23-jährige Leibniz ihnen gegenüber zum Synkretismus[2] des Georg Calixt bekannte. Diesen Begriff hat er aber später, als er selbst an einem Ausgleich, einer Versöhnung zwischen den Konfessionen arbeitete, nicht mehr verwendet. Ein Grund dafür liegt in dem doch schon damals völlig eigenständigen Zugang zum Thema kirchlicher Einheit der Christen. [...] Ihm war bewusst, dass ein so

1 Rudolph, Hartmut: Die Wiedervereinigung der Kirchen. Vorschläge von G.W.Leibniz. In: 4. und 5. Leibniz-Festtage 2007/2008. Hrsg. v. Kirchenvorstand der ev.-luth. Neustädter Hof- und Stadtkirche St. Johannis, Hannover. S. 107–121.
2 Unter Synkretismus versteht man die Verknüpfung unterschiedlicher religiöser Ideen bzw. Aspekte zu einem übergeordneten System. Im Zuge des Synkretistischen Streits, der zwischen orthodoxen Lutheranern und lutherischen Irenikern geführt wurde, wurde der Begriff Synkretismus bisweilen auch negativ als „Religionsmengerie" ausgelegt.

weitgreifendes Vorhaben, nichts Geringeres als die Arbeit am Reich Gottes, im Sinne der Vervollkommnung des Menschengeschlechts, auf einen größeren Zeitraum hin geplant werden müsse und erhebliche, zunächst von ihm selbst zu erbringende Leistungen voraussetzte. Die Realisierung traute er nur den gelehrtesten und sittlich Reifsten unter den Machtinhabern seiner Zeit zu, denen von Gelehrten, als den Bürgern einer Republik der Geister, zuzuarbeiten sei. Dementsprechend lassen sich seine Lebensplanung, die Schwerpunkte seiner philosophischen, wissenschaftlichen und politischen Arbeit im Sinne einer Strategie verstehen. […] In diesen sah er eine wesentliche Voraussetzung für die Vervollkommnung der von ihm global gedachten, das heißt auch die nichtchristlichen Völker und Kulturen einschließenden Menschheit. Wir haben also immer im Auge zu behalten, dass es Leibniz bei seiner Ökumenearbeit letztlich hierum geht, diesem globalen universellen Anliegen die erforderliche Geltung zu verschaffen.

Caritas – Liebe als Schlüsselbegriff der ökumenischen Methode[1]

Die ökumenische Methode steht bei Leibniz wie schon bei seinen Vorgängern im 16. Jahrhundert zunächst in einem Zusammenhang mit der Frage nach den Ursachen der Kirchenspaltungen. Bei Leibniz finden sich dazu dieselben Feststellungen wie schon in der Alten Kirche, namentlich bei Augustinus und bei den oben erwähnten Ausgleichstheologen der Reformationszeit: Kirchenspaltung entsteht nicht primär aus theologischen Differenzen, sondern aus einem Mangel an Liebe. *„Denen, die nicht die Einheit der Kirche lieben, mangelt es an caritas"*, mangelt es, wie Leibniz als Schlüsselwort christlichen Glaubens und christlicher Ethik selbst übersetzt, an *„brüderlicher Liebe"*. Es sind also nicht Lehrunterschiede, Bekenntnisunterschiede, theologische Differenzen, die in der jahrhundertealten Geschichte der Christenheit immer wieder zu Spaltungen geführt haben, sondern es ist schlichtweg der Mangel an caritas, an Brüderlichkeit, an Liebe.

Nun haben wir damit aber einen Zentralbegriff, an dem Leibniz sich in den ersten Jahrzehnten seines philosophischen und politischen Wirkens abarbeitet und den er, ausgehend vom Altertum, von Platon, von Cicero, von Augustinus, schließlich einfließen lässt in die Definition der Gerechtigkeit als der caritas des Weisen. Das ist keine abstrakte und bloß theoretisch gebliebene Formel, sondern wirkt prägend auf seine Ethik und in sein politisches Wirken hinein. Leibniz' eigene Definition der caritas bildet nun aber auch *eines* von zwei grundlegenden Elementen seiner ökumenischen Methode: Liebe definiert er als Freude am Glück des anderen. Es ist Leibniz selbst, der den Zusammenhang zwischen seinen jahrzehntelangen ethisch-philosophischen Erwägungen der ökumenischen Methode herstellt, und zwar in der Korrespondenz mit der Kurfürstin Sophie, 1697, am Vorabend seiner Bemühungen um eine Vereinigung der lutherischen und der reformierten Konfession in Brandenburg-Preußen: *„Die Gerechtigkeit ist eine der Weisheit ebenförmige Liebe (oder Barmherzigkeit). Die Weisheit ist die Wissenschaft der Glückseligkeit. Liebe ist ein universales Wohlwollen. Das Wohlwollen ist eine Weise zu lieben. Lieben heißt, seine Freude am Wohl, an der Vervollkommnung und am Glück des anderen zu finden."*

1   Rudolph, H.: Die Wiedervereinigung der Kirchen – Vorschläge von G W. Leibniz, S. 111–115.

So ließen sich auch die Probleme in der Theologie lösen: durch einen Umgang der Kontrahenten nicht im *Amour mercenaire*, nicht im gierigen Beharren einer Kaufmannsseele auf dem Eigennutz, sondern im *amour non mercenaire*, in einer Art herrschaftsfreien, am Wohl des jeweiligen Gegenübers ausgerichteten Dialogs, aus einer „glückbringenden Notwendigkeit, die den Weisen dazu bringt, Gutes zu tun" wie es in Leibniz' *Theodizee* heißt. [...] Bei Leibniz' brüderlicher Liebe und universalem Wohlwollen geht es aber nicht um einen bloßen Appell an die Kontrahenten, lieb und anständig miteinander umzugehen. Die Liebe ist also in unserem Zusammenhang nicht bloß ein seltsames Spiel, sondern sie soll nach Leibniz massiv die Verhandlungen bestimmen und den Weg eröffnen, das gegenüber nicht mehr als einen Gegner anzusehen, den es zu besiegen gilt, sondern dessen Anliegen, Wünschen ich mich öffnen muss. [...] Zu dieser Einheit gelangt man im zwischenkirchlichen Dialog nur durch Liebe als Gottesliebe, d.h. hier zunächst durch den Verzicht auf jegliche eigene und eigensinnige Machtbehauptung.

MATERIALIEN RELIGION
Leibniz und die Ökumene (Sek. II)

Die Vernunft als Instrument der Kirchenvereinigung[1]

Und damit wird das zweite Element der ökumenischen Methode angesprochen. [...] Es sind die letzten Jahre des 17 Jahrhunderts. Die Entwicklung in Europa hat die Lage der evangelischen Partei geschwächt; so war etwa der sächsische Kurfürst Friedrich August I. 1697, bis dahin ein Garant für die protestantische Seite im Reich, zum Katholizismus übergetreten. Leibniz hält, wie auch sein Chef in Hannover und der Kurfürst von Brandenburg und spätere preußische König, eine Aufhebung der konfessionellen Spaltung der Protestanten in Calvinisten und Lutheraner für dringend geboten. Beide Kurfürsten erteilen ihm den Auftrag, zusammen mit dem Berliner Hofprediger Daniel Ernst Jablonski (1660–1741) einen solchen Ausgleich vorzubereiten. [...] Aus der fast zwei Jahrzehnte während Zusammenarbeit zwischen Jablonski und Leibniz sei nun eine Beobachtung beschrieben, aus der dieses zweite [...] wesentliche Element der Leibniz'schen ökumenischen Methode erkennbar wird. Jablonski hatte in Berlin in kurzer Zeit ein umfangreiches Gutachten verfasst, von dem er glaubte, es könne die Grundlage für die erstrebte innerprotestantische Kircheneinheit bilden. [...] Leibniz reagierte darauf mit einem umfangreichen Gutachten.

[...] Die von Leibniz angewandte Methode einer detaillierten logisch-philosophischen Analyse der strittigen Aussagen beruht also nicht nur einfach auf der bekannt hohen Stellung der Vernunft in seiner Metaphysik, sondern sie resultiert folgerichtig auch aus seiner detaillierten Analyse der Ursachen sowohl der Kontroversen selbst als auch des Umgangs mit ihnen zwischen den Konfessionen. [...] So setzt das zweite Merkmal nicht bei spezifisch christlich-theologischen Gesichtspunkten an, sondern die Kontrahenten sollen sich als vernunftbegabte Wesen begegnen und mit den auf der allen zugänglichen Vernunft beruhenden wissenschaftlichen Methoden die eine Wahrheit, um die es beiden Seiten geht, herausarbeiten und so zu wirklicher Einheit in der Sache gelangen. Um es [...] auf den Punkt zu bringen: Der christliche Glaube steht nicht nur nicht in Widerspruch zur Vernunft, sondern muss sich ihr immer neu stellen.

1 Rudolph, H.: Die Wiedervereinigung der Kirchen – Vorschläge von G W. Leibniz, S. 115–118.

Dementsprechend wird die Wahrheit des christlichen Glaubens nicht aufgrund der Theologie strittig, sondern durch einen Mangel an Vernünftigkeit, durch einen Fehler im Vernunftgebrauch. Nicht bloß Irenik, nicht bloße Toleranz, nicht symbolische Aktionen oder Widerstandsaktionen einzelner Priester, z. B. auf Kirchentagen, sondern nur eine in der Sache und vernünftig erzielte Klärung führt zur nachhaltigen Einheit der Christen. Leibniz hat jahrzehntelang philosophisch daran gearbeitet, die Grundlagen einer solchen nachhaltigen Kircheneinheit zu schaffen. […] Für ihn war die Einheit der christlichen Kirchen eine grundlegende Voraussetzung für das Zusammenwirken Europas und Chinas, für den Fortschritt der ganzen Menschheit hin zu einer vernunftgeleiteten Gesellschaft, die die in ihr schlummernden Fähigkeiten zum allgemeinen Besten zu nutzen weiß.

Liebe als Schlüsselbegriff

Leibniz' Ausgangsposition	Caritas – Liebe als Schlüsselbegriff der ökumenischen Methode	Die Vernunft als Instrument der Kirchenvereinigung

Texte zur Ökumene

a) Was bedeutet Ökumene?[1]

Wenn es aber wahr ist, daß Kirche sein inmitten der neuen Herausforderungen unserer Zeit nur bedeuten kann, Kirche ökumenisch zu sein, dann ist es wichtig, sich einzugestehen, daß es heute eine weitverbreitete Unsicherheit und sogar Konflikte über das Verständnis von Ökumene gibt. Diese Realität wurde mir deutlich bei meinen Besuchen im Südpazifik und in Südafrika, in Polen und England, in Aoteara Neuseeland und Lateinamerika, in Indien und der Karibik. Und auch wenn besondere örtliche Faktoren und geschichtliche Entwicklungen diesem Konflikt über das Ökumeneverständnis unterschiedliche Formen und Akzente an verschiedenen Orten verleihen, so sind doch die aufgeworfenen Fragen zentral für die Zukunft des Ökumenischen Rates der Kirche und die ökumenische Bewegung im Ganzen.

Zunächst ist da die Frage nach der Zukunft der klassischen Ökumene zwischen den historischen lateinamerikanischen Kirchen einschließlich der römisch-katholischen Kirche. Obwohl es keinem Zweifel unterliegt, daß die Beziehungen zur römisch-katholischen Kirche fortgeführt werden sollen, sind doch weder die Grundlage noch die Ziele dieser Beziehungen klar. Parallel dazu verläuft eine Akzentuierung von Ökumene mit dem Ziel einer Überwindung von Denominationalismus[2] unter den protestantischen Kirchen und einer Stärkung der Beziehungen zu evangelikalen[3] und pfingstlichen[4] Kirchen. Und zum dritten gibt es [...] nachdrücklich vorgetragene Forderungen nach interkultureller [...] Ökumene („Makro Ökumene"). [...] Diese drei Perspektiven lassen sich nicht leicht miteinander vereinbaren. [...] Letztlich führt die Sorge um die Zukunft der Ökumene zu der Grundsatzfrage zurück: Was bedeutet es, heute Kirche zu sein? [...] Schon dieser kurze Überblick [genügt], um den Bedarf nach Klärung des Verständnisses von Ökumene zu belegen. Noch dringlicher wurde diese Aufgabe durch die im Zusammenhang

1 Entnommen aus: Konrad Raiser: Ernstfall des Glaubens: Kirche sein im 21. Jahrhundert. Göttingen: Vandenhoeck & Ruprecht, 1999. Seiten 28–31.
2 Bezeichnet die Entstehung und Organisation von einzelnen Religionsgemeinschaften, die nur noch lose mit den großen Religionen verbunden sind und bisweilen auch als Sekten und Gruppierungen bezeichnet werden können. Denominationalismus ist besonders in den USA ein weit verbreitetes Phänomen. Zu diesen Denominationsfamilien/Religionsgemeinschaften zählen zum Beispiel Mormonen, Pfingstler, Baptisten, Methodisten, Presbyterianer, Evangelikale, Zeugen Jehovas etc.
3 Eine in den USA weitverbreitete in der Regel streng religiöse konservative Gemeinschaft innerhalb des Protestantismus, die eine persönliche Beziehung zu Jesus Christus zum Zentrum ihres Lebens macht.
4 Eine weit verbreitete christliche Bewegung, deren wesentliches Ziel es ist, die Lehren der Bibel wortwörtlich zu leben. Pfingstler lehnen die Evolutionstheorie konsequent ab.

einer römisch-katholischen Mitgliedschaft in ökumenischen Zusammenschlüssen entstandenen Fragen. Für die römisch-katholische Kirche [...] steht die Wiederherstellung der sichtbaren Kirche im Zentrum der Ökumene; und ihre Auffassung davon, was darunter zu verstehen ist und was zur Erreichung dieser Ziele nötig ist, ist in sehr klaren Worten ausgeführt. In vielen Ländern [...] beansprucht die römisch-katholische Kirche das Recht, die Zielsetzung von Ökumene zu definieren, und gibt sich als Führung der ökumenischen Bewegung. Das verursacht bei den Mitgliedskirchen des Ökumenischen Rates der Kirchen häufig Verlegenheit, weil sie sich dem [...] dialogischen Verständnis von Einheit der Kirchen verbunden fühlen, wie es in Jahrzehnten aus der ökumenischen Diskussion erwachsen ist.

Können sich die Kirchen und die für ökumenische Organisationen Verantwortlichen auf eine ausreichend tragfähige gemeinsame Grundlage des Verständnisses von Ökumene verständigen? Bezieht sich Ökumene im eigentlichen Sinn ausschließlich auf die Gemeinschaft unter den christlichen Kirchen oder sollte sie sich [...] für die Beziehungen mit anderen religiösen Gemeinschaften öffnen? Sollte die ökumenische Bewegung über die Kirchen hinaus zur Bildung von Bündnissen mit anderen Gruppen der Zivilgesellschaft führen? Was ist das angemessene Verhältnis zwischen dem Engagement für die Einheit der Kirchen und für soziale Gerechtigkeit? [...] In diesen Fragen steht die Einigkeit und der innere Zusammenhalt der ökumenischen Bewegung auf dem Spiel. Und damit sind sie für die Zukunft der ökumenischen Bewegung entscheidend. Auch wenn gegenwärtig keine gemeinsame Antwort möglich ist, so brauchen wir doch einige Orientierungslinien, die uns bei allen Auffassungsunterschieden eine gemeinsame Zielvorstellung bieten.

Angesichts des sich vollziehenden tiefgreifenden Generationswechsels müssen die Antworten gemeinsam mit jungen Menschen formuliert werden, denn sie werden diejenigen sein, die [...] Verantwortung übernehmen werden [...].

b) Drei zentrale Herausforderungen[1]

1. Eine lebenszentrierte Vision

Es war eine der entscheidenden Einsichten der ökumenischen Arbeit des letzten Vierteljahrhunderts, daß die ursprüngliche Bedeutung des griechischen Wortes *oikoumene* im Sinne der „ganzen bewohnten Erde" neu entdeckt und herausgestellt wurde. Als die globale Verflechtung – und das Bewußtsein dafür in den Kirchen – seit den Sechzigerjahren zunahm,

---

1 Entnommen aus: Konrad Raiser: Ernstfall des Glaubens: Kirche sein im 21. Jahrhundert. Göttingen: Vandenhoeck & Ruprecht, 1999. Seiten 33–41.

entstand auch in der ökumenischen Bewegung eine weit ausgreifende Diskussion über die Beziehungen zwischen der Einheit der Kirche und der Einheit der Menschheit. Später wurde immer deutlicher, daß diese im herkömmlichen anthropozentrischen[1] Verständnis von Welt und Geschichte verankerte Perspektive auf „die ganze bewohnte Erde" noch zu eng ist. Eine erste Herausforderung an die ökumenische Bewegung liegt daher in der Nötigung, ein lebenszentriertes Verständnis der *oikoumene* zu entwickeln, das Gottes Schöpfung als Ganzes umfasst. Als Folge dieser Öffnung unserer Sicht der *oikoumene* weitet sich auch unser Verständnis vom Auftrag der christlichen Gemeinschaft […]. Lebenszentrierung verlangt von uns eine fürsorgliche Beziehung zu allen Lebewesen […] zu entwickeln. […] Menschengeschichte wird als ein wichtiger, aber begrenzter Teil der Naturgeschichte neu zu bewerten sein. Der Ruf zum Übergang von einer anthroprozentrischen zu einer lebenszentrierten Sicht erhob sich gleichzeitig mit dem wachsenden Bewußtsein für die ökologischen Bedrohungen menschlichen Überlebens. […] Der menschliche Lebensraum ist nicht in sich abgeschlossen. Um ihn gegenüber den Naturgewalten zu sichern, ist es notwendig, die Natur vor den zerstörerischen Eingriffen menschlicher Aktivität zu schützen. Die wesentlichen Faktoren zur Erhaltung menschlichen Lebens sind Wasser, Ackerboden, Klima, Energiereserven […]. In allen diesen Bereichen haben die vorherrschende Weise industrieller Produktion und die wachstumsorientierten Formen des Wirtschaftens und Verbrauchens zu ernsten Störungen in der Ökosphäre […] geführt. […]

Wir kommen zunehmend zu der Einsicht, daß die ökumenische Bewegung mit ihrer vorherrschend westlich protestantischen Prägung an den langfristigen Konsequenzen der Aufklärung teilnimmt. Ein wichtiges Merkmal dieser Tradition war die Trennung des Menschen und ihrer Gesellschaft von ihrem Ort in der natürlichen Umwelt. Diese Tendenz wurde durch eine Interpretation der Schöpfungslehre verstärkt, welche die Menschheit im Zentrum von Gottes Schöpfung angesiedelt und mit dem Auftrag ausgestattet sieht, sich diese zu unterwerfen […]. Heute wird dieses Verständnis als einseitige Auslegung der biblischen Tradition hinterfragt. […] Die anthroprozentrische Grundlage der vorherrschenden westlichen Kultur und ihres Einflusses auf das Verständnis von *oikoumene* lassen sich jedoch nicht bezweifeln.

2. Die Anerkennung von Pluralität

Eine zweite bedeutsame Veränderung im Verständnis von *oikoumene* betrifft den verblassenden Traum von christlicher Vorherrschaft und die zunehmende Dringlichkeit, kulturelle und religiöse Vielfalt als dauerhafte Merkmale menschlicher Gesellschaft anzuerkennen.

---

1 Nach einem anthroprozentrischen Weltbild besitzen Tiere und Pflanzen keinen eigenständigen Wert und sind nur insofern von Bedeutung, als sie dem Menschen dienlich sind.

Diese Veränderung ist eine der Ausdrucksformen eines umfassenden Prozesses kultureller Transformation. Kämpfe unter Menschengruppen um kulturelle, religiöse und politische Vorherrschaft haben einen Großteil der bekannten Menschheitsgeschichte geprägt. [...] Die Herausforderung [besteht] darin, das Denken in Hegemoniekategorien[1] in eine neue Anerkennung von Pluralität zu überführen. Das Bewußtsein für diese Vielfalt – von Religionen, Kulturen, ethnischen und rassischen Identitäten, Sprachen und geschichtlichen Traditionen – hat mit der Gewinnung von Unabhängigkeit in den verschiedenen Teilen der Welt dramatisch zugenommen. [...] Veränderungen der religiösen Situationen überall in der Welt sind ein zentraler Aspekt im Übergang zum 21. Jahrhundert. Entgegen aller Erwartungen [...] sehen wir, wie Religion sich im öffentlichen Leben neu bemerkbar macht. Wo dies militant geschieht, wird es häufig mit dem Begriff des religiösen Fundamentalismus beschrieben. [...] Deutlich ist [...], daß sich viele Erscheinungsformen dieses Phänomens als kollektiver Widerstand gegen kulturelle Vorherrschaft verstehen lassen. Damit stellt sich die Frage, ob sich eine dauerhafte Form finden lässt, mit der religiösen Vielfalt zu leben. [...] Wie alle heutigen Religionen ist das Christentum herausgefordert, seine überkommenen Ausschließlichkeitsansprüche zu überprüfen und zum Bau einer neuen Kultur beizutragen, die Vielfalt zu schätzen und zu fördern weiß. Eine ökumenische Vision [...] muß daher vor allem nach Wegen suchen, wie christliche Gemeinschaften mit den Angehörigen anderer religiöser Traditionen Formen der Kommunikation und Grundsätze der moralischen Orientierung entwickeln [...] können.

3. Globalisierung als Phänomen

Die frühe ökumenische Bewegung entstand gleichzeitig mit dem Geist des Internationalismus, wie er sich in der Gründung des Völkerbundes ausdrückte. Die ökumenische Bewegung [unterstützte] mit Wort und Tat konsequent die Suche nach einer lebensfähigen internationalen, wirtschaftlichen und politischen Ordnung. Sie rief die Kirchen auf, die in der Charta der Vereinten Nationen zum Ausdruck gebrachte Vision wachzuhalten und der Ökumenische Rat der Kirchen arbeitete mit UN-Organisationen auf verschiedenen Gebieten wie dem Einsatz für Menschenrechte und Religionsfreiheit, Gesundheit und Flüchtlingshilfe zusammen. Am Ende dieses Jahrhunderts begegnen wir einem völlig anderem Phänomen als der Suche nach lebensfähigen Formen internationaler Ordnung: einer Globalisierung menschlicher Gesellschaft [...]. Kirchen und ökumenische Organisationen haben gerade erst begonnen, dieses Potential weltweiter Kommunikation zu nutzen [...]. Der Traum von „einer Welt" – ein Bild, das die Vorstellung der ökumenischen

---

1 Bezeichnet die Vorherrschaft und somit auch Machtausübung einer Institution, Organisation oder eines politischen Systems.

Bewegung beflügelte – scheint sich auf diesem Weg zu verwirklichen. So beeindruckend die Erfolge der Globalisierung auch sind, so gibt es doch reichlich Anzeichen ihrer inneren Widersprüche. Immer mehr Menschen werden aus der „einen Welt" […] ausgeschlossen und zum bloßen Überleben an den Rändern verurteilt. […]

Eine ökumenische Vision […] wird sich dieser ambivalenten Sicht menschlichen „Einsseins" stellen müssen. […] Die gegenwärtige Tendenz zur Globalisierung wird umgestaltet werden müssen, indem das Bewußtsein für dauerhafte Begrenzungen menschlicher Existenz zurückgewonnen wird. […] Dieses Eingeständnis von Begrenzung gründet sich auf das Verständnis menschlicher Existenz als „Beziehung". Jeder Mensch ist ein Zentrum eines Geflechts von Beziehungen. […] Nähert man sich dem gegenwärtigen Trend zur Globalisierung von diesem Standpunkt aus, so bedeutet dies, die bestehenden Formen der Organisation menschlichen Lebens und Handelns unter dem Gesichtspunkt zu überprüfen, wie weit sie die für Leben und Überleben notwendigen grundlegenden Beziehungen entwickeln und gewährleisten können. […]

Die zunehmende Fragmentierung als Kehrseite des Globalisierungstrends unterstreicht die Hauptaufgabe christlicher Kirchen, den Prozeß der Wiederherstellung zukunftsfähiger menschlicher Gemeinschaften zu fördern. Dies schlägt sich nieder im wachsenden ökumenischen Interesse an der Entwicklung und Stärkung von Formen der Zivilgesellschaft gegenüber den bestehenden […] Strukturen. […]

Eine ökumenische Vision, die sich der Ambivalenz zunehmender Globalisierung […] stellt, wird die Kirchen herauszufordern haben, sich selbst als lebendiger Teil der Zivilgesellschaft zu verstehen […].

c) Geschichte des Ökumenischen Rates der Kirchen[1]

Am 22. August 1948 wurde in Amsterdam der Ökumenische Rat der Kirchen von 147 Kirchen gegründet. Bereits 1944 sollte diese Gründung stattfinden, der Zweite Weltkrieg hatte den seit langem als notwendig erachteten Zusammenschluss der Bewegungen für „Glauben und Kirchenverfassung" und „Praktisches Christentum" durch einen weltweiten Rat der Kirchen verzögert. Für die evangelischen Kirchen in Deutschland war diese Gründung ein besonderer Moment, wurde ihnen doch durch die Gründungsmitgliedschaft eine Rückkehr auf die internationale Plattform des Gesprächs der christlichen Kirchen miteinander ermöglicht. Voraussetzung hierfür war die Anwesenheit von Wilhelm Visser't

---

1 Entnommen aus: Margot Käßmann: 60 Jahre Ökumenischer Rat der Kirchen. In: 60 Jahre Ökumenischer Rat der Kirchen. Seiten 4–7.

Hooft, dem bereits designierten Generalsekretär des Ökumenischen Rates bei der zweiten Tagung des Rates der EKD in Stuttgart im Oktober 1945. Bereits während des Zweiten Weltkrieges hatte Dietrich Bonhoeffer Visser't Hooft nahegelegt, dass allein ein Schuldbekenntnis den deutschen Kirchen den Weg zurück in die Gemeinschaft der weltweiten Christenheit ermöglichen könnte. Das Stuttgarter Schuldbekenntnis machte schließlich den Weg frei, auch an die deutschen Kirchen die Einladung auszusprechen, sodass sie an der Gründungsveranstaltung des Ökumenischen Rates der Kirchen teilnehmen konnten und zu dessen Gründungsmitgliedern gehören. Insofern sollte festgehalten werden, dass die deutschen Kirchen dem Ökumenischen Rat zu großem Dank verpflichtet sind. […]

Das 20. Jahrhundert hat ökumenisch einen enormen Durchbruch gebracht, das muss bei aller ökumenischen Ungeduld gesehen werden. Erstmals seit den Jahrhunderten der Spaltung haben sich die christlichen Kirchen aufeinander zu bewegt. Ansporn hierfür waren zwei Elemente: Die missionarische Herausforderung und die Katastrophe des Zweiten Weltkrieges. 1910 versammelten sich in Edinburgh Missionsexperten, weil sie die Glaubwürdigkeit der christlichen Kirchen auf dem Feld der Mission durch die Spaltung in […] Konfessionen gefährdet sahen. Hieraus ist die ökumenische Bewegung erwachsen. Es entstand die „Bewegung für Glauben und Kirchenverfassung", die durch Übereinstimmungen in der Lehre den Weg zur Einheit der Kirche finden will. […] Vor allen Dingen aber hat sich die ökumenische Gemeinschaft, die stetig wuchs, in den 30er und 40er Jahren über die Gräber des Zweiten Weltkrieges hinaus erhalten. […] Der Ökumenische Rat der Kirchen hat in den ersten Jahrzehnten seiner Existenz große Hoffnungszeichen gesetzt. […] Er hat Zeichen gesetzt für die Einheit der Kirche, die auch für die Einheit der Menschen eintritt, für die Gemeinschaft von Menschen aus allen Rassen und Völkern. Das waren für die europäischen Kirchen manches Mal schwierige Lernprozesse! Energisch haben die Kirchen aus der sogenannten Dritten Welt sich zu Wort gemeldet und Gehör gefunden. Für mich persönlich ist weiterhin der Höhepunkt die Weltversammlung für Gerechtigkeit, Frieden und Bewahrung der Schöpfung 1990 in Seoul, Korea.

Im 20. Jahrhundert haben die Kirchen Europas gelernt: Diese christliche Kirche, die wir jeden Sonntag im apostolischen Glaubensbekenntnis bekennen, ist eine. Eine heilige christliche Kirche. […] Diese Kirche manifestiert sich in vielen Kirchen weltweit. […] Jede Kirche ist nur „eine Provinz der Weltchristenheit" (Ernst Lange). Inzwischen gibt es Kirchen, die sich vollkommen loslösen von den dogmatischen Differenzen der europäischen Mutterkirche. Nehmen wir die Kirche des Evangelisten Simon Kimbangue in Zaire, eine der größten Kirchen Afrikas. Diese ist allerdings noch Mitglied im Ökumenischen Rat der Kirchen. Es gibt inzwischen Schätzungen, dass nahezu die Hälfte aller Christinnen und Christen auf der Welt nicht mehr einer der traditionellen konfessionellen Kirchen – römisch-katholisch, reformatorisch oder orthodox – angehören, sondern einer der großen freien christlichen Bewegungen im Pfingstbereich[1]. Das gilt besonders für Afrika und Lateinamerika. Eine christliche Pastorin sagte mir kürzlich: „We are post-confessional". Nehmen wir das überhaupt wahr als ökumenische Herausforderung? [...] 330 Kirchen sind heute Mitglieder [des ökumenischen Rates der Kirchen]. Vor allem Kirchen aus Afrika, Asien und Lateinamerika wurden Teil dieser Bewegung [...].

[...]

Der Ökumenische Rat, das sind nicht nur die Kirchen miteinander in Beziehung, sondern er war oft auch ein Gegenüber zu den Mitgliedskirchen. Zu denken ist an die weißen Kirchen in Südafrika und das Programm zur Bekämpfung des Rassismus. Erwähnenswert wäre hier auch die Auseinandersetzung um die Studie „Die Kirche in Solidarität mit den Armen", die kritische Fragen gegenüber den Mitgliedskirchen in den reichen Industrienationen formulierte. [...] Der Rat wurde immer wieder verstanden als kritisches Moment im eigenen Leben der Kirchen [...].

[...]

Hat der Ökumenische Rat lange Zeit davon gelebt, dass sie von Bewegungen getragen wurden, so ist heute die vorsichtige Frage der Machbarkeit, das Ausbalancieren der Machtansprüche, die Rücksichtnahme auf konfessionelle Empfindlichkeiten, an der Tagesordnung. [...] Mir scheint, dem Ökumenischen Rat sind die Gemeinden und die Bewegung abhanden gekommen, obwohl wir ihn gerade im Zeitalter der Globalisierung als Stimme der Kirchen dringend bräuchten.

[...]

Ich denke, die eine große Chance des Ökumenischen Rates besteht wie zu seiner Gründungszeit in der Friedensfrage. Ich bin überzeugt, auch im 21. Jahrhundert kann ein Feuer des Enthusiasmus die Ökumene bewegen [...].

d) Dialog mit der katholischen Kirche[2]

„Ökumene heute und morgen. Die Grundlagen unseres gemeinsamen Glaubens neu bewusst machen, gemeinsam handeln", unter diesem Titel gab Kardinal Walter Kasper am 23.11.2007 dem Papst und dem versammelten Kardinalskollegium einen Überblick über die Ökumene. Dass ein Vortrag zu diesem Thema vor dieser Zuhörerschaft gehalten

---

1 Eine verbreitete christliche Bewegung, deren wesentliches Ziel es ist, die Lehren der Bibel wortwörtlich zu leben. Pfingstler lehnen beispielsweise die Evolutionstheorie konsequent ab.
2 Themen und Entwicklungen. Im Gespräch mit der römisch-katholischen Kirche. In: 60 Jahre Ökumenischer Rat der Kirchen. Seiten 28–30.

wurde, betont die Bedeutung, die der Vatikan der Ökumene zumisst. Grundsätzlich unterstreicht der Präsident des Päpstlichen Rates zur Förderung der Einheit der christlichen Kirchen zunächst, Ökumene sei „keine Option", sondern „heilige Pflicht". [...]

Das weite Feld der Ökumene teilt er [...] in drei Gebiete, die unterschiedlich bezeichnet werden. 1. Kirchen [...], 2. Gemeinschaften (Protestanten aus der Reformation), 3. Bewegungen [...]. Die Beurteilung des Verhältnisses fällt bei der ersten Gruppe positiv aus. „Prozess der schrittweisen Wiederversöhnung".

[...]

Im Blick auf die 2. Gruppe, die Protestanten, konstatiert Kasper zwar „ermutigende Zeichen", sieht insgesamt aber einen „tiefgreifenden Wandel", der eher zum Negativen ausschlägt. Er benennt vier Kontroverspunkte: 1. Verständnis der Kirche und der kirchlichen Ämter, 2. Das Ziel der Ökumene, 3. „in ethischen Fragen neue Gräben", die das gemeinsame Zeugnis schwächten oder unmöglich machten, 4. Eine Rückkehr zur liberalen Theologie mit „Aufweichung des bisher als gemeinsam vorausgesetzten trinitarischen und christologischen Fundaments".

Mit dem zweiten der vier Kontroverspunkte, die gegenüber den Protestanten bestünden, der *Sozialethik*, schlägt Kasper in eine alte Kerbe [...]. So wies er am 16.11.2005 in seinem Vortrag „Ökumene als kirchliche und theologische Aufgabe" auf Themen wie Abtreibung und Homosexualität [hin]. [...] Er warnte, die evangelischen Kirchen riskierten „durch Anpassung an die moderne Zivilisation" die Ökumene in eine Krise zu stürzen.

[...]

So richtig das Anliegen ist, um der Glaubwürdigkeit des Zeugnisses willen möglichst mit einer Stimme zu sprechen [...] so wenig ist es legitim jeden aufkommenden Dissens automatisch als Anpassung an den Zeitgeist zu brandmarken. Urteilsbildung, die aufgrund sich wandelnder Gegebenheiten mitunter wieder neu geschehen muss, vollzieht sich auch im Dissens.

e) Leibniz über die Kirchenvereinigung aus seiner Schrift *Irenica*[1]

Das oberste Gebot ist die Nächstenliebe

Wie liebenswert die Einheit der Kirche ist und wie schwere Schäden aus der Kirchenspaltung erwachsen, werden verständige Männer, die auch nur ein wenig Gefühl für Frömmigkeit haben, nicht bestreiten. Denn Christus selbst hat es gesagt, daß die ganze

---

1 Irenica. In: Gott, Geist, Güte, S. 279.

Macht des Gesetzes und jeder Gottesdienst vom Gebot der Nächstenliebe, d. h. der richtig geordneten Liebe zusammengehalten werde […].

Die in der Kirchenspaltung verharren, haben keine Nächstenliebe

Diese brüderliche Liebe aber, die tatsächlich das größte Vorspiel himmlischen Lebens auf Erden ist und in der Urkirche flammend brannte, wird ohne Zweifel in der Kirchenspaltung lau. Das hat der hlg. Augustin an verschiedenen Stellen herrlich […] fast mit den gleichen Worten gesagt: „Die haben nicht Gottes Liebe, die nicht die Einheit der Kirche lieben" *(De baptismo contra Donatistas III 16)* oder: „Die Glieder Christi sind durch die Liebe zur Einheit untereinander verbunden und stehen durch sie mit ihrem Haupte in Beziehung" *(De unitate ecclesiae II)* […]

Aus menschlicher Schwäche entsteht durch die Kirchenspaltung Haß und Unglück

Auch den Frevlern, um nicht zu sagen: den der Kirche Entrissenen müssen zwar die Werke der Frömmigkeit geleistet werden; auch in ihnen muß man das Menschsein lieben, sosehr ihre Schlechtigkeit auch zu verabscheuen ist, damit man Gottes Werk vom Teufelswerk unterscheide. Dennoch wird aus menschlicher Schwäche selten die Mitte gehalten. Denn auf beiden Seiten haben die Leidenschaftlicheren entweder gewichtige und ansehnliche Gründe vorzubringen, oder sie verstecken sich hinter ihren Leidenschaften. […] Man könnte mir sicher zwei scharfe Gegner verschiedener Parteien gegenüberstellen […]: ich würde mich wundern, wenn man sie je einander Freund machte oder den einen von der Rechtschaffenheit des anderen überzeugte. Volk und Aristokratie folgen gleichermaßen den Beweggründen der Leidenschaftlicheren und meist auch derer, die an Redegabe oder Ansehen überwiegen. Daraus entwickelt sich Haß in aller Oeffentlichkeit. […] Unterdies ziehen die Ungläubigen aus unserm Frevel Vorteil; die Christen reiben sich in Niederlagen untereinander auf, und das muß wirklich zugegeben werden, daß im vorigen Jahrhundert in Frankreich, in diesem Jahrhundert in Deutschland weder Pest, noch Hunger noch andere Züchtigungen der Allgemeinheit so viel Schaden gebracht haben wie die Religionsstreitigkeiten. Und niemand soll mir sagen, daß der Haß sich in den für beide Seiten verlustreichen Kämpfen erschöpft […] habe […]: Wer das denkt, kennt wohl nur wenig den gegenwärtigen Stand der Dinge. Ausgelöscht sind die meisten Zeugen früheren Unglücks; andere Menschen wuchsen nach, und ihnen, die die Leiden eines Religionskrieges nicht kennen, jucken Herzen und Hände wieder.

MATERIALIEN RELIGION
Leibniz und die Ökumene (Sek. II)

Ökumene: Ebenen ökumenischer Arbeit[1]

Ökumenische Arbeit geschieht auf verschiedenen Ebenen. Dabei können sich die beteiligten Partner, die geographische Reichweite, der Themenfokus, die genaue Zielsetzung wie auch die Verbindlichkeit der Zusammenarbeit unterscheiden. Grob lassen sich ökumenische Organisationen, ökumenische Initiativen und ökumenische Dialoge unterscheiden.

Ökumenische Organisationen

Es gibt ökumenische Organisationen unterschiedlicher geographischer Reichweite. Man versteht darunter Kirchenräte, in denen viele Kirchen – idealerweise alle, die in einer bestimmten geographischen Region präsent sind, wenn dies auch in der Praxis kaum je erreicht wird – vertreten sind. Ökumenische Organisationen führen alle inhaltlichen Anliegen der ökumenischen Bewegung weiter, mit einem Schwerpunkt auf dem gemeinsamen Profil und Zeugnis.

Ökumenischer Rat der Kirchen

Der Ökumenische Rat der Kirchen (ÖRK) wurde 1948 in Amsterdam gegründet. Im ÖRK flossen die bisherigen ökumenischen Bestrebungen der Bewegung für Glauben und Kirchenverfassung und der Bewegung für Praktisches Christentum zusammen, 1961 stieß auch der aus der Weltmissionskonferenz entstandene Internationale Missionsrat dazu. Weitere Vollversammlungen fanden statt: 1954 in Evanston, 1961 in Neu-Delhi, 1968 in Uppsala, 1975 in Nairobi, 1983 in Vancouver, 1991 in Canberra, 1998 in Harare und 2006 in Porto Allegre.

Heute umfasst der ÖRK Kirchen fast aller konfessioneller Traditionen: orthodoxe, reformierte, lutherische, anglikanische, altkatholische Kirchen, evangelische Freikirchen wie Methodisten, Baptisten und Pfingstkirchen. Die römisch-katholische Kirche ist nicht Mitglied im ÖRK. Sie arbeitet aber in der Kommission für Glauben und Kirchenverfassung mit. Der Ökumenische Rat der Kirchen hat in der sogenannten Basisformel einen

---

1 Ökumene: Ebenen ökumenischer Arbeit. In: http://www.theology.de/religionen/oekumene/oekumene-ebenen-oeku-menischer-arbeit.php.

gemeinsamen Glaubensgrund festgelegt, dem alle Kirchen, die im Rat Mitglied sein wollen, zustimmen müssen:

„Der ÖRK ist eine Gemeinschaft von Kirchen, die den Herrn Jesus Christus gemäß der Heiligen Schrift als Gott und Heiland bekennen und darum gemeinsam zu erfüllen trachten, wozu sie berufen sind, zur Ehre Gottes, des Vaters, des Sohnes und des Heiligen Geistes."

Diese Basisformel wurde auf der dritten Vollversammlung in Neu-Delhi 1961 beschlossen und ist seither gültig. Sie wurde von anderen ökumenischen Organisationen übernommen und bildet damit ein interessanter (und erfolgreicher) Versuch, einen minimalen Glaubenskonsens über die Konfessionsgrenzen hinaus zu formulieren.

Regionale Ökumenische Organisationen

Regionale Ökumenische Organisationen sind „regional" in dem Sinne, dass sie eine Weltregion abdecken, z. B. die Konferenz Europäischer Kirchen (KEK). Andere dieser Organisationen arbeiten nicht auf kontinentaler Ebene, sondern in einem geographisch-kulturellen Raum, so etwa der Kirchenrat des Mittleren Ostens. Zwischen dem Ökumenischen Rat der Kirchen und den regionalen Ökumenischen Organisationen besteht eine enge Zusammenarbeit.

Nationale Kirchenräte

In vielen Ländern existieren nationale ökumenische Organisationen, die man zusammenfassend „Nationale Kirchenräte" nennt. Dazu gehören die Arbeitsgemeinschaft Christlicher Kirchen der Schweiz (AGCK) und die Arbeitsgemeinschaft Christlicher Kirchen in Deutschland (ACK). Anders als auf Welt- und Europaebene ist hier die römisch-katholische Kirche als Vollmitglied dabei.

Ökumenische Initiativen

Neben den Kirchenräten auf unterschiedlichen Ebenen gibt es weitere ökumenische Initiativen, in denen nicht Kirchen(leitungen), sondern andere kirchliche Institutionen, Gruppierungen und Einzelpersonen sich engagieren. Ökumenische Initiativen verfolgen vor allem die Anliegen der Bewegung für praktisches Christentum weiter.

MATERIALIEN RELIGION
Leibniz und die Ökumene (Sek. II)

Gemeinsames Abendmahl: Kaum Differenzen[1]

Gemeinsames Abendmahl: Theoretisch sind sich die Kirchen nahe

Theoretisch sind sich die evangelisch-lutherischen Kirchen und die römisch-katholische [Kirche] beim gemeinsamen Verständnis des Abendmahls schon nahe. In der Praxis sind die beiden Konfessionen aber aus katholischer Sicht hier noch getrennt.

Das brachte der Catholica-Beauftragte der Vereinigten Evangelisch-Lutherischen Kirche Deutschlands (VELKD), der braunschweigische Landesbischof Friedrich Weber (Wolfenbüttel), in seinem Bericht vor der Generalsynode der VELKD zum Ausdruck. Er hofft, dass eine gemeinsame theologische Erklärung auch Folgen für die Praxis haben werde, etwa für die gemeinsame Teilnahme an der katholischen Eucharistie von Ehepartnern unterschiedlicher Konfession. Die evangelischen Kirchen werden, wie er betonte, auch in Zukunft alle getauften Christen zum Abendmahl zulassen. An der katholischen Eucharistie dürfen hingegen nur Katholiken teilnehmen. Einer Änderung dieser Position steht laut Weber vor allem das Kirchen- und Amtsverständnis „Roms" entgegen. Theologisch sei hingegen durch diverse Lehrgespräche ein „differenzierter Konsens" zwischen Lutheranern und der römisch-katholischen Kirche erreicht. Man könne feststellen, dass in der Lehre vom Herrenmahl keine aktuellen Gegensätze von kirchentrennender Bedeutung vorlägen. Weber: „Inhaltlich liegen wir im Abendmahls- bzw. Eucharistieverständnis nicht mehr weit auseinander."

Daher wäre es aus seiner Sicht an der Zeit, einen Prozess zu einer gemeinsamen Erklärung in Gang zu setzen, ähnlich wie dies schon durch die gemeinsame Erklärung zur Rechtfertigungslehre von 1999 geschehen sei. Erste Entwürfe lägen bereits vor. Eine solche Erklärung wäre laut Weber „weder überflüssig noch vergeblich". Viele Vorurteile und Missverständnisse auf beiden Seiten ließen sich beheben, wenn die Öffentlichkeit verbindlich erfahre, dass theologisch ein differenzierter Konsens bestehe.

---

1 Gemeinsames Abendmahl: Kaum Differenzen. In: http://www.idea.de/nachrichten/detailartikel/artikel/gemeinsames-abendmahl-theoretisch-sind-sich-die-kirchen-nahe-1.html.

Beteiligte aller drei Bände „Leibniz in der Schule"

Erarbeitet durch und unter Beteiligung von:
Dr. Annette Antoine
Fabian Bender
Dr. Annette von Boetticher
Laura T. Corallo
Sieglinde Domurath
Mandy Dröscher-Teille
Jennifer Eichhorn
Eva Eschelbach
Kaja Fischer
Stefan Frohwein
Britta Köhler
Benjamin Krüger
Margaretha Kuffel
Stefanie Loose
Franziska Meurer
Friederike Nebas
Clara Petersen
Melanie Piontek
Ansgar Ruppert
Björn Schütz
Sascha R. Sell
Hedda Straatmann
Oliver Tessenow
Janna Weigand

Folgende Experten und Fachlehrkräfte standen beratend, unterstützend oder lektorierend zur Seite:
Rebekka Amthor
Sabine Azarian
Prof. Dr. Ulrich Becker
Matthias Behne
Dr. Wiebke Dannecker
Prof. Dr. Marcel Erné
Antje Fleck
Dr. Uta Jahnke
Dr. Andreas Müller
Dr. Hartmut Rudolph
Dr. Georg Ruppelt
Prof. Dr. Dr. Dr. h.c. mult. Erwin Stein
Petra Theis
Marion Welter
Désirée Wittkowski
Rita Wurth.

Den Mathematik-Beitrag erstellte **Prof. Dr. Marcel Erné,** den Musik-Beitrag **Petra Theis.** Entscheidenden Anteil am Französisch-Beitrag hatte **Sabine Azarian.**

Konzeption und Gesamtleitung
Dr. Annette Antoine, Dr. Annette von Boetticher. Unter Mitarbeit von Mandy Dröscher-Teille

Ein besonderer Dank gilt den Schülerinnen und Schülern der Leibnizschule Hannover und des Gymnasiums Syke für Diskussion, Fragen und bereitwilliges Ausprobieren der Angebote. Wir danken zudem dem Institut für Philosophie, dem Deutschen und dem Historischen Seminar der Leibniz Universität Hannover für die Bewilligung der beiden Projektseminare im Sommersemester 2010 und Wintersemester 2010/2011. Wie in früheren Leibniz-Projekten hat uns auch dieses Mal die Gottfried Wilhelm Leibniz Bibliothek Hannover großzügig mit vielen Abbildungen unterstützt. Dem Georg Olms Verlag, Hildesheim, sowie der Reihe olms junior danken wir für die geduldige und hilfreiche Zusammenarbeit, Manuel Zink für das gründliche Korrekturlesen. Mandy Dröscher-Teille hat sich neben vielen inhaltlichen Aufgaben insbesondere um die aufwendige Bild-Recherche gekümmert und konzeptionell wesentlich mitgedacht.

Gefördert von
VGH Stiftung Hannover

Abbildungsverzeichnis

Umschlag: © Sigrid Olsson/PhotoAlto/Corbis; Porträt Gottfried Wilhelm Leibniz, Niedersächsisches Landesarchiv – Hauptstaatsarchiv Hannover

Leibniz in der Schule (einleitender Teil)
Titel (S.3): Porträt Gottfried Wilhelm Porträt, Niedersächsisches Landesarchiv – Hauptstaatsarchiv Hannover;
Leibniz zur Einführung: Leibniz-Porträt @ Brigdeman, iStockphoto.com; Karten: Hannover: Landesamt für Geoinformation und Landentwicklung Niedersachsen, Dr. sc. Tobias Dahinden; Leipzig: OpenStreetMap und Mitwirkende

Leibniz im Philosophie-, Ethik- und Werte und Normen-Unterricht
Einführung: Porträt Gottfried Wilhelm Leibniz, Gottfried Wilhelm Leibniz Bibliothek – Niedersächsische Landesbibliothek Hannover: MS XXIII, 32, Bl. 37v;
Sekundarstufe I: M1: Porträt Gottfried Wilhelm Leibniz, Niedersächsisches Landesarchiv – Hauptstaatsarchiv Hannover; M2/2 u. M3b: Fotos, Mandy Dröscher-Teille; Leibniz Porträt, Öl auf Leinwand, Kopie von Prof. Dr. Rolf-Hermann Geller (Hannover) 2007, Neustädter Hof- und Stadtkirche St. Johannis Hannover, M5a: Stich nach Schubert (1796), Johann August Eberhard: Gottfried Wilhelm Freyherr von Leibniz. In: Pantheon der Deutschen, Teil II (St. 2). Chemnitz 1795 (Abb. zwischen S. 148 u. 149); M10: Elisabeth Charlotte, genannt Liselotte von der Pfalz (Selbstkarikatur): Kopie eines Gemäldes von Andreas Scheits, Gottfried Wilhelm Leibniz Bibliothek – Niedersächsische Landesbibliothek Hannover: Ms XXIII 387 bb, Bl 25; Foto, Annette v. Boetticher, M12: Fotos, Mandy Dröscher-Teille, M13: Fotos, Mandy Dröscher-Teille, Porträt Gottfried Wilhelm Leibniz, Kupferstich von Bernigeroth (1703), Niedersächsisches Landesarchiv – Hauptstaatsarchiv Hannover
Sekundarstufe II: M1: Porträt Gottfried Wilhelm Leibniz, Kupferstich von Bernigeroth (1703), Niedersächsisches Landesarchiv – Hauptstaatsarchiv Hannover

Leibniz im Religions-Unterricht
Einführung: Holzschnitt Leibnizportrait (Privatbesitz)
Sekundarstufe I Theodizee: M1: Foto „Angst in Afghanistan", Randolf Grindau (Fotograf), Foto „Den Opfern der nationalsozialistischen Gewaltherrschaft", Thomas Remme (www.remme.de), Foto „Warum", Mark Frantz, Foto „Tsunamie verwüstet Südostasien", Alexio Caprara, M4 u. M6: Porträt Gottfried Wilhelm Leibniz, Gottfried Wilhelm Leibniz Bibliothek – Niedersächsische Landesbibliothek Hannover: MS XXIII, 32, Bl. 37v; M9: Foto „Tsunamie verwüstet Südostasien", Alexio Caprara, Foto „Warum", Mark Frantz, M17: Foto, Mandy Dröscher-Teille
Sekundarstufe II Theodizee: M1: Hiob vom Teufel mit dem Aussatz geschlagen, Lexikus-Verlag, M4: Gottfried Wilhelm Leibniz, Privatbesitz
Sekundarstufe I Ökumene: M1: Foto der Majolikaplatte mit dem deutschen Text des Vaterunsers in der Paternosterkirche in Jerusalem (rechtefrei), Porträt Gottfried Wilhelm Leibniz, Kupferstich von Bernigeroth (1703), Niedersächsisches Landesarchiv – Hauptstaatsarchiv Hannover, M3: Porträt Martin Luther, Museum Schloss Moritzburg Zeitz, M6 u. 7: Symbol der Ökumene, Ökumenischer Rat der Kirchen, M8: Porträt Gottfried Wilhelm Leibniz, Gottfried Wilhelm Leibniz Bibliothek – Niedersächsische Landesbibliothek Hannover: MS XXIII, 32, Bl. 37v, Gerhard Wolter Molanus, Kloster Loccum – Klosterbibliothek, Jacques Bénigne Bossuet, Gottfried Wilhelm Leibniz Bibliothek Hannover: Gc-A 72, Th. 1 Ms XXIII, 35 Bl. 37v, M10 u. 11: Foto „Beichtstuhl", Hannes Sallmutter, Fotos, Mandy Dröscher-Teille
Sekundarstufe II Ökumene: M2: Augsburger Religionsfriede zwischen Lutheranern und Katholiken (Friedensgemälde 1655) v. Melchior Küsel; Kupferstich auf Flugblatt zum 100jährigen Jubiläum, Staats- und Stadtbibliothek Augsburg, M4: Triumph des Friedens (allegorische Darstellung des Westfälischen Friedens 1649, Herzog August Bibliothek Wolfenbüttel: Sign. 65.22 Poet., Augsburger Religionsfriede zwischen Lutheranern und Katholiken (Friedensgemälde 1655), Staats- und Stadtbibliothek Augsburg, Porträt Gottfried Wilhelm Leibniz, Kupferstich von Bernigeroth (1703), Niedersächsisches Landesarchiv – Hauptstaatsarchiv Hannover, Dreißigjähriger Krieg (Schlacht bei Rain am Lech; Merian, Matthaeus d. Ä.: Schlacht bei Rain am Lech aus: Theatrum Europaeum, Band II, 3. Aufl., Frankfurt am Main: M. Merian, 1646), Universitätsbibliothek Augsburg, Luther auf dem Reichstag in Worms 1521, Museum Schloss Moritzburg Zeitz, M5: Symbol der Ökumene, Ökumenischer Rat der Kirchen

Bibliografische Information Der Deutschen Nationalbibliothek
Die Deutsche Nationalbibliothek verzeichnet diese Publikation in der
Deutschen Nationalbibliografie; detaillierte bibliografische Daten sind im
Internet über http://dnb.d-nb.de abrufbar.

Gedruckt auf säurefreiem und alterungsbeständigem Papier
Gestaltung: Weiß Freiburg GmbH – Graphik und Buchgestaltung
Printed in Lithuania
© Georg Olms AG, Hildesheim 2013
Alle Rechte vorbehalten
www.olms.de

ISBN 978-3-487-08861-7